山东大学儒学高等研究院科研成果
山东大学曾子研究所科研成果
曾子研究院科研成果
曾智明"曾子学术基金"科研成果

汉字中国

曾振宇　主编

Chinese
Characters

刘厚琴

著

华夏出版社
HUAXIA PUBLISHING HOUSE

图书在版编目（CIP）数据

乐 / 刘厚琴著 . -- 北京 : 华夏出版社有限公司 , 2024.1

（汉字中国 / 曾振宇主编）

ISBN 978-7-5222-0265-5

Ⅰ . ①乐… Ⅱ . ①刘… Ⅲ . ①汉字—通俗读物 ②中华文化—通俗读物 Ⅳ . ① H12 – 49 ② K203 – 49

中国版本图书馆 CIP 数据核字（2022）第 008083 号

乐

著　　者	刘厚琴
责任编辑	李春燕
责任印制	周　然

出版发行	华夏出版社有限公司
经　　销	新华书店
印　　装	三河市万龙印装有限公司
版　　次	2024 年 1 月北京第 1 版 2024 年 1 月北京第 1 次印刷
开　　本	880 mm × 1230 mm　1/32
印　　张	10.125
字　　数	200 千字
定　　价	65.00 元

华夏出版社有限公司　地址：北京市东直门外香河园北里 4 号　邮编：100028
网址：www.hxph.com.cn　电话：（010）64663331（转）
若发现本版图书有印装质量问题，请与我社营销中心联系调换。

序

　　《汉字中国》丛书即将付梓，主编曾振宇教授嘱我在书前写几句话。我认为"汉字中国"是个好题，丛书的出版是件好事，摆到读者面前的是一套好书，振宇教授美意岂能却之？遂谨献鄙意如下。

　　首先我想说，这是一套什么样的丛书。显然，它不是研究中国文字的学术丛书，而是在文字研究基础上通俗地讲述中国自有的文化哲学体系中一批重要概念的著作，是一套把汉字与它所承载的哲学概念如何紧密地融合起来这一独特的现象呈现出来的创新之作。

　　丛书的编著者们认为"中国本土哲学与文化形态中的概念、文字和词语是中国哲学与文化的'结晶体'"。这是一个含义很深邃又很形象的比喻。这就意味着《汉字中国》将对中国哲学与文化的概念进行深入解读，探索其内涵和外延，从而发掘、展现中华文化与其哲学的精神、品质、性格的独特性，消解中国哲学与文化之双足只穿西方哲学之鞋履所带来的误解、困惑与尴尬。反过来看，通过对中国哲学与文化的认知和体验，又可以明了并深化对这些汉字形音义的来龙去脉、衍生变异以及遗存、渗透在现代汉语词汇中的文化基因的认识。或许这也是本套丛书冠以"汉字中国"之名的用意所在吧。

诚然,《汉字中国》所分析、论列的,大多是日常所用的字词,有些即使是"专门"词语,也已经为越来越多的人所习见;但是,由于种种历史的、社会的原因,今人也常常与这些字词的深意若即若离。而如果忽略了汉字在数千年传承、延绵、孳乳、变异过程中沉淀于后世语言形式里的传统文化意义,就会冷淡了中华文化的特性,很可能语言 / 概念发生"漂移"现象,不得已时只好乞灵于异质文化,从而难以形成阐述中华文化的中国话语体系。

"结晶体"这样一个形象而很有意趣的比况,更会引发读者的遐想:在这个"结晶体"里面,有着丰富多样的微观世界,中国文化的种种现象和思想都在有序地存在着、排列着。由此可以想见,《汉字中国》的筹划、酝酿、研究,用心良苦矣!我不由得又想到,《汉字中国》的影响所及,可能并不仅限于人文社会科学、哲学领域,即使在构建科学技术伦理、自然语言处理、人机对话、中外语言互译,乃至人工智能等领域,似乎也可以参考一下吧。

话说得远了些,就此搁笔。
忝谓之"序"。

2019 年 8 月 22 日

汉字
中国
◆
乐

目
录

第十章

第一章

栎树下的祭祀与欢乐

崇礼尚乐是中华民族的优良传统，乐天知命是中国人向来推崇的人生观。中华民族在长期的发展过程中，形成了本民族的"乐"观念，其蕴含幸福快乐之"乐"（lè）和礼乐教化之"乐"（yuè），二者皆具有悠久的历史，都体现了鲜明的伦理道德色彩。

人有避苦趋乐的本性，现实生活中，"乐"是人人需要的情感体验，也是人人都在追求的。谁对"乐"都有自己的体验，谁都希望快乐！然而，对于绝大多数人而言，并不清楚"乐"这个多音多意字的起源与发展变化。

一、"乐"源于"社树"

任何一种思想观念都有自己历史发展的来龙去脉，"乐"也是如此，在"乐"概念出现之前，"乐"意识与行为就已存在于社会生活中。

"乐"产生于何时？它的原初含义是什么？

（一）古今释"乐"

著名古文字学家裘锡圭先生说过：一个字的本义，就是它所代表的词在造字时的意义，也就是能够为我们所追溯到的最古意义[1]。中国文字是一种古老的象形文字，通过研究汉字"乐"的演变进程，我们可以寻觅"乐"发展历程中的一些蛛丝马迹。要了解"乐"的原初含义，就应当从其字形结构解析。

"乐"字最早见于殷墟甲骨卜辞，甲骨文为✲，就是✲（丝）加✳（木），从"幺幺"、从"木"；金文多于中间加"△"（白），作✲；篆文✲承续金文字形，正体楷书为樂，现代简写成乐。从正体楷书樂之后，该字构形历经千百年并无大易。然而，这一从"幺幺"、从"木"之"✲"字构形的真正构意究竟是什么，却是众说纷纭，见仁见智。

在古文字与甲骨文字的研究中，有两类具代表性的观点对"乐"字原义的解释较为重要，并对后世产生了较大影响。

其一，东汉许慎最早分析"乐"字的字形、论其含义。《说文·木部》："樂，五声八音总名。象鼓鞞。木，虡也。"这句话主要有两层含义：一是"乐（樂）"指各种乐器和乐声；二是"乐（樂）"字字形下像鼓架，上像鼓鞞，为象形字。将"乐"视为木架上置鼓的象形字。许慎的这种解释对后人影响较大。

其二，甲骨文出土后，近代古文字学家罗振玉依据✲字形体，

1　裘锡圭：《文字学概要》，商务印书馆 1988 年版，第 146 页。

指出："此字从丝附木上，琴瑟之象也，或增白，以象调弦之器，犹今弹琵琶、阮咸之有拨矣。"[1] 这是把许慎所说象鼓乐器改成了弦乐器，这种说法也得到了不少学者的认同，如郭沫若先生就从此说。不少学者还据此视"乐"为丝弦附在木器上的象形文字，并以此说明甲骨文时期（或更早）就已经产生了琴瑟类的弹弦乐器。

改革开放以来，有些音乐学家从情感的角度探讨"乐"的本义。如冯浩轩以"木"为形符、"幺幺"为声符，解释""应是"从木、幺幺声"的形声字，并以我国西南地区的一些少数民族立木于野、男女旋跃、欢声"吆—吆"的风俗性歌舞活动的民俗学资料为征，推断"乐"在商代应当是一种大型的风俗性乐舞，其字形所示即为"歌舞之乐"。[2] 修海林则将""的字形上半视为谷穗状，下半为禾类植物茎杆状，而后所增的""（白）为"食"字之简化，作盛食物的容器来看，整个字构成了一个象形兼会意的字形。"民以食为天"，"乐"在远古人的心目中，已不仅是一种谷物成熟的表面视觉印象，而且是对耕种、收获之不易，自然而然产生出来的一种喜悦心情。乐也由"饱食之乐"转向"乐舞之乐"[3]。

要探究"乐"字的最古之初义，应当依据"乐"字的最古

1　罗振玉：《增订殷虚书契考释》中四，艺文印书馆 1981 年版。

2　参见冯浩轩：《"乐"字析疑》，《音乐研究》1986 年第 1 期。

3　参见修海林：《"乐"之初义及其历史沿革》，《人民音乐》1986 年第 3 期。

构形和最古辞义。甲骨卜辞之""从"幺幺"，从"木"，不从
"白"，其原初含义不能作为"音乐"解，自然不可以释作"乐
器"。无论是许慎的"鼓鼙之形"说，还是罗振玉的"琴瑟之象"
说，都是以后起的"音乐"之义来解释"乐"字的最初本义。后
来的音乐界学者突破固有的"乐器"概念来探讨"乐"字的初义，
将"乐"的原初本意解释为"歌舞之乐""饱食之乐"等。但这种
说法也是以"乐"字的愉悦、快乐之意来进行解说，其实仍然没
有摆脱以其后起之义来求取最初之义的窠臼。

近些年来，又有学者认为"乐"的本义即"栎"，"栎"乃柞
树，可养蚕取丝，因而"乐"从丝；柞树或作"社树"，因常于栎
树下祭祀歌舞而引申有快乐之意[1]。

由于学者们研究的出发点不同、方法不同、角度不同，对
"乐"字本义的解释迄今莫衷一是。古今释"乐"字的原初本义，
真可谓仁者见仁，智者见智。

（二）"乐"就是"栎"

探索"乐"字的真正本义，并不能仅仅从文字到文字，因为
中国汉字以象形为主，其构形中往往隐含着一种远古文化信息。

在一些古代文献当中，栎树的"栎"与"乐"都是同一个
字——"櫟"。

对于以"乐"为"栎"之本字，国内外学者已有研究，如日

1　参见周武彦：《"乐"义三辨》，《音乐艺术》1998 年第 3 期；陈双新：《"乐"义新探》，
《故宫博物院院刊》2001 年第 3 期。

本学者加藤常贤认为：

> （"乐"）契文为从丝从木之会意字也，金文则加上白
> 之声符者也……金文之有白为声符者则以栎有黑心栎、
> 白栎、绵栎等种类，特别区别白栎故加上白者也……栎
> 字又或地区之木之名也，用为音乐之义者乃借用也。[1]

　　加藤常贤以"乐"为"栎"的观点是正确的。国内也有学者
认同这种看法，认为"乐"字的本义为"社树"。[2]

　　以"乐"为"社树"，在商代以前的远古即有此民俗了。[3] 据
《尔雅·释木》："栎即柞……舜耕田于山下，多柞树。"这就说明
以"乐"为"社树"的年代，可能要追溯到尧舜时代。

　　据有的学者考证，甲骨文中"乐"字共有九例，除了残辞不
明者外，全部作地名且基本上都用于贞卜，无一与音乐、乐器或
快乐诸义相关联。[4] 特别引人注意的是，《甲骨文合集》36746 条
刻辞中从木的"栎（櫟）"字，从辞例来看其意义与"乐（樂）"
字完全相同。《甲骨文字典》"乐"字条下说："又有从木从乐之
𮥟，与𮥠实为一字，从木乃踵事增繁。"这种解释是十分准确

1　周法高：《金文诂林补》第三册，台湾"中央研究院"历史语言研究所 1982 年版，第
　　1604–1605 页。
2　参见周武彦：《"乐"义三辨》，《音乐艺术》1998 年第 3 期。
3　参见周武彦：《"乐"义三辨》，《音乐艺术》1998 年第 3 期。
4　参见陈双新：《"乐"义新探》，《故宫博物院院刊》2001 年第 3 期。

的。该字又见于四年相邦戟，做 ¹。由此我们可以确认"乐"与"栎"为相同字。²

在卜辞中，"乐"与"栎"同字、同义。有条卜辞的意思说，在"栎社"这个地方占卜，其征兆是：王到这里来"社祭"或"观社"，平安无灾。对此，著名甲骨文学者徐仲舒教授说："从木、从乐之栎，与乐实为一字。从木乃踵事增繁。"³这种解释是十分精辟的。

《汉语大字典》"栎"字条下第一义项解释道：

> 木名，即麻栎。壳斗科，落叶乔木。壳斗杯形，坚果卵圆形。种子含淀粉，果可入药。幼叶可饲柞蚕。各部均含有操质，可提拷胶，供裸皮或做染料，木材坚硬，供车辆枕木和机械用材。⁴

栎树俗称柞树。柞蚕之名可能因食其叶而得称。柞蚕的饲养方法是把幼蚕放到栎树上露天饲养，养蚕是为取丝，甲骨文""字以树上结丝之形作其典型特征与此正相符合。

《辞海》释"栎"说："栎，壳斗科，落叶乔木，高数丈……

---

1 容庚、张振林、马国权：《金文编》，中华书局 1985 年版，第 392 页。

2 陈双新：《"乐"义新探》，《故宫博物院院刊》2001 年第 3 期。

3 徐仲舒：《甲骨文字典》，四川辞书出版社 1988 年版，第 651 页。

4 《汉语大字典》(缩印本)，湖北辞书出版社、四川辞书出版社 1993 年版，第 552 页。

树皮可以鞣兽皮，或供染料。叶可饲野蚕，种子供食用，木材可充薪炭。"[1] 可见，"栎"树全身皆是宝，所以远古先民以它为"社树"。

栎树高大，易成茂林，又能饲蚕，于人类大有裨益，因而古人视其为神树，并常于其地（植栎之地）贞卜，甲骨文所见皆如是。又《庄子·人世间》言："匠石之齐，至于曲辕，见栎社树，其大蔽数千牛，絜之百围，其高临山十仞而后有枝。"这里把"栎"视作社树更为其证。

众所周知，汉字在演变过程中，因字义的引申或假借而致使同一形体义项较多。如果所加意符跟原字的某个偏旁重复，那么其所明之义一定是它的本义而不是引申或假借义。例如：

采—探　然—燃　益—溢　奉—捧　原—源　暴—曝

这六组，后者均为前者的后起字（或谓累增字），乐与栎也是如此。这种加注意符后起字的出现，就表明其原字已有意义的分化，此后初文通常就逐渐地不再用来表示本义，而只用来表示引申义或假借义了。[2] 鉴于西周早期金文中"乐"字只表示快乐义而不再以"乐"表"栎"，随后又出现了在"乐"字上加注"水""食""言"等意符构成新字以分别表示其假借义或引申义，[3] 因而，我们可以推测商晚期在"栎"字出现之时，"乐"字已有快乐义，只是甲骨文限于体裁和出土数量，还没有发现这样的用例

1　《辞海》，中华书局 1936 年版，第 1570 页。

2　参见裘锡圭：《文字学概要》，商务印书馆 1996 年版，第 155 页。

3　容庚、张振林、马国权：《金文编》，第 151、362、731 页。

而已。[1]

金文"❦"字在甲骨文❦的基础上加一个"白","乐"既然
是栎,则❦象征其果实是定而无疑的。栎之实为椭圆形,外有硬
壳,壳顶伸出一短锥,底部有果帽。金文"❦"字中间的"白"
上头亦常出短尾状,其中一横或指果帽。[2]甲骨文、金文中以此类
形体指代果实又见于栗、采、果等字。因而"乐"与"栎"是同
一个字是可以确定的。

(三)"社树"下的欢乐

既然"乐"之本义就是"栎",那么快乐、音乐之义是其引申
还是假借?

在"万物有灵"的远古社会,人们的认识能力有限,对大自
然充满了敬畏之心。那时,巫师是沟通人与神的"中间人",其最
重要的职能就是通过载歌载舞的祭祀活动来"娱神媚神",以达到
祈福禳灾的目的。原始巫术活动与乐舞是密不可分的,巫术与舞
蹈曾长期保持着一种血脉相连的密切关系。

在我国早期社会,人们把栎树(橡树)视为圣树、社树。栎
树属落叶乔木,树干奇特苍劲,树形优美多姿,枝繁叶茂,栎树
下往往成为巫师举行祭祀活动的场所。每到祭祀时,人们聚集到
栎树下面,在巫师的统一指挥下敲打着各种乐器载歌载舞,尽情
欢乐。年复一年,祭祀活动在栎树下进行,因而栎树就成为"乐"

1　参见陈双新:《"乐"义新探》,《故宫博物院院刊》2001年第3期。

2　参见陈双新:《"乐"义新探》,《故宫博物院院刊》2001年第3期。

的象征。

远古时期的先民就有以"乐"为"社树"的民俗了。商代祭祀之风隆盛，而且常常配有歌、乐、舞，祭祀之后又有男女合欢之乐。《墨子·明鬼下》言："燕之有祖，当齐之社樱，宋之有桑林，楚之有云梦也。此男女之所属而观也。"《广韵》：云："属，聚也会也。"《周礼·地官》注云："属，犹聚合也。"这里的"祖""社樱""桑林""云梦"，都是远古先民男女野合之圣地。《墨子》所谓"男女之所属而观也"，如不加讳饰，就是社祭时神尸与尸女公开交合，自然离不开男欢女爱。对于这一点，学术界早已有定论。《礼记·乐记》言："桑间濮上之音，亡国之音。"这里的"桑间"，也是古先民男女合欢的"社树"丛林。由于地点固定，久而久之，人们提起此地就想起那些欢快娱乐之事，并径直借用其地名（因常于栎林祭祀，栎由树名而兼指地名）表达那种美好的感受。

"社祭"遗风，延续到后世，直到近现代的少数民族中依然可见。如清乾隆二十一年修《镇安府志》称：插秧、获稻时〔春社、秋社〕，男女相互唱歌，情意欢洽……亦私践桑中约者。[1]

由上可见，"社树"是"社祭"时的歌舞、饮食、男女合欢的象征。因而，作为远古先民的"社树"，无疑便成为"欢乐"之代词。《春秋谷梁传·鲁庄公二十三年》称："夏，公如齐观社……

1　参见周武彦：《"乐"义三辨》，《音乐艺术》1998 年第 3 期。

以是为尸女也。"其实，鲁庄公就是去观看"社祭"时的欢乐场面与男女合欢之民俗。

（四）由欢乐到音乐

上古的诗歌、音乐、舞蹈三位一体，人们从"社祭"这种集体的综合活动中获得巨大的快乐，专门的音乐应当是由其中进一步分化而来的。

直到春秋时代，欢乐之"乐"与音乐之"乐"的词性，依然处于活用的状态。如《左传·成公九年》言："公曰：'能乐乎？'对曰：'先父之职官也，敢有二事。'使与之琴，操南音。"这里的"乐"，既可读为快乐之"乐"，亦可读为音乐之"乐"。先秦典籍中并不少见这样的例子。

在"音乐"一词尚未出现之前，古代典籍中也称之为"声乐"。如《周礼·地官·鼓人》言："鼓人掌教六鼓、四金之音声，以节声乐，以和军旅，以正田役。"这里的"声乐"也就是后来的"音乐"。

战国时期，仍然有人将"音乐"归纳在快乐之"乐"中。如《庄子·至乐》云："所乐者，身安、厚味、美服、好色、音声也。"这里的"音声"，就是指"音乐"。

"音乐"之所以需要从诸多"欢乐"的形式中分化出来，是因为两个必然性。其一，"音乐"在所有让人"快乐"的活动形式中都是必不可少的。比如，饮食，须宴乐；男女，须情歌；礼仪，须器乐；祭祀，须音声与神鬼对话。凡此种种，无不体现出"音乐"居于诸"乐"之首。其二，战国时期，"音乐"艺术的自身发展，在各方面均已经达到十分完善的程度。以"曾侯乙编钟"为例，从铸造、规模、理论上，都领先于其他"欢乐"形式的发展。

综上，乐字的最初字形甲骨文"𣕊"字"丝附木"，是个形声、会意字，其本义为栎树，栎叶可饲蚕，因而其字从丝。由于"栎"树全身都是宝，于是被远古先民崇拜为"社树"，常于栎林祭祀歌舞。从而，"社树"——"乐"便成为歌舞、饮食、男女野合时的"欢乐"之象征。随着"音声"从诸多"欢乐"形式中分化出来成为一门独立艺术形式之后，"音乐"才真正产生。这就是"乐"字三义之沿革过程。[1]

二、快乐在于道义精神

"快乐"，在个体体验中无疑是一种心理的愉悦感，"乐"是中国文化追求的人生最佳状态。孔子赞扬颜回"一箪食，一瓢饮，在陋巷，人不堪其忧，回也不改其乐"（《论语·雍也》）。这是高扬精神之乐，往圣先贤，处处劝人节制物欲，不要被物欲之乐所迷，而极力推崇道义精神之乐。

儒家提倡的是一种道义快乐观，《论语》《孟子》多处记载了孔孟对苦乐的体验、理解。孔子主张安贫乐道，赞赏"曲肱

---

1 参见周武彦：《"乐"义三辨》，《音乐艺术》1998年第3期。

饮水之乐"。他强调："知之者，不如好之者；好之者，不如乐
之者。""知之""好之""乐之"的"之"字，都是指"道"。以
"道"为"乐"是一种精神享受，此时的人才是安和而充实的。孔
子用这种标准去衡量学生，因而他称赞颜回的"陋巷箪瓢之乐"。

　　颜回虽然身处贫寒简陋的生活环境，却能够保持其本有的
"乐"而不变，因而被老师高度赞赏。"贤哉，回也，一箪食，一
瓢饮，在陋巷，人不堪其忧，回也不改其乐。贤哉，回也！"
（《论语·雍也》）常人最怕贫穷窘迫，而颜回面临陋巷、箪食、瓢
饮的不堪生活，却不以为苦反而快乐，原因何在？因为他的心思
只在于对仁德的追求，他的快乐是一种悟道之乐。这种快乐发自
内心，与外物无关，因此无论贫富都能够自得其乐。悟道者能够
在常人不堪的境况下"贫而乐"，道理就在于此。孔子对颜回的
"安贫乐道"大加赞赏。颜回是孔子最赏识、最器重的首席弟子。
颜回之所以最被老师看好，其中的一个重要原因，就在于他一生
都不追逐高官厚禄，不追逐金银财宝，轻视物质享受，而重视精
神追求。对于世俗之人来说，这是极难做到的。在所有弟子中，
孔子唯独对贫困不堪的颜回有过不违仁德的颂扬，而对其他弟子，
孔子则认为他们只是偶尔想及仁德罢了。

　　孔子以后的儒家，都重视"乐"道。《孟子·告子上》言：
"理义之悦我心，犹刍豢之悦我口。"意思是说，如同人人生来喜
食肉食一样，人人生来皆心慕礼义，以行义求善为乐。既然"礼
义悦我心"，那么，人们首先以求得对礼义之知为乐，这便是"学

而时习之，不亦说乎？"（《论语·学而》）在孔孟儒家看来，明理义的学习过程本身就充满了无穷的乐趣。人一旦达到善，就心中无愧，自满自足，如此便会获得真正的欢乐，这就是孟子所谓的"反身而诚，乐莫大焉"。"反身而诚"是说反省自己做到了真诚，不为任何利益而损伤道义，也不为任何理由而委屈别人，保持光明坦荡的心胸，就可以体会"乐莫大焉"的意境了。这就是说，天底下最大的快乐莫过于内心的赤诚无私无妄，只有内心真诚无伪，才能享受"坦荡荡"的怡然。唯有"内心安适，俯仰无愧"的人才有真正的快乐。

儒家的道义快乐观非常鲜明，那就是在明白人生正途之后，坚定心志往前走。这样的人生始于明白善是什么，再出之以真诚，由内而发产生力量，使自己主动行善。为了达成这个目的，有所牺牲也在所不惜。因而孔子提倡"杀身成仁"，孟子强调"舍生取义"，明明是牺牲生命，但却使用"成、取"二字，反而似乎是大有收获。明白儒家的快乐观，人生就能操之于己，快乐自然也将如影随形。

孔孟儒家也比照了有否仁德与快乐与否的关系。孔子强调："不仁者不可以久处约，不可以长处乐。仁者安仁，知者利仁。"（《论语·里仁》）这就是说，一个没有道德修养的人，不能长久过穷困的生活；一个不道德的人虽然能获得一时的快乐，但却不可能长久过安乐的生活。一个天生有仁德的人，以仁德为他生活中最大的快乐；一个聪明的人，把仁德当作最有利的生活规范。

在孔孟儒家那里，对善对义的追求与快乐的活动是高度统一的，求善、行义即能得到快乐，善的增进就是快乐的增进。因而"止于至善"是人最大的幸福快乐。

忧乐与人类的生活休戚相关，如何面对生活中的忧虑，如何才能更幸福快乐，是每个人应具备的生活艺术。

儒家高扬精神快乐，强调道义快乐论可以化解那些因物质匮乏或困难处境而引起的外感之忧，即化解那些应该称作"贫"与"患"的忧。箪食瓢饮，身居陋巷，在常人看来，是一种忧，甚至是不堪之忧；但对颜回来说，它不过是"贫"，乐道就能安贫，既已万物皆备于我，何在乎一箪一瓢？这种即忧即乐、化忧为乐的体悟，这种高扬精神之乐的原则，便是宋儒所孜孜以求的"孔颜乐处"。

幸福快乐更多是精神层面的悦乐安适，是内心世界的宁静和谐，儒家主张以降低物质欲望的方式来追求、提升幸福快乐感。幸福快乐并不仅仅建立在物质基础上，它更来源于内心，通过修身养性达到一种精神境界的高度，就可以获得快乐、幸福。这正是一种非物质欲望满足式的精神快乐，在这种境界中，个体是充实快乐的。虽然达到这一境界可能需要艰苦的修炼，无论是通过个体审美意识的提高，还是通过施仁、爱人、为理想谋道、心忧天下与国家，甚至压抑心中的物欲需求，都是殊途同归。但这种感受持久而深刻，是值得人们孜孜以求的一种幸福快乐。因此，儒家的道义之乐为人们提供了一种幸福、快乐的愿景，在基本人性得到满足的情况下，它是人类追求的精神目标。

李泽厚先生说中国文化是"乐感文化"，[1]《论语·学而》的首篇首章就向我们昭示了乐感文化的存在方式："学而时习之，不亦说乎？有朋自远方来，不亦乐乎？人不知而不愠，不亦君子乎？"这就引导人们过一种内心充满喜悦的生活。而这种生活就是一种"乐感"的生命存在方式。这不仅使我们的生命充满喜悦，也使我们的生活充满乐观豁达。以儒家为主的中国传统道义主义快乐论，有益于我们正确对待现实生活中的忧乐问题，以正确的忧乐观来指导个人对幸福快乐的追求，进而优化人生。

三、音乐在于通伦理达教化

"乐"字见于殷墟甲骨卜辞，字之成形比"礼"早，是承载着中华远古文化信息的重要文字。翻检先秦典籍，"乐"多与"礼"相并称为"礼乐"，实际上，先秦礼乐之"乐"，通于"伦理"，达于教化。

对于礼乐，有传周公"制礼作乐"，学者大都以为"礼"字居先，"乐"居其后而附庸于"礼"。殊不知，《乐》本有经，是为先秦"六经"之一，只可惜失传了；而就考古资料来看，"乐"字的成形却是早于"礼"的。正如徐复观先生所言：甲骨文中并没有正式出现"礼"字，那种以"豊"为古"礼"字的说法，不一定能成立，但甲骨文中已不止一处出现了"樂"字，足以说明"樂"

1　参见李泽厚：《试谈中国的智慧》，载《中国古代思想史论》，三联书店 2008 年版。

的成形比"礼"早。[1]

　　早期的"礼"并非就是表面的客套仪式，而"乐"也并不是形式上的钟鼓管弦。那么，古"乐"究竟又是什么呢？可惜的是，《乐》经不传。依《礼记·乐记》所言："比音而乐之，及干戚羽旄，谓之乐。"此"乐"就是"乐舞"；但《乐记》又言："乐者，通伦理者也。""乐"既然为"乐舞"，又怎能"通伦理"呢？这似乎是令人颇为困惑的。其实，这一点正是解"乐"的关键之所在，不能不予以明辨。[2]

　　传统社会，"音乐"不仅意味着现代语言中的音乐，还包含着人的内心祥和的道德可能与可行之乐，它强调的是道德归属。真正的"乐"应当是美善合一的。正如荀子所言："故乐行而志清，礼修而行成，耳目聪明，血气和平，移风易俗，天下皆宁，美善相乐。"（《荀子·乐记》）就音乐的社会功能而言，好的乐能引起人之善心，使其潜移默化，自觉向善，因而乐能"移风易俗，天下皆宁"。任何一种艺术，都可以有教化的功用。不过有些艺术，因其所凭借工具之不同，其感人的现象或许不能如音乐之普遍罢了。用美的音乐艺术作品，以引起道德的行为，这应当就是"美善相乐"。

　　《礼记·乐记》是经长期积累而得出的儒家音乐理论，它阐述

1　参见徐复观：《中国艺术精神》（增订八版），台湾学生书局 1984 年版。

2　参见刘正国：《"樂"之本义与祖灵（葫芦）崇拜》，《西安音乐学院学报》2011 年第 4 期。

了中国传统礼乐文明中"乐"的要义，大体可以归纳为三：其一，
"乐"的社会作用重在和谐精神。"故乐者，天地之命，中和之纪，
人情所不能免也。"这就强调"乐"是协调世间万物的纲纪，它的
作用是使人们各安其位，和谐相处。其二，"乐"注重有秩序的协
调。"宫为君，商为臣，角为民，徵为事，羽为物。五者不乱，则
无怗懘之音矣。"这是用五音比喻各种人物，说明要有序协调，才
能奏出和谐之乐。其三，"乐"也有陶冶情操、移风易俗的功用。
"致乐以治心，则易直子谅之心油然生矣。易直子谅之心生则乐，
乐则安，安则久。"（《礼记·乐记》）这就是说，乐教有陶冶心性，
使人快乐安宁、生命长久之功。有鉴于此，孔子要求人们要听雅
乐，远淫音。"乐者，天地之和也。礼者，天地秩序也。"秩序与
和谐是礼乐文明的主旨。

儒家强调"兴于诗，立于礼，成于乐"，将"乐"作为实现理想
人格的方法。孔子在培养理想人格的方法上，提倡礼乐并举，"礼"
偏重于人的外在行为规范，为人的社会活动和交往确立一套共同遵
守的标准；"乐"主要是对人的情感和人格进行熏陶，树立符合儒
家伦理道德的生活观和价值观，从而达到一种真正的理想人格。

音乐何以实现完成理想人格的目标，真正做到"成于乐"。首
先，礼自外作，乐由中出。"礼"是为解决人与他人、社会和谐共
处问题而制定的一套行为规则、道德规范，是一种"应该"甚至
"必须"服从的"绝对律令"。至于个人是否"愿意"，根本就不在
考虑之列，因而说"礼自外作"。然而，"乐"则不同，"乐"是

"动于（心）中"而自然向外"施""发"的结果。因而"乐由中出"，乐"生于心"。其次，礼以修行，乐以治心。"礼"自外作，故长于修行，使人言谈行止变得文明儒雅；"乐"由中出，故长于治心，造就人圆融完满的人格人性。因而正如荀子所谓"故乐者，治人之盛者也"。最后，礼"敬""节"以修行，乐"养""导"以成性。对于人性中的情与欲，"礼"可以抑制它、剪除它。毫无疑问，在避免人性中情感欲望的膨胀泛滥方面，"礼"有其不可或缺的作用，但情感欲望就好比是一条裹挟着泥沙的河流，仅靠"堵"并非长远之计。因此，凭借雅正之"乐"以"养""导"的方式去疏导、升华它是十分必要的。

儒家注重现实人生，也承认情欲的合理性，但主张要用"乐"加以疏导，将道德的内容经音乐的传播，化为人内在的审美情趣，使审美情趣与道德追求圆融不分，在潜移默化中完成道德的教化。儒家反复强调"致乐以治心"。"致乐"，是推广乐的功用之意，"治心"是针对心中审美感情与道德的矛盾性加以融解疏导而言。以"乐"达到"治心"的目的，就是要通过"乐"感化人的心灵。

孔子认识到了音乐教化之于人心的作用，认识到乐对于修德的重要价值。他自己也是重视音乐学习的典范，《史记》有个孔子学琴的生动故事。

孔子向师襄子学琴，他反复弹一首曲子，师襄子说："可以继续弹新曲子了。"孔子说："曲子虽能弹下来，但我还没能掌握其中的韵律与要领。"不久，师襄子又说："你已把握弹琴的要领，可以增加新曲了。"孔子说："可是我还没有领会乐曲的含义。"几天后，师襄子说："你已领会此曲的含义，现在可以学别的了。"孔子说："我虽已领会此曲含义，但我还没能完全清楚此曲所描述人物的心智境界，得其为人。"又过了几天，孔子终于说道："我找到他了：默然沉思，目光深邃，心系苍生，胸怀天下，除了文王，还能是谁呢？"师襄子闻听此言，赶紧起身再拜，答道："言之有理，这正是《文王操》啊。"这个故事不仅给后人树立了一个学习音乐的典范，也反映出孔子自己的好学精神，也体现出音乐的深刻道德意蕴。

儒家认为，乐与伦理是相通的。"凡音者，生于人心者也。乐者，通伦理者也。是故知声而不知音者，禽兽是也。知音而不知乐者，众庶是也。唯君子为能知乐。"（《礼记·乐记》）在儒家看来，一切音乐都产生于人的内心。乐与伦理相通。只懂得声音而不懂得音乐是禽兽；只懂得音乐而不懂得乐理，则是普通百姓；只有君子才懂得乐理。可见儒家的"乐"具有强烈的理性色彩。它虽然不反对情感的宣泄，但却反对放纵，要求把情感纳入理性的轨道，使之为政治、道德、礼仪服务。

总之，孔子所谓"成于乐"，这里的"乐"，既是指艺术意义上的"音乐"，也应包含以行善为乐趣的"快乐"。无论是传统音乐的教化善导作用，还是道义主义快乐论，"乐"都体现出强烈的伦理道德内涵，其目的就在于使人心向善，志清德洁，从而达到道德自觉。

第二章

孔孟儒家的德性之乐

　　苦与乐是相伴在一起的，人人皆生活在苦与乐之中。尽管"乐"可分为感性之乐与理性之乐、独乐与共乐等，而儒家所津津乐道的乃理性之乐，即精神之乐。众所周知，《论语》是以乐开篇的，学而时习之悦，有朋自远方来之乐，人不知而不愠，便都是理性之乐。孔孟儒家认为幸福更多是精神层面的悦乐安适，是内心世界的宁静和谐，儒家主张以降低物质欲望的方式来追求幸福与快乐。幸福往往来源于内心，通过修身养性达到一种精神境界的高度，可以获得幸福与快乐。这是一种非物质欲望满足式的幸福，是一种精神境界之乐。虽然达到这一境界可能需要艰苦的修炼，但通过爱人、为理想谋道、心忧天下所获得的幸福、快乐感受是持久而深刻的，是值得人们孜孜以求的一种幸福。

一、孔子精神境界之乐

　　趋乐避苦属于人的自然本能，但何以为"乐"、何以为"苦"，如何求乐，则要看人的境界或精神修养。"乐"是孔子伦理思想的一个重要方面，孔子从来没有将"乐"停留在物质基础之上，而是从个体的内心满足以及精神追求和德性实现上对"乐"进行阐发，形成了君子崇道乐学、不忧不惧、固穷安贫、知命乐天的乐感文化心态。

（一）指出乐的客观性与主观性

孔子之"乐"既是物质条件的满足，也是内心心理的满足与喜悦；既是社会的一般行为标准，也是个体的主观感受。

孔子之"乐"的客观性，就是为广大民众提供了一种具体的行为标准与指导。在日常生活中，人会有各种各样的快乐，或许人们可以列举出诸多快乐类型，但孔子则将人生之快乐分为有益的、有损的两大类。"益者三乐，损者三乐。""乐节礼乐，乐道人之善，乐多贤友，益矣。乐骄乐，乐佚游，乐宴乐，损矣。"（《论语·季氏》）

孔子所谓对人生有益的"三乐"：一是以得到礼乐的调节为快乐。每个人的言行都应当要用礼乐来调节，从而达到中和、中庸的境界，这样做本身是一种快乐，而这样做的结果当然也会是一种快乐。二是以称道别人的优点为快乐。人都很喜欢别人称扬自己的优点，那么你称道别人的优点，别人自然会感到快乐，因为这样是用他人之善来反省、鞭策自己，自己当然也会感到快乐。三是以多交贤友为乐。多交才德兼备的贤友，不仅能够让自己受益匪浅，有益于自己增进才德，而且也会让人精神愉悦。

　　与此相反，对人生有害的也有"三乐"：一是以骄纵之乐为快乐。一个人如果不知道用礼乐节制，而以骄纵为乐，那就会目盲、情乱、心狂，轻则犯错，重则身败名裂。二是以闲游浪荡为快乐。如果一个人无所事事，游手好闲，吊儿郎当，那么他最终将会一无所成，等待他的将是悲伤与深度后悔。三是以大吃大喝之宴乐为快乐。一个人如果醉心于宴乐，不加节制地大吃山珍海味，那山珍海味可能就会变成"腐肠之药"。

　　比较而言，孔子所谓"益者三乐"中的"节礼乐""道人之善"，是直接表现为善，心存厚道，自然会得到别人相应的回报，有利于建立和谐的人际关系，也能够取人之长，补己之短，不断提升自己。"乐多贤友"，则是为了借助朋友增德进善。足见"益者三乐"皆归于德与善。相反，"骄乐""佚乐""晏乐"却都是有损于德与善的，都是违背道义的，都不是真正的快乐。孔子的"益者三乐"体现了德性之乐，从中我们可知其人生乐趣，他注重追求精神道义上的快乐；而"损者三乐"却都落实在物质享受上，这些快乐有局限性，将来必定会有后遗症。因而孔子是明确否定物质享乐与感官享乐的。孔子区分有益的快乐与有害的快乐，其目的无非是要给人的行为提供某种有益的指引与约束。

　　孔子之乐不仅具有客观的标准，而且也离不开个人的主观感受，因为客观标准也无法脱离个人的主观体验。例如，《论语·子路》记载：子谓卫公子荆："善居室。始有，曰：'苟合矣。'少有，曰：'苟完矣。'富有，曰：'苟美矣。'"当刚有一点财产时，卫公子觉得差不多够了；当其财产稍微增加一点时，卫公子觉得差不多全备了；当其财产再增加一点时，卫公子认为差不多是完美了。卫公子如此评价自己所拥有的物质财富，并不是因为财货真的富足，而完全是因为自己的主观满足。孔子高度评价了卫公子的这种品性与境界，从中反映出孔子的"乐"论："乐"其实就是一种主观感受，一种境界。人们是否满意个人的境遇，并不在于物质条件，关键在于其内心是否感到满足，是否有对于"乐"的一种正确的态度与评价。

由上可见，孔子之"乐"精神的核心与实质就在于给人的现实生活提供指导。孔子的快乐观从来不是虚幻的、不切实际的高调，而是对现实的人生幸福快乐提出了切实可行的标准与指导。

（二）提倡豁达的人生态度

人生不可能一帆风顺，常言道，"人生不如意者十之八九"，面对诸多的不如意，孔子提倡一种乐观豁达的人生态度。

"内省不疚"是孔子的人生态度。孔子认为不忧不惧的人就算君子，这是为什么呢？他说："内省不疚，夫何忧何惧？"这就是说，君子之所以不忧愁、不恐惧，是因为审视自己的言行感到没有什么愧疚。做人就要问心无愧，这是孔子的人生态度。在对待义与利的问题上，他说："富与贵，人之所欲，不以其道得之不处。"（《论语·里仁》）"不义而富且贵，于我如浮云。"（《论语·述而》）他认为，"利"或"富贵"都要取之有道，对于不合道义的富贵，孔子将其视为天上的浮云，不屑一顾。孔子不是说富贵对自己没有意义，而是说违背了道义的富贵对自己来说毫无价值。如果人能够正确处理义利关系，多反思自身言行，自然就能够"内省不疚"，从而使得自己心底坦荡而无忧无虑。

孔子倡导乐观豁达的人生态度。"乐以忘忧"就是孔子乐观主义人生态度的真实写照。正是由于持守乐观主义的人生态度，所以无论何时、何地，孔子都能以愉快的心情对待遭遇的各种环境。"饭疏食饮水，曲肱而枕之，乐在其中矣"（《论语·述而》），就展现了孔子的人生乐趣。

孔子一生乐观豁达，即使在恓恓惶惶的流浪中，他也保持着高度的乐观精神。据《史记·孔子世家》记载，孔子师徒被困陈蔡，"绝粮"七日，跟从的学生都饿倒了，大家陷入绝望之中，而孔子却仍然"讲诵弦歌不衰"。随后，孔子在前往郑国的途中，与弟子们走散，独立城郭东门。有个郑国隐士对子贡说孔子"累累若丧家之狗"。子贡将此话告诉老师，孔子闻言欣然笑道："谓似丧家之狗，然哉！然哉！"困厄之中的孔子，其乐观坚毅的心态和精神，由此可见一斑。

孔子认为有修养的人总是乐观豁达，平庸之人则常烦恼，即"君子坦荡荡，小人长戚戚"。他强调人应当拥有崇高的精神境界和洁净的心灵，这样的人才会心境平和宁静，从而生活得幸福快乐。

（三）强调人生的精神境界

人生在世，可以说同时生活在两个世界，一是物质世界，一是精神世界。肉体感受、物欲满足，属于物质世界的范畴；真理向往、信念追求，属于精神世界的范畴。孔子生活的世界明显属于后者，它强调、高扬的是人生的精神境界。

首先，孔子主张树立远大志向，以弘道行仁为人生价值。孔子说："士志于道，而耻恶衣恶食者，未足与议也。"（《论语·里仁》）这是强调人首先应当确立弘道行仁的人生志向，使自己有明确的目标和远大的理想，个人物质生活的富贵贫贱则属于其次。有了目标，就应不懈地追求自己的目标和理想，例如在对"道"的无我追求中，就要有一种"夕死可矣"的精神超越。

确立了人生志向与人生价值后，孔子又倡导"杀身成仁"，以身殉道。在孔子的人生观中，包含人为什么而死，以及死的意义和价值。孔子十分重视"死"的伦理意义与价值。他在衰暮之年，仍"发愤忘食，乐以忘忧，曾不知老之将至"（《论语·述而》）。人只有通过发奋图强，建功立业，名垂青史，才能超越自然死亡而达到永恒。在孔子看来，人生在世的所作所为要符合"仁"的原则，而"死"作为人生的最后一种行为，也应以仁义道德为标准做出取舍。"士不可以不弘毅，任重而道远，仁以为己任，死而后已，不亦远乎？"（《论语·泰伯》）这就强调士人应当以一种坚韧不拔的精神追求仁道。

为了实现"仁"的目标和理想，可以舍生忘死，视死如归，正所谓"志士仁人，无求生以害仁，有杀身以成仁"（《论语·卫灵公》）。在弘道与求生发生矛盾时，绝不能贪生怕死而损害仁道，而应义无反顾地杀身成仁，以身殉道。可见，仁德的修养，弘道行仁的事业，具有至高无上的价值，比生命更重要。这就是孔子所倡导的人生价值观，即人生价值的真正实现，在于保持自己的道德操守，保持自己的人格，在于坚持弘道行仁的志向和对理想社会的追求。这就高扬了人生的精神境界。

孔子强调，人如果没有理性和美德，就不会有幸福、快乐，即"幸福就在于善行"，倡导以行践道来追求幸福快乐。他主张要把对仁德的追求和认识变成一种自觉的行为，对于仁德，不仅要让每个人"知之"，更要"乐之"，使人们在认识、实践仁德的过程中感受到快乐幸福，得到最大的心理满足。"知之者不如好之者，好之者不如乐之者。"（《论语·雍也》）"知之""好之""乐之"的"之"字，均指"道"。人仅仅清楚"道"之可贵，未必就肯去追求；能"好之"，才会去积极追求。而仅仅爱好"道"而加以追求，有时可能会因为懈怠而与道相背离。只有以"道"为乐时，"道"才能在人身上坐稳了根。这样的"乐"就完全是一种精神享受，此时的人格世界，是安和而充实、自得的世界。

在孔子看来，明礼义的学习过程充满了欢乐，正如他所谓"不仁者不可以久处约，不可以长处乐"（《论语·里仁》）。一个不道德的人虽然能获得一时的快乐，但却不可能获得长久的快乐。由此可见，道德与幸福、快乐之间具有十分密切的关系。

人既然找到了自己的远大理想，并确立了为此奋斗的志向，那当然要愉快地面对人生了。有鉴于此，孔子强调"仁者不忧"。此"忧"指个人利害得失、荣辱贵贱。由于仁者乐天知命，内省自律，胸怀坦荡，追求的是学问道德的完善，故而能够"安贫乐道""乐以忘忧"。孔子强调，无论遇到任何逆境，都应坚持乐观态度，《论语·学而》记载，子贡问："贫而无谄，富而无骄，何如？"孔子答："可也。未若贫而乐，富而好礼者也。"这就要求生活贫困之时，也应保持乐观态度。

被宋儒称道的"孔颜乐处"正是追求精神快乐的真实写照。颜回这种"富贵贫贱，处之如一，不拘时地，其乐如常"的精神修养，被理学家称为"孔颜真乐"，成为文人学士孜孜以求的圣贤境界。

程朱理学对"孔颜真乐"进行了分析，其观点值得我们重视。一是孔子、颜回并非以贫穷本身为快乐，只是不因贫穷境遇而"改其乐"罢了。二是孔子、颜回所追求的是一种比物质享受更高的精神快乐。正如程颐所言："箪瓢陋巷何足乐？盖别有所乐以胜之耳。"（《河南程氏外书》卷八）所谓"别有所乐"，指一种精神方面的愉悦。理学家所赞叹的"孔颜乐处"之乐，是建立在道义与人生哲学基础之上的、不同于凡夫俗子的快乐追求。他们将精神、道义置于首位，断然抛弃不义的富贵。这种乐观主义态度，从其积极方面来说，是不要对恶劣的生存环境耿耿于怀，而要以内心的道义之乐去战胜恶劣的生存环境，即所谓"安贫乐道"。在困苦的环境中能坚持原则、把握方向、不屈奋斗，常常感受到内心的喜悦，只有这种喜悦才是人生的真正乐趣。

既然注重精神境界，孔子之"乐"主要是一种因志在行仁而感受到的内心愉快与满足。那么,孔子之"忧"又是什么呢?他说:"德之不修,学之不讲,闻义不能徙,不善不能改,是吾忧也。"(《论语·述而》)由孔子的这种"四忧",我们可以领悟到他的人生追求与人生乐趣。在他看来,修德、讲学、徙义、改不善,乐在其中。正如明代李贽所谓"知圣人之忧,便知圣人之乐"(《四书评·论语》卷四)。孔子这种对待"忧"与"乐"的态度,表明了其对精神生活及道德价值的追求和重视。

孔子乐道崇德,将追求美好的品德作为最高的追求,也是最完满的追求。因为这种快乐不依赖于任何外在的东西,其本身就能满足于这样的快乐。如果一个人口头上宣扬自己以"求道"为乐,却总是对自己的生活境遇耿耿于怀的话,那么就表明他没有真正将"德"作为幸福快乐,这样的人是不足道的。正所谓"士志于道,而耻恶衣恶食者,未足与议也"(《论语·里仁》)。与此相反,如果一个人能够真正地将"德"的追求与幸福画等号,必定就能对自己的境遇安之若素,从内心由衷地感到幸福与满足,颜渊的安贫乐道就是典范。

尽管对美德的追求是精神上的最高快乐,但这种快乐与满足往往是被人忽视的。不同的人对于美德的追求与认识是有差异的,对于那些不以追求美德为目标的人,孔子是怎样看待的呢?"不仁者不可以久处约,不可以长处乐。"(《论语·里仁》)那些只以外在的荣华富贵为乐的人,因为缺失了精神境界,即使有快乐,其快乐也是难以长久的。

由上可见，孔子强调人生要树立远大志向，以弘道行仁为人生价值，提倡杀身成仁，以身殉道。追求精神快乐，否定物质享受，虽有将物欲与道义对立之嫌，但在逆境中坚持道义，不仅能够衬托出一个人的高尚品格，而且能让人在艰苦环境中体会到精神愉悦。儒家崇高的精神境界，对于人们树立正确的快乐观具有现实的启发意义。

（四）赞许情志相和的乐境

孔子之乐境除了"孔颜之乐"外还有"曾点之志"。"曾点之志"出自《论语·先进》，有一次，孔子与弟子子路、曾点、冉有、公西华四人聊天。孔子说："我比你们年龄大，希望你们不要拘谨。"他让四人各抒己见，谈谈各自的志向。子路先说道："一千辆兵车的国家夹在几个大国之间，外有军队侵犯，国内又发生饥荒，如果让我来治理，只要三年，就可以使老百姓变得勇敢，并且知道人生的道理。"子路的志向是治国平天下，这当然是一个很好的志向，体现了他对个人政治才能的自信，但他的话未免说得太满，孔子听后只是微笑。孔子又问冉有的志向，冉有说："纵横六七十里或五六十里的地方，如果让我来治理，只要三年，就能让百姓富足，但是礼乐方面的教化，则需另请高明。"显而易见，冉有的志向虽然也是治理一方，但他有自知之明，知道自己只能把经济方面搞好，礼乐教化则要另请高人。轮到公西华，他很谦虚地说："我不敢说自己可以做到，只是想要这样学习：宗庙祭祀或者国际盟会，我愿意穿上礼服、戴上礼帽，担任一个小司仪。"这说明他的志向是做个外交官。三人都讲完之后，孔子问曾点有何志向，接下来就有了曾点这段非常生动的描述："暮春三月时，穿上春装，我陪同五六个大人、六七个小孩子，到沂水边洗洗澡，在舞雩台上吹吹风，然后一路唱着歌回家。"孔子听后赞叹道："我欣赏曾点的志向啊！"

"曾点之志"体现的是一种悠然自得的生活情趣，孔子对这种自得、适意，甚至逍遥的生活态度给予了赞许。曾点的"浴沂咏归之乐"代表了孔子对快乐的理解，体现了一个美善交融、天人合一的自然境界。这种快乐兼顾了天时、地利、人和。天时即暮春时的春游，地利即鲁国的沂水，人和即大人、小孩各几个。这种快乐也包含人与自然的和谐，个人与群体、社会的和谐。人除了有道德需求之外，还有审美要求；人除了求善，还有求真、求美的天性。即使一无所有，也可以培养自在和乐的生活情调。

众所周知，对现实生活环境感到满足的人就会享受神仙一般的快乐，感到不满足的人就摆脱不了庸俗的困境。道德高深的人，奉行大道，因而不以一时一事得失为重；得道乐天，因而不以功名利禄为务，看破世情，悟彻事理，因而知足常乐。这样的人，得乐能乐，苦中也能乐。曾子就是典范，《庄子·让王》提到"曾参有履穿肘见、歌若金石之乐"。因为曾子得道立德，故能安贫乐业。有一段时期，他的家里徒有四壁，一贫如洗，一顶带子断了又接上的旧帽，一身捉襟见肘的破衫，连鞋都从脚后跟处裂开了。尽管他面呈病态，却仍整日劳作。但他并不以为苦，反而无忧无虑，快乐潇洒，还能每日吟唱歌曲自娱。这样的人才是得真快乐的人，才是真能自得其乐的人。

孔子一生汲汲于世，备尝艰辛，对于社会、政治对人格自由的束缚有着深刻的体验，他将审美品格提升起来，以审美的超越性和自足性来消解在实践中受挫的创伤和痛苦。因而其自我认识与评价就是："发愤忘食，乐以忘忧，不知老之将至云尔。"（《论语·述而》）这是孔子从"为人"，即人格高度上所作的自我评价。"发愤忘食"，是理想人格的强烈实践追求精神；"乐以忘忧"，表示他从这种追求活动中体味到了无穷乐趣；"不知老之将至"，是孔子一生不懈追求之人格的生动写照。

我们再看孔子的"与点之乐"。孔子称赞弟子颜回为"仁"者，曾对他说："用之则行，舍之则藏，惟我与尔有是夫。"（《论语·述而》）用行舍藏之道十分高深，应当不仅是在政治实践行为层面上说的，而且也是在"为人"——人格境界的层面上说的；不仅是从对待"穷达"的德行操守意义上说的，而且是从超越"穷达"而臻至生命之自足的意义上说的。孔子之乐，正是舍藏之乐、忘忧之乐。孔子之"乐"是情志的统一，不仅以意志的追求精神为观照对象，而且以审美的人生实践为追求对象，二者是统一的，这才是"和"的真境界，才是天人合一的真精神。孔颜之"乐"就是曾点之"志"。从表面上看，孔子的"与点之乐"表现出对逍遥人生的神往。"曾点之志"属于儒家的"和"之境界，贯注的是"有我"之情，与道家的"虚"的境界及"无我"之情自然是有本质区别的。

总之，对快乐观的不同理解，对实现幸福快乐的不同追求，形成了不同的精神境界。孔子的道义主义快乐论虽然没有将物欲与道义对立起来，但是崇尚以道德理性的满足、德业的增进为乐，反对人们单纯地追求物质享受。它虽然肯定人的基本物质欲求，但高扬人的精神境界，以追求人格完美为乐趣。这种快乐观对于塑造高尚人格具有极大的价值，在中国传统社会产生过深远影响。孔子的道义主义快乐论尽管有其时代局限性，但它可以使我们正确对待苦与忧，激励我们奋发进取，不畏困厄，身处逆境也乐观向上，笑对人生。

二、孟子多层次的快乐

战国时代，儒家处于显学位置。孟子作为战国时期的儒家代表人物，其快乐观与其人生价值观有着直接的关联。孟子的人生价值观强调舍生取义，追求崇高的精神境界，基于这种人生价值观，他强调德性之乐，形成了自己独具特色的多层次幸福快乐观，对后世产生了深远的影响。

（一）君子的道德之乐

所谓道德之乐，是指经过主观努力，服从良心律令，成就道德之后内心的愉悦和满足。道德之乐可分为两种情况，一是反身而诚后内心的愉悦和满足，二是历尽艰辛成就道德后内心的愉悦与满足。

　　"反身而诚"是孟子的重要思想，"万物皆备于我矣。反身而诚，乐莫大焉"（《孟子·尽心上》）。在孟子看来，道德的根据就在自己的内心，遇事自我内求，反身而诚，就会有一种精神的快乐和满足，就能体会到一种巨大的道德之乐，此即所谓的"乐莫大焉"。"反身"，是一种态度，更是一种精神。当人具备了这种精神，通过对自己的反省而达到对别人、对自己"诚"的境界，是最大的快乐。孟子像孔子一样重视乐"道"，"理义之悦我心，犹刍豢之悦我口"（《孟子·告子上》）。意思是说，如同人们生来喜食猪、牛、羊肉一样，人人生来皆心慕礼义，以行义求善为乐。

　　孟子的"君子之乐"与"孔颜之乐"是不尽相同的。《孟子·离娄下》言："颜子当乱世，居于陋巷，一箪食，一瓢饮；人不堪其忧，颜子不改其乐。"孟子虽然赞赏颜回，但其"君子之乐"与"孔颜之乐"还是略有差别的。"孔颜之乐"是纯粹的德性之乐，主要是降低感性欲望，超越物欲，摆脱世俗功名的羁绊，实现身心解放与心灵和谐所获得的最高快乐。而孟子又说："广土众民，君子欲之，所乐不存焉；中天下而立，定四海之民，君子乐之，所性不存焉。"（《孟子·尽心上》）在他看来，如果一个人充斥着"广土众民"的欲望，自然是无法快乐的；而在政治诉求上所获得的满足感与快乐，虽然摆脱了拥有广大土地和众多百姓的外在功绩，但是仍以安定天下作为道德和政治理想，这并不符合人的"仁义礼智"之本性。由此可见，孟子理想中的"君子之乐"在根本上并不局限于"快乐"的满足，而恰恰是对"快乐"有所超越；由其君子"有三乐"，就比较容易理解其所谓"王天下所乐不存焉"了。

道德人格是"乐"的真正主体，"乐"离不开主体的自我感受、自我体验。这在孟子的"君子有三乐"中得到了充分的体现，"父母俱存，兄弟无故，一乐也；仰不愧于天，俯不怍于人，二乐也；得天下英才而教育之，三乐也"。（《孟子·尽心上》）"父母俱存，兄弟无故"比较好理解，父母兄弟之情，是人生最基本的道德情感，从中所体验到的乐，也是人生最基本的快乐。孟子认为，这种天伦之乐比起"富有天下"的王者之乐更加可贵。"仰不愧于天，俯不怍于人"，乃君子人格完满的一个标志，亦即"反身而诚，乐莫大焉"的自得之乐。至于"得天下英才而教育之"，是将教书育人视为人生的一大乐事。

孟子的"三乐"道出了人生幸福快乐之真谛。家庭平安——无忧，问心无愧——安宁，得天下英才而教育之——享受。其实，在孟子眼中，家庭的宁静、自身的修为、对社会的回馈，是人生快乐幸福的完整构建。

孟子"君子之乐"的超越性最明显地体现为"乐而忘天下"的假设。弟子桃应问，如果舜的父亲杀了人，舜自己作为天子应该怎么做？孟子的回答显然也只是一种设想："舜视弃天下犹弃敝屣也。窃负而逃，遵海滨而处，终身诉然，乐而忘天下。"（《孟子·尽心上》）为了心中的仁孝，视天下如敝屣，携父逃遁至荒野洪海，享受天伦之乐，颐养天年。这或许称得上孟子理想中的最高快乐了。

孟子继承了孔子的化痛苦为快乐，化困难为愉悦的观点，主张即使物质条件恶劣、人不快乐，但经过辩证的转化，可以成为成就道德的阶梯，转化为幸福快乐。孔子认为，粗粮冷水，以臂作枕，并不是人们希望的，但与"不义而富且贵"相比，还是前者对道德有利，因而这种物质上的清贫之苦就转化为一种乐，仁人君子就乐在其中。颜回就是在艰难条件下仍"不改其乐"的典范。孟子则主张"乐善不倦"，不停地向善行善的本身就是快乐，这反映了其不断努力成就道德，并在这个过程中感受快乐。对于颜回的安贫乐道，孟子强调：颜渊重视修其天爵，以行道为己任，自然不会计较利欲条件的恶劣，也不为物欲所累，终于达到"不改其乐"的境界。

孟子认为，追求仁义道德给人带来的是一种纯粹的心理愉悦和享受，它使人摆脱了那种以物欲、感官满足为至上追求的人随时都可能感受到的痛苦。在孟子看来，并不是君子没有忧患，而是君子终身忧虑自己的本性没有得到充分的发挥，不能像舜那样"为法于天下，可传于后世"（《孟子·离娄下》）。君子应当"非仁无为，非礼无行"，不在乎别人以横逆待我，不在乎飞来横祸，不在乎贫贱富贵，不在乎夭寿吉凶。君子必然会在"孳孳为善"的不懈努力中感受自己独具超越性的精神愉悦。

人之所以能够在为善过程中感受到快乐，是因为人在为善的

过程中能够体会到一种不受外在约束的自由之乐。孟子强调："求
则得之，舍则失之，是求有益于得也，求在我者也。求之有道，
得之有命，是求无益于得也，求在外者也。"（《孟子·尽心上》）
在此，孟子根据"求"与"得"，即人的主观动机和客观后果的关
系，把人的行为划分成"在我者""在外者"两大领域。就"在我
者"领域而言，个人自作主宰，自己掌控着得与失的主动权，一
切取决于个人的主观意识与能动努力，只要追求就会得到，因为
追求的对象就在于自身之内。这正是孔子所谓"为仁由己"。正因
为此，才有孟子所谓"万物皆备于我矣，反身而诚，乐莫大焉"
的说法。孟子学说实际上是提倡通过自我修养以求安身立命。这
种学说强调的是，在自我修养的世界内，人是自足的。换言之，
崇德尚义，穷困之时不失掉义，就可以自得其乐。因而孟子的
"三乐"中，按照"在我者"与"在外者"的区分，君子能够"求
则得之"的，大概也只有"仰不愧于天，俯不怍于人"这一条。由
此而言，孟子确实是一个纯粹的道义幸福快乐论者，不因贫穷困苦
的环境"改其乐"。

　　需要指出的是，儒家不仅教导人们不要因为艰难困苦的环境
"改其乐"，而且又教人善处困境，在困境中自觉磨炼自己，完善
自身。正如孟子名言："天将降大任于斯人也，必先苦其心志，劳
其筋骨，饿其体肤，空乏其身，行拂乱其所为，所以动心忍性，
曾（增）益其所不能。"（《孟子·告子下》）这就是说，上天将要
降落重大责任在某人身上，一定要先使其内心痛苦，筋骨劳累，

经受饥饿，以致肌肤消瘦，使他受贫困之苦，使他做的事颠倒错乱，总不如意，通过这些来使其内心警觉，使他的性格坚定，增加他不具备的才能。孟子列举了六位经过贫困、挫折的磨炼而终于担当大任的人的事例，证明忧患可以激励人奋发有为，磨难可以促使人有新成就。接着，他从个人的发展和国家的兴亡两个不同层面进一步论证忧患则生、安乐则亡的道理。最后得出"生于忧患，而死于安乐"的结论。后来，宋人张载也曾说："贫贱忧戚，庸玉女（汝）于成。"（《正蒙·乾称》）其意与孟子是相通的。这些古训，对于今人正确对待困境、逆境，正确理解苦与乐相互包含、相互转化的对立统一关系，仍有借鉴价值。

（二）君王的"与民同乐"

孟子之"乐"虽然体现了鲜明的道义特色，但并非独善其身的个人之乐，也有兼济天下的人生大乐，它是以一种健全、完美的道德人格投身于治国、平天下的伟大事业。显而易见，孟子的快乐观又包含了以奉献国家、社会、民众为乐的积极因素。

孟子见齐宣王时提出了一个问题：一个人享乐与大家享乐相比，哪一个更乐？孟子认为："乐民之乐者，民亦乐其乐；忧民之忧者，民亦忧其忧。乐以天下，忧以天下，然而不王者，未之有也。"（《孟子·梁惠王下》）在他看来，与民同乐是合于义的要求的，个人独乐是不义。孟子引用历史经验说明，国君不与民同乐，就会引起人民的怨恨，最终导致国破身亡；国君只有与民同乐，才能得到百姓的拥护，从而使国家长治久安。这说明孟子的忧乐观带有强烈的民本倾向，它极力主张统治者要"与民偕乐"，强烈反对统治者脱离人民、不顾人民死活的淫乐。在《梁惠王》篇中，孟子一再强调，作为一个君主，无论是在麋鹿鱼鳖，还是钟鼓管籥，驰骋田猎诸方面，都应"与民同乐"，与人民共同享用。其实，孟子这种忧乐观，既反映了以天下为己任的人生价值观，也反映了其仁政观念。事实上，后来范仲淹所谓"先天下之忧而忧，后天下之乐而乐"就是这种忧乐观的表现。这种忧乐观，对于为政者有着特别重要的意义。

人以何事为最值得快乐之事，是心灵的一面透镜，它可以清晰地透视出这个人的灵魂的崇高或者卑下。不以酒肉享乐为乐事，而乐人民之所乐，表明孟子是一个灵魂高尚的人。一个人的快乐与痛苦，不完全只是个人的内心感受，而应当把个人的快乐与痛苦融入奉献社会的事业中。换言之，孟子主张将个人的忧乐同国家民族的命运联系在一起，视国家民众的忧乐为个人的忧乐，体现了其强烈的社会责任感与历史使命感。

"天下皆悦"也是孟子大力追求的理想人生境界。这是一种小农经济下的美好人生境界，孟子以其恻隐之心，深感当时农民之苦："仰不足以事父母，俯不足以畜妻子，乐岁终身苦，凶年不免于死亡。"（《孟子·梁惠王上》）针对战国时代这种苦不堪言的现实状况，孟子提出了自己的设想："五亩之宅，树墙下以桑，匹妇蚕之，则老者足以衣帛矣。五母鸡，二母彘，无失其时，老者足以无失肉矣。百亩之田，匹夫耕之，八口之家足以无饥矣。"（《孟子·尽心上》）这就是孟子为人们设计的理想社会的蓝图，这实际上是一种以家庭为单位，男耕女织，自给自足，满足温饱型的小农社会，特别强调了使普通人吃饱和对老年人的关心，也体现了孟子的人本思想和人道主义精神。

孟子竭力想使各个领域的民众在较为愉快的环境中生活。其设想主要有几点：其一，尊重贤德的人，重用有能力的人，使杰出的人才都能发挥其所长，天下的士子就会愉快了。其二，在市场上，给予商人空地以便储藏货物，却不征收货物税；如果货物滞销，官方还要依法征购，不让长久积压，这样，天下的商人就会愉快了。其三，经过关卡时，只稽查不征税，天下的旅客都会高兴了。其四，对农民，只助耕相当于自己所种田数十分之一的井田，不再交纳其他杂税，那么天下的农民也就很愉快了。其五，在人们居住的地方，不收额外的雇役钱和地税，天下的百姓就都快乐了。孟子所规划的这些能够使各个领域的人们心情愉悦的政策，是要使人尽其才、轻税、免税的政策，虽然这些思想主张在当时不能够完全实现，但由于其反映了人民的诉求，因而也是具有进步的历史意义的。

其实，孟子的"与民同乐"，首先强调的是身处高位的统治者应该从百姓的利益出发，规范自己的行为与享乐。"与民同乐"并不是要求统治者一定与普通民众共同分享"快乐"，而是施政必须符合百姓的利益要求，让民众安居乐业，以此为前提，君王的享乐才在百姓的认可范围。在孟子看来，只有在此前提下，君王才能算是有道德的人，如果没有道德，哪怕是面对"灵囿""灵沼"，也感受不到快乐。同时，如果"以德治国"，哪怕是动用百姓的人力、物力，他们也会"欢乐之"，这就是所谓的"古之人与民偕乐，故能乐也"。"与民同乐"构成了君主与百姓之间的快乐相互促成的桥梁。

此外，孟子也强调事业之乐。"得天下英才而教育之"作为其"三乐"之一，就体现了一种事业之乐。教育是一种事业，一旦能够从事这项事业，对内而言可以使自己的学问传诸后人，对外而言可以使圣学得以发展，这当然是令人愉悦的事情。孟子还认为，大丈夫为人一世，必当干一番大事。对他自己来说，此大事就是辅佐明君施行仁政。他认为："欲平治天下，当今之世，舍我其谁也？"（《孟子·公孙丑下》）孟子自信是当时理想的政治人才，一旦能够实现这种政治理想，自然可以体验到内心的快乐。这种快乐当然可以称为事业之乐。

（三）天人合一的"同天"之乐

"同天"之乐是高级的快乐，指通过精神修养，超越自我的限制，达到"天人合一"的境界，获得绝对的精神自由与快乐。在孟子那里，"天"是一个道德宇宙，它是人道之"善"的先天必然的形上依托。人性与天道在本质上是一致的，因而人性是圆满自足的。通过切身内省自己的良心本心，便可达到人心与天心合一的"诚"之境界，从而找到安身立命之地。正因为此，人就应"事天"，个人的命运便成为天命之流行。具备了这种精神境界，人们就会对现实中的贫富夭寿心安理得，从而无往而不快乐。孟子所谓的"诚"，是人与自然合一的最高体认，"诚"既是天道，也是人道，是天道与人道的合一，但其真正的实现就在于内心。孟子强调的"反身而诚"，就是返回到自己的内心，实现心中之诚，从而体验到最大的快乐。由知天、事天，到乐天、同天，将相对有限的人生价值提升到绝对无限的天道的超越层面，此种"提升"，使人超越现实的烦恼，获得精神的充实与宁静，这就是哲学家的快乐。

应该注意的是，孟子有时又将德性之乐与天地联系在一起。其君子"三乐"之二乐就是"仰不愧于天，俯不怍于人"（《孟子·尽心上》）。孟子之所以将德性之乐与天地相联系，是因为他认为天地是道德的最终根据，人们完善道德也是对天地负责。达到了天人合一的境界，从而也就体验到了"无愧于天地"的心底无私坦荡之快乐。从这个意义上讲，"无愧于天地"在本质上仍然属于德性之乐的范围，不宜将其过分夸大。

值得强调的是，孟子还提出了耽于物质享受的"死于安乐"。这种耽于物质享受所带来的快乐，似乎是一种俗人的快乐。这种快乐过分追求享乐，是基于人之"食色，性也"的本能的。虽然孟子主张"性本善"，但由于有的人"有放心，而不知求"，无疑将会重利忘义，失其本心。孟子对此多有论述，如果人"般乐怠敖，是自求祸也"（《孟子·公孙丑上》），他强调人"生于忧患而死于安乐也"等。在孟子看来，凡是能够担当大任的人必须经过挫折的磨炼，即忧患可以激励人奋发有为，磨难则可以促使人有新成就。这是从个人发展的角度阐明了忧患则生、安乐则亡的道理。

由上可见，尽管孟子的幸福快乐观具有多层面性的特征，但其幸福快乐观实际上可以大体分为两个层面，基本层面是强调人的内在德性之幸福快乐，高扬超越的精神愉悦；高级层面是追求"天人合一"境界的"同天"之乐。这两个层面的幸福快乐观适用于任何人，为人们指明了认识和追求幸福快乐的方向。孟子还对统治者提出了"与民同乐"、让"天下皆乐"的要求，对为政者体验快乐无疑有借鉴意义。

三、先秦儒家音乐教化论

孔子重视礼乐教化，在其私学教学中，音乐成了他教育的一项重要内容和辅助教学的有效手段。有个故事十分典型地体现了孔子对音乐的热爱与痴迷。三十多岁时，孔子曾经因为鲁国内乱而去齐国，遇到了齐国一位非常著名的宫廷乐师，好学的他马上拜其为师。孔子非常向往古代传说中的《韶》乐，可惜从没听过谁会演奏这支曲子，恰好这位乐师会演奏此曲，孔子便全身心地投入到此曲的学习之中。当他掌握了基本的曲调后，就自己反复练习体会。他认为，学习一支乐曲，并不只是简单地掌握曲调，而是要体会到曲子所蕴含的内涵和韵味，进而探寻到作者内心的情感。由于孔子具有超凡的领悟力，再加上勤奋努力，他的演奏达到了一种非凡的境界。他沉浸在《韶》乐所传达的美妙意境中，竟然"三月不知肉味"，完全进入了一种忘我的境界。

先秦儒家的音乐代表作当属《乐记》，它是《礼记》中的一篇，是迄今为止我国最早的关于音乐理论之经典论著，应是战国末期的儒家著作。《乐记》作为先秦儒家音乐思想的集大成者，其丰富的音乐思想对以后中国两千多年来的音乐发展影响极其深远，并在世界音乐思想史上也占有重要地位。

（一）乐为人情所需

音乐是表达情感的艺术，对于音乐的起源与本质，《乐记》有着精辟的论述。《乐记》之《乐本篇》提到了"声""音""乐"三个概念。所谓"声"，是感于外物而产生不同的感情，从而发出不同的声；声的变化形成音；"音"调谐和，并以乐器协奏，再配上舞蹈等动作，就成为"乐"。因而，"乐"是文化进步的产物。这种关于音乐起源的理论，具有朴素唯物主义特色。

音乐同人的感情密切相关，音乐是人情的需要。正如《乐化篇》所言："夫乐者，乐也，人情之所不能免也。"正是由于音乐是情之所发，所以从人们自发的"乐"中可以看出世事之兴衰来。《乐本篇》中有一段话精辟地论述了音乐与政治、音乐与社会的密切关系。在儒家看来，音乐产生于人心。人的情感由心而发，所以表现为心之声，心之声变成曲调，就叫作音乐。所以，太平之世的音乐祥和欢乐，是因为政治和畅；乱世之音仇怨而愤怒，是因为政治混乱；亡国之音悲哀而忧思，是因为人民困苦不堪。有鉴于此，音乐之声是社会兴衰的真实写照。

《乐记》所阐发的音乐起源以及其与社会政治的密切关系，既有深刻之处，也迎合了统治者维护自身利益的要求。音乐这种艺术兴衰，当然是同一定的政治相联系的。一个国家和民族的政治局面如何，给人们带来的影响如何，必然会在音乐方面流露出来。

（二）乐至则无怨

《乐记》反复论述了制礼作乐的必要性，同时也就论证了实施乐教的必要性。"礼以道其志，乐以和其声"，只有实施礼乐教化才能达到这种效果。先王制礼作乐，作为教化的音乐不是用来满足人们感官欲望活动的，具有教育功能的音乐能够调整人的好恶欲望，使人返回"人道之正"，促使人走上正确的人生之道，树立正确的生活态度。从需求而言，《乐记》认为音乐是由人的本性所决定的，"乐之道"不仅体现了"人之道"，而且其本身就是"人之道"。《乐记》赞美和谐之乐，它完全肯定了理想的雅颂，即和谐之乐；它也彻底否定了乱世之音，即不和谐之乐。

礼乐并重，二者相辅相成。《礼记》不仅重视"制礼"，也重视"作乐"，认为"礼"和"乐"对于陶冶道德情操都是不可缺少的，只是作用不同而已。《乐论篇》指出，"礼"的作用是使"贵贱有等"，各安其位；"乐"的作用则是使"上下和同"，大家"无怨"。

音乐发生作用的方式不同于礼义，"乐由中出，礼由外作。乐由中出故静，礼自外作故文"（《乐记·乐论篇》）。所谓"乐由中出""乐以修内"，说的是音乐起于内心，它既可以劝导己志，使行之不倦，又可以道志化民以治下。简而言之，音乐的作用在于培养内心的道德感情。由此足见，音乐是教化民众的必需。

（三）以乐治人心

从治理人心的角度出发，儒家极力倡导以音乐来教化民众。在儒家看来，先王制定《雅》《颂》之乐就是用来引导人心的，人们听了《雅》《颂》之乐，心境就会变得宽广；通过乐舞，人们学会了俯仰身躯、屈伸肢体等舞姿，容貌就会变得庄重；按照舞蹈的行列与音乐的节奏行进，人们就明白行列需要整齐与进退一致了。在先秦儒家看来，教化是音乐的主要功能，音乐是使人们保持心态平和的纲纪，它体现了人类社会必不可少的情感需要。由此可见，音乐对于人德行的培养以及社会风尚的改良，都具有十分重要的意义。

音乐对人格修养具有重要作用。儒家向来强调"修""齐""治""平"，认为个人修养是基础。那么音乐在个人的人格修养中充当什么角色呢？在儒家看来，一方面，乐为"德之华"，乐"通伦理"；另一方面，良知存在于人的本性之中，美德是人之本性的自然表现，"德者情之端也""乐者德之华也""乐者，所以象德也"。音乐的作用是陶情养性，教化万民，移风易俗，它当然就是本乎情性的最自然之事。礼乐"不可斯须去身"，目的就是要"致乐以治心"，和谐之乐影响到人的心灵，使人产生快乐，使人内心安详，使人性命长久，使人与天相通，使人与神相通。这无疑揭示了音乐对人心的影响，即"乐者为同"的共同规律。换言之，以音乐作为陶冶性情的手段，可使人"乐""安""久""天""神"，最终使得"天下皆宁"。

从音乐的教化功能看，儒家主张"礼""乐"并重，所谓"礼节民心，乐和民声"，就把"礼""乐"同举。以美善合一，合乎"仁"的要求的音乐陶冶教化人，可以让人心之乐成为追求"仁"的力量，使得其行为符合道德要求。

懂得音乐是一个人重要的素养，学习音乐对于人的品质培养具有十分重要的意义。孔子指出，一个人为官，应当先学习礼乐，只有全面系统地学习礼乐知识，才能懂得怎样为官，如果不知礼乐就当了官，是不会有出息的。孔子曾多次赞美虞舜时代的《韶》乐，赞其"尽善尽美"。他积极提倡学习圣君时代的乐舞，目的就是培养人的健康品质。孔子的音乐教育在学生中产生了深远的影响。其学生子游受聘担任武城县令，一上任就实实在在地贯彻起老师所提倡的礼乐之道，当他的工作初见成效时，就邀请老师与同门前来武城参观。孔子和弟子们一进城门，就看到城内一片歌舞升平的景象，弦歌之声不绝于耳，孔子高兴极了，脸上现出喜悦的神色。

《乐记》注重音乐，绝不是为音乐而音乐，而是看中了音乐能感化人心、移风易俗的特点，从而将其纳入道德教化中。在《乐记》作者看来，乐教的实施，是针对现实问题而提出来的，其目的和功能是移风易俗。好的音乐，对于社会道德风尚具有积极的影响，它可以使人"志意得广""容貌得庄""饰喜饰怒""万民和亲"。有鉴于此，先王制作音乐之目的就是感化人心，使人改邪归正，"感动人之善心"。在《乐记》中，无论是强调音乐"感人深"，促进良风美俗的形成，还是以为"世乱则礼慝而乐淫"，都相信音乐以其情感力能够对人心产生深刻的影响。

当然，《乐记》把理想之音乐上升到"善民心"的高度，就是典型的以美导善。音乐能够以美导善，其前提就是音乐能够表现人的共同本性，因而理想的雅、颂之乐以其和谐的精神，能够给人们以积极影响，从而达到感化人心，天下和谐安宁的境界。

《乐记》认为"乐统同"，具有使人同心同德的社会功能。其《乐论篇》云："若夫礼乐之施于金石，越于声音，用于宗庙社稷，事乎山川鬼神，则此所与民同也。"这就是说，礼乐通过金石表现出来，通过声音传播开来，在祭祀宗庙和山川鬼神时，天子和人民都是适应的，即在喜爱"乐"的和谐精神与"礼"的中正这一本质特征上，天子和民众具有共同性。儒家向来重视和谐之乐，甚至把和谐之乐上升到社会和谐的高度，强调"乐文同，则上下和矣"。

需要指出的是，无论从行为上，还是从观念上而言，进行乐教的音乐都是"雅"的音乐，而非"俗"乐的范畴。在《乐记》看来，奸声乱色、淫乐慝礼和惰慢邪辟之气能够对人产生不良的影响，只有避免这些不健康的东西，才能使"正声感人""顺气成象""和乐兴焉"。

　　总之，《乐记》集中地反映了先秦儒家的音乐理论思想，可谓儒家关于"礼乐"的总结。《乐记》在主张用礼来建立、维系人类社会秩序的同时，更加强调音乐对人的教化作用，音乐之声是社会兴衰的真实写照。儒家倡导以音乐来教化社会、民心，养心性、立善德，摈弃曲邪文化，崇尚雅正之音。《乐记》关于"乐"在陶冶道德情操方面的作用，在中国文化中的历史影响是极其深远的。

第三章
老庄道家的自然之乐

春秋战国时期，列国并立，诸侯争霸，礼崩乐坏，一切伦常秩序关系都在泛滥的欲望中瓦解，被弃绝不顾，广大民众生活在水深火热之中，在某种程度上可以用"苦难"来形容春秋战国之世。这应是我们理解道家思想的基础。老子的顺从自然之乐与庄子的精神自由之乐，无疑都是针对当时苦难的一种救世和自救。道家自然无为的快乐观在中国历史上是独具特色的。

一、顺从自然之乐

在各个民族的古老传说里，似乎都曾提到人类曾经有过一个美好的黄金时代，在那个迷人的时期，人们与大自然浑然一体，其乐融融，过着"鼓腹而歌"的幸福快乐生活。那时没有矛盾和争夺，只有和谐安宁。道家创始人老子的自然之乐与其自然的社会理想境界是密切相关的。

（一）享受自然恬淡

现代社会，一般而言，"啬"字往往让人想到小气，而在老子眼中却并非此意。老子重视与提倡"啬"，深刻揭示了"啬"的丰富内涵、意义、功用。他说："治人事天莫若啬。"（《老子》第五十九章）凸显了"啬"的重要地位及价值。

老子所主张的"啬"，是一种人格道德的修养方法。在老子的人格理论中，"啬"主要不是指物质利益上的节俭自私，而专指精神活动。"啬"作为一种道德准则，其主要功能是约束人的意志，最大限度地控制和调节人的内心世界。

从整体而言，老子的"啬"作为人格道德的修养方法与调节手段，主要有三种境界：

第一，恬淡之啬，"虚无恬淡，乃合天德"（《庄子·刻意》）。如果说儒家仁德人格的修养调节是发乎情，止乎礼，那么道家顺天人格则是发乎自然，甘于恬淡。所谓"恬淡"，就是要节制，不要过分，要尽量去甚、去泰、去奢。老子强调"圣人之治虚其心，实其腹"（《老子》第三章）。"实其腹"就是保养生命，这是一种求生保命的欲望之满足；"虚其心"就是保养精神，保持"心"的虚和啬，就是"积德"。

老子恬淡之啬的内容主要体现为二：一是节制物质欲望。就是节制对声色之美的追求，使其无损于生命健康。如果极耳目之娱、口腹之好、妻妾之奉，便会导致耳聋、目盲、口伤，不仅会丧失本性，而且会让自己终身都陷于苦恼中，更何况一切荣华富贵都是过眼烟云。二是节制精神欲望。人生在世，应当确立自己的精神目标，不应过分看重社会对自己的名声评价。在老子看来，如果一个人将个人的名声看得比生命还重要，这就是虚荣心（"宠"）的表现。如果有虚荣心作祟，做事就不能自由自在，内心世界总是惊恐不安："得之（宠）若惊，失之若惊。"（《老子》第十三章）只有把精神欲望控制在恬淡适度的范围内，才能保持内心世界的平和。

第二，虚静之啬，主张节制情欲达到"致虚极，守静笃"。（《老子》第十六章）老子认为最高的道德就是绝弃是非善恶、喜怒哀乐，让内心世界空虚到极点，素朴到一尘不染。如果说恬淡之啬是要自觉节制心中萌生的过度情欲，那么虚静之啬则是尽量不让过度情欲萌生，人能够达到此种境界，就能使忧患不能入，邪气不能袭，内心世界自然就能够处于永恒的和谐。

第三，坐忘之啬，这是一种出神入化的道德境界，表现为形如枯槁，心如死灰。达到这种坐忘境界，就能够完全忘掉自我，内心什么都没有；同时也忘掉外物，什么都不怕，达到物我两忘的境界。

事实上，老子的"恬淡之啬"具有人格实践的价值和可能性，它成为中国古代不得志的士人普遍遵奉的一种自我修养方式。一方面，这种修养方式并不完全禁绝个人的情欲，只是豁达、淡泊、自适而已，这是一般士人能够做到的。另一方面，"啬"的手段也比较平和。若胸中有所不平，有所感发，有所追求，主要是凭借外物来抒发，或寄情于山水花鸟，或寄情于诗词歌赋，或寄情于学说著述等，其中也不乏精神的自慰和快乐。

（二）追求无我境界

无我境界也称为无我境地，是只有心无旁骛、心无杂念的至高境界。老子不仅以"不争"为处理人我关系的原则，他还强调无我的境界。"吾所以有大患者，为吾有身；及吾无身，吾有何患？"（《老子》第十三章）在老子看来，最大的祸患就是我拥有自己的身体；反之则没有祸患。老子强调守柔处下、无争，只是针对普通人而言，而强调无私、无我，则是针对睿通的哲人而言。人是有生命有身体的，正因为此，才有一个小我，才不可避免地动用智慧去做有为之事。有鉴于此，老子强调，人只有无自我之身，才能达到彻底的无为，获得至上的道德自由。

老子认为，只有无为才合自然之美，才能顺天守朴。当然，人要做到无为，首先要"知足"，切莫争强好胜，突出自己，而是应当卑躬居下，先人后己。知足与不为先，就是"不争"的美德。百姓不争利益，士大夫不争功名，圣王不争天下，才能处理好个人与社会的关系。

老子的"无为"体现为无欲、虚静、贵柔尚谦、绝圣弃智等。他强调："不尚贤，使民不争；不贵难得之货，使民不为盗；不见可欲，使民心不乱。"（《老子》第三章）老子通过对自然、社会和人类自身的大量深入细致的观察，认识到物质欲望、名利追求都是干扰人的思维、淹没人的智慧、促成人性泯灭的直接原因。人如果能够排除这些障碍，真正体味大道，并且唯道是从，就会达到一种新的人生境界，而这种境界正是老子"无不为"人生修养的终极目的，这其实就是自然无为的人生发展目标。

（三）主张祸福相对论

老子具有朴素的辩证法思想，他论述了不少相反相成、物极必反的道理。"祸兮，福之所倚！福兮，祸之所伏！"（《老子》第五十八章）事物总是要向自己的反面转化，但是人们却常常认识不到这一点，总是执迷、陶醉于眼前一时的幸福和得意。老子力图破除人们的执迷，教导人们要从正、反两个方面去观察事物和人生际遇，强极是弱的转折点，盛极是衰的转折点，乐极是悲祸的转折点。这既是一种普遍存在的现象，也是万事万物不可移易的规律。

最能说明祸与福之间可以互相转化的例子莫过于"塞翁失马，焉知非福"的寓言故事，它出自《淮南子·人间训》。靠近中国北方边塞的地方，住着一位精通术数的老翁。有一次，他家有匹马无缘无故挣脱羁绊，跑入胡人居住的地方去了。邻居都来安慰他，但他平静地说："这件事难道不是福吗？"几个月后，那匹丢失的马突然又跑回家来了，还领着一匹胡人的骏马一起回来。邻居们得知，都前来祝贺。老翁无动于衷，坦然道："这样的事，难道不是祸吗？"

老翁的儿子生性好武，喜欢骑术。有一天，其子骑烈马到野外练习骑射，烈马脱缰将他重重地甩了个仰面朝天，其子摔断了大腿，成了终身残疾。邻居们纷纷前来慰问。老翁淡然说道："这件事难道不是福吗？"又过了一年，胡人侵犯边境，大举入塞。四邻八乡的精壮男子都被征召入伍，拿起武器去参战，死伤不可计数。靠近边塞的居民，十室九空，都在战争中丧生。唯独老翁的儿子因跛脚残疾，没有去打仗，得以安度余生。所以福可能转化为祸，祸也可变化成福。这种变化深不可测，谁也难以预料。

在日常生活当中，有许多人经常从个人得失的角度来衡量事情的好与坏，有些人每天都为蝇头小利而乐而忧。然而，由于人们看到的只是事情的表象，许多事情的福与祸其实是无法马上判定的。祸福相依，得失相伴，得到未必是福，失去也不一定是祸。

老子所谓相反相成、物极必反的道理，无疑告诫人们，不要张狂、恃强，不要陶醉兴盛，不要贪得无厌，一味地谋求财货、权势、福禄、显达，将会带来可悲的后果。人们应当认识到事有吉凶，祸福相为倚伏之理。

总之，道家强调自然无为与人的自然之情。在老子看来，真正的哲学智慧必须从否定入手，只有否定一切外在束缚，才能化解人生之忧。老子既崇尚原始生命力，又看到了放纵原始生命力的危机。他强调，那种堕入感官享乐的状态将破坏生命的自然性。因而当道家面对社会黑暗与不公、物欲横流与人性放纵，却又找不到出路之时，就难免伤今而怀古，回到幻想之中，去感受小国寡民的原始自由，回到离群索居的个人生活的自我陶醉。这虽然避免了世俗感官享乐的沉迷腐化，但也忽略了人的社会性，遂将生命置于孤独的内心求索之中，是难寻未来出路的。

二、精神自由之乐

庄子生活的战国中期，正处于社会制度大变革的过程中，长期的诸侯割据，造成连年的战祸。一方面是民不聊生，社会动荡；另一方面是人们疯狂地追逐财富和权力，物欲横流。庄子学说的出发点，是要在纷乱不安、满目悲怆的人世为人们开辟出一方乐土。然而这方乐土不可能存在于现实世界中，只能存在于人的精神世界中。从而庄子劝导生活于苦难之中的人们脱离世俗，将心境融于大道，求得超脱和安乐。

（一）将自由和幸福相联系

自由与幸福，是庄子所关注的人生哲学问题。他认为，有相对的自由，也有绝对的自由。人如果获得了相对自由，就能达到相对幸福；人如果获得了绝对自由，就能达到无限的幸福——"至乐"。

庄子将自由与幸福联系起来，自由的就是幸福的。人和事物，如果拥有相对的自由，便会有相对的幸福。例如，传说有一大鱼名曰鲲，长不知几里，宽不知几里，一日冲入云霄，变作一大鸟可飞数万里，名曰鹏。鲲鹏善飞，这种鹏鸟呀，在海动风起时就随着海上汹涌的波涛迁徙到南方的大海。相对于其他小鸟，鹏鸟可以说是足够自由了。然而庄子认为，这仍然是一种相对的自由，因为它仍受到外在条件的限制，因为如果"风之积也不厚，则其负大翼也无力",大鹏鸟要飞到九万里高空,非要等到大风来了才行,如果风力不够,它两个翅膀就没有办法打开,飞不起来,就难以实现其南冥之游了。可见,事物只要有待于外,其行动充其量都是有限的自由即相对的自由。这说明任何人或物,如果安于自己的性分,根据自己的天性、能力所及去生活,不好高骛远,就会获得一种相对的幸福。

人和事物,只有拥有了绝对的自由,才能有绝对的幸福。这样的人与道合一,超越了自我的局限,冲破了功名的束缚。其精神极为平静,"其寝不梦,其觉无忧"。他们也许会有过错,但不为过错而烦恼;他们也许受到赞誉,但不为荣誉而欢欣;他们对生死也无动于心,表现出"不知悦生,不知恶死"的达观与乐天。(《庄子·大宗师》)

依据对自由与幸福的理解,庄子尖锐地批判了儒家、墨家、法家所提倡的有为政治理想与生活。他特别强调,一切有为政治提倡的法律、道德、制度等,其作用都在于立同禁异,把多样世界变成单一世界,其结果就是导致万物失去本性而陷入痛苦与不幸。庄子说:"凫胫虽短,续之则忧;鹤胫虽长,断之则悲。"(《庄子·骈拇》)他认为有为政治所做的一切恰是这种截长续短的蠢事。庄子用鲁侯养鸟的故事说明,有时提倡有为政治者是出于好心,但却把事情办得更糟。

从前,有一只海鸟停留在鲁国国都的郊外,鲁王以盛大的礼节郑重其事地迎接它,在宗庙里毕恭毕敬地设酒宴招待海鸟,还命宫廷乐师奏起了最高级的《九韶》曲使它高兴，又派人给海鸟摆满最上等、最神圣的"大牢"供品做食物，这些食物就是用很大的盘子盛着的烤熟的全牛、全羊和全猪。鲁侯侍立在海鸟旁边，虔诚地请它食用。海鸟看到这莫名其妙的场面，只觉得头昏眼花，充满了惊恐和悲伤。它始终不敢吃一块肉，不敢饮一杯酒。三天之后，它便在极度的惊吓忧郁中死去了。鲁侯十分沮丧，还不知道自己到底错在何处。

其实，海鸟之所以死去，是因为离开了辽阔的大海，失去了宝贵的自由。鲁侯用最尊荣的方式来养鸟，爱鸟之心非不深也，但他不是根据鸟的习性来养鸟，而是根据自己的爱好来养鸟，结果事与愿违。王者的法典和道德原则强加于社会，使人们的生活整齐划一，也将类似于这种情况。

庄子持竿不顾的故事也正说明了其追求自由的生活境界。有一天，庄子在濮水上钓鱼，楚威王派两位大夫来传达其意说："希望将楚国的国事烦累先生。"庄子手拿钓竿，头也不回地说道："听说楚国有只神龟，三千年前就死掉了，被包装得好好的，供奉在庙堂上。你们说，它是愿意像这样成为一副死骨头和甲壳受供奉呢？还是宁愿活着拖起尾巴在泥里爬？"两位大夫答道："可能会愿意活着在泥里爬。"庄子道："那么，两位请回吧……让我拖起尾巴在泥里爬吧。"

这个故事，即便不是客观的历史事实，至少也是庄子心灵的真实反映。它体现了庄子超凡脱俗的大智慧中生长出来的自由与高洁的精神，又由这种自由与高洁精神滋养出拒绝诱惑的惊人内力。庄子的这种坚持，足以让我们感受到精神可以达到的高度，以及精神自由愉快的重要性。

（二）期盼梦境的逍遥之乐

作为一个思想家，面对战国乱世中人们追逐名利的沉沦与堕落，庄子感到无比沉痛，他指出，人在追逐外物过程中始终处于紧张、焦虑和失意的状态，从而丧失了人的本性，这是极其可悲的。尽管庄子十分清醒地看到了现实人生的困境，但他并非悲观主义者，他追求精神的自由，以超脱人生的困境，《逍遥游》就是其人生哲学的最高境界。

著名的"庄周梦蝶"寓言是对梦境中的自由乐趣的比喻。有一天，庄周梦见自己变成了蝴蝶，一只翩翩起舞的蝴蝶，非常快乐，悠然自得，不知道自己是庄周。一会儿梦醒了，却是僵卧在床的庄周。不知是庄周做梦变成了蝴蝶呢，还是蝴蝶做梦变成了庄周呢？庄子认为人们如果能打破生死、物我的界限，则无往而不快乐。

庄子羡慕鱼在水中的逍遥自在，认为"乐哉鱼也"。鸟跟鱼能逍遥自在，是因为它们除了生理上的欲望要求之外，没有像人类那么多的情欲物欲。人与动物的根本区别在于，人是有思考能力、道德意识的，也正是因为人有知识、理想、追求，才会经常陷于苦恼。有人认为，要想控制欲望，消灭苦恼，唯一的办法就是要能知足，能知足就会使精神愉快。知足是相对的，无止境的贪欲是可怜的，但无条件的知足也是虚妄的。就好比心静，如果静到只看到自己的内心，而看不到外部世界，只能是内心封闭，孤陋寡闻，也就谈不上真正的快乐。有鉴于此，人生最大的快乐，只有在心静自然中获得。

道家苦心孤诣地见素抱朴、弃绝杂欲、无为不争、清静恬淡，一切都是为了自由。庄子虽然对天然的喜怒哀乐、七情六欲没有随便放弃，但他更加看重关乎人生满足与幸福的个体自由，他把这种生存风貌称为"至美""至乐"，认为得至美而游乎至乐，才算"至人"。"至美"是庄子顺天人格所构成的最美风采；"至乐"是庄子顺天人格所获得的最大幸福；"至人"是道家弃绝一切束缚的最自由之真人。

庄子所谓自由只是精神世界中的逍遥，而不可能是现实世界的享受。他所谓的"逍遥游"指的是"游心乎德之和"与"乘物而游心"。所谓"游心"，就是心之游，即精神思想的遨游，绝非人格主体的"身"之游。心在哪里游呢？庄子反复强调的是"游乎无人之野""无何有之乡""游乎尘垢之外"。这既不是现实世界，也不是海外仙境或伊甸园，至人、神人所游的只是茫茫宇宙、永恒无限的精神世界，而不是充满阳光、气体的天空。庄子的"逍遥游"是纯精神的享受，让思想在头脑中飞翔，是没有任何现实内容的玄想式自由。

（三）顺其自然之"天乐"

在庄子学说中，与大道融为一体的行为表现就是顺其自然。

具体而言，就是指顺应事物之自然，让事物自然而然地存在，自然而然地变化，不以人的主观意愿去干预。在庄子学说中，自然即天然，也就是天生如此，所以又称为"天"。

庄子所言之"天乐"不同于一般的"快乐"，它是顺应天然而得到的快乐。《天道》篇对此进行了阐述："夫虚静、恬淡、寂寞、无为者，天地之平而道德之至，故帝王、圣人休焉。……无为则俞俞，俞俞者，忧患不能处，年寿长矣。""俞俞"，悠闲自在的样子。庄子将自然无为视为天地运行的准则、道德之性的根本，因而其与大道融为一体，其实就是在行动上遵循自然无为，一切都顺应着事物的自然秉性，以避免忧苦。他又说："夫明白于天地之德者，此之谓大本大宗，与天和者也；所以均调天下，与人和者也。与人和者，谓之人乐；与天和者，谓之天乐。"（《庄子·天道》）在庄子看来，明白天地本性的人们都清楚，无为就是天地万物最为根本的东西，就是与天的和谐；用无为来协调人事，就是与人和谐。与人和谐，就是顺应人事得到的快乐；与天和谐，就是顺应天然得到的快乐。

庄子认为，人只有"无为"才能获得"天乐"。他将自然无为的大道视为老师，以大道为老师也就是行自然无为之道。在庄子看来，懂得天乐的人，不会遭到天的怨恨，不会遭到人的非难，不会遭到物的牵累，不会遭到鬼的责怪。他强调："言以虚静推于天地，通于万物，此之谓天乐。"（《庄子·天道》）这就是说，将自己的虚静扩展开来，与天地融为一体，与万物贯通一气，就是天乐。由此可见,"天乐"就是指圣人包容天下的一种心境。因为这种心境与天统一,所以称之为天乐。做到了无为,顺随天地万物的自然存在和自然变化,就不会与事物相对立了。不与事物相对立,也就不会遭到事物的抵御和对抗,不会遭到天的怨恨,不会遭到人的非难,不会遭到物的牵累,不会遭到鬼的责怪。如果这样,还会有什么忧愁呢? 有鉴于此,庄子把无为称为乐,这种乐不同于一般的乐,它是顺应天然的一种乐趣,因而称之为"天乐"。

"天乐"其实就是庄子之无得无失无忧苦思想的进一步扩展。无得无失无忧苦,主要是针对人事而言的,只要将人生遇到的贫富、贵贱、荣辱、寿夭视为自然而然的事情,不加区分,顺之而行,就能免于忧苦;无为而天乐则将其范围扩展到了人所面对的整个世界,既包含人事,也包含人与自然的关系,是说人在处理人事及人与自然关系时,只要顺应事物本身的自然变化,不以自己的主观臆想造作事物,就会得到天然之乐。

(四)至乐同于无乐

"至乐"即最大的快乐。庄子将融于大道、物我两忘、包容一切、自然无为的心境称为天乐。天乐是与天然相合产生的快乐,它与一般快乐的根本区别在于它是最大的、至极的快乐,所以又称为"至乐"。因为至乐不是一般的快乐,没有一般快乐给人的那种感受,所以庄子说至乐无忧。

首先,在庄子看来,凡夫俗子之所乐,并非真正的至乐。一般的快乐总是与忧愁相伴而行,有快乐才体现出了忧愁,有忧愁也才体现出了快乐。当一个人根本不知何为忧愁时，那他肯定也就根本不知何为快乐。换言之，只有根本没有体验过忧愁的人，才可以说是体验到了最大的快乐。然而，根本没有体验过忧愁的人也肯定没有体验过快乐，因而庄子说最快乐的人没有快乐，而世人所能感到的快乐不是至极的快乐。

庄子对于至乐有自己的独到认识，"天下有至乐无有哉？有可以活身者无有哉？今奚为奚据？奚避奚处？奚就奚去？奚乐奚恶？"（《庄子·至乐》）庄子从世人所谓的快乐入手去讨论没有最大的、至极的快乐，而世人所谓的快乐又与个人的得失相关，在个人的得失中，最大的"得"是保存住生命，最大的"失"是失去生命，因而庄子一开始就把有没有最大的快乐与有没有保存住生命作为并列的问题提了出来。

《庄子·至乐》篇以世人追求富贵、荣名和长寿为例，论证俗之所乐并非至乐。在庄子看来，一般的快乐，不外乎求得了富贵、荣誉、长寿等等。然而，这些东西即使追求到手了，在求取过程中也要花费不少的心血与精力，这本身就是一种忧苦。一旦求而不得，就会给人的精神造成极大痛苦。可见，世人所谓快乐与个人得失是密切相连的。庄子认为，个人因为欲望满足而引发出快乐的同时，也总伴随着欲求不得所引发的忧愁，因而永远无法达到最大的、至极的快乐。即所得与所失是一对形影不离的孪生兄弟。

《至乐》篇提倡以无为来不去求得，而任随自然来求得无忧至乐。庄子充分论述了无为的效用，"天无为以之清，地无为以之宁，故两无为相合，万物皆化"。这就是说，天正因为无为才清明，地正因为无为才宁静，万物正因为无为才得以化生，以此说明只有无为才能达到最大的快乐，才能维护人的生命。无为而任随自然，失之也无所谓，得之也无所谓，因而也就无所谓忧愁与快乐。无所谓忧就是无忧，无忧就是最大的快乐、至极的快乐。无所谓忧总是伴随着无所谓乐，因而最大的至极的快乐也就是无乐。

其次，庄子认为"无以益其乐"是与道合一的超俗者之快乐的境界。所谓"无以益其乐"，指快乐到再也不能增加的程度，即达到了至乐。至乐是庄子立志于探寻的超越俗人之快乐。在他看来，要想超越俗人之乐，至为关键的一点就是摆脱名利富贵的诱惑，只有如此，才能与道融为一体，摆脱忧苦，达到至乐。庄子在《缮性》篇中表述了这种思想："古之所谓得志者，非轩冕之谓也，谓其无以益其乐而已矣……不为轩冕肆志，不为穷约趋俗，其乐彼与此同，故无忧而已矣。"在庄子看来，世俗之人都把升官封爵视为得志，而古代志士则不然，他们把达到快乐到再也不能快乐的境界视为得志。他认为，对人而言，升官封爵不但没有任何价值，而且是极端有害的，它会给人带来惊恐与烦恼。因为它们来去不定，会使人成为外物的俘虏，完全丧失了自己的自然本性，成为世俗社会的牺牲品。有鉴于此，庄子劝导人们，不要为了高官尊爵而丧失修养至乐的志向，不要在穷困财匮之时随从世俗去追求那虚幻的快乐。不管何时一定要保持快乐的心境，即永无忧愁的心境。

事实上，庄子的"天乐"与"至乐"具有相通之处。庄子所谓的"天乐"不是一般世俗之人所谓的快乐，而是指超越世俗快乐而顺应自然、与道合一的快乐。庄子的"天乐"也就是他所谓的"至乐"，这种"至乐"实际上是"无乐"，因为它是超越世俗之乐的。

（五）不分穷通忧乐

庄子认为，人一旦达到了至乐境界，就像置身于无边无际的太空一样，看不到事物的分界，不觉得物我之别，不计较个人得失，自由自在地生活，不管现世的境遇如何，永远无忧无虑，坦然自得。为此他特别塑造了一些身处困顿而心无所忧的人物形象。

首先，不分穷通，长乐无忧。人生在世，不可能一帆风顺，可能会有各种境遇，时而顺利，时而艰难。在庄子看来，穷也好，通也好，逆境也罢，顺境也罢，都是大道变化的过程，都将顺着大道的变化依序流逝，化为乌有。站在大道的高度来看穷通、顺逆，穷也非穷，通也非通，顺也非顺，逆也非逆，穷通、顺逆是一样的。只要顺其自然而行，就没有穷通、顺逆之别，也没有穷通忧乐。不分穷通忧乐，也就无所谓忧、无所谓乐了，由此也就能够长乐无忧。《让王》篇云："古之得道者，穷亦乐，通亦乐。所乐非穷通也，道德于此，则穷通为寒暑风雨之序矣。故许由娱于颍阳而共伯得乎共首。"古代那些得道的人，在困穷的处境中也会感到快乐，在通达的处境中也会感到快乐。他们感到快乐的原因不是那些困穷或通达的处境，而是与道德融合在一起。那些与道德相融合的人，无论处于困穷还是通达之境，都会像寒暑风雨一样，只将其视为一种瞬时即逝的东西，不会牵动其心。正因为如此，许由才能欢乐地隐居于颍水之滨，共伯才能惬意地安居于共首之山。

许由乐于颍水之滨，共伯乐于共首之山，都是在身遭困穷之时还依然乐观的典型事例。庄子认为，这些人之所以能做到穷亦乐、通亦乐，那是因其根本就没有觉出自己处境的变化，根本就不知道自己是处在顺境还是逆境。他们之所以能够做到这一点，那是因其心境完全融化在大道之中了。大道混混，无界无分，因而也就无所谓穷和通；大道无为，随物流转，因而穷也坦然，通也坦然。

其次，人生知足无累。人生在世，生存的基本需求是有限度的，而欲望与奢求却是无休无止的。人如果适应自己的生活环境，满足于所得，即使生活并不富余，也会自得其乐；反之，人如果不适应自己的生活环境，不满足于所得，即使厚味美服也会满腹忧愁。《让王》篇中"颜回知足无累"的故事就充分说明了这个道理。孔子对颜回说："颜回，你家庭贫困、处境卑贱，为什么不去做官呢？"颜回答道："不愿意做官。我有城外的五十亩地，足够供给稠粥；城内的十亩土地，足够穿丝麻；弹琴足以自求娱乐，从先生那里所学的道理足以让自己感到快乐。我不愿意做官。"闻听此言，孔子感到无比欣慰，他说："你的愿望很好啊！我听说：'知足的人，不以利禄自累；审视自得的人，损失而不忧惧；进行内心修养的人，没有官位而不惭愧。'我诵读这些话已经很久了，如今在颜回身上才看到它，这是我的心得啊！"

孔子高度赞赏颜回的思想和品德，认为"知足者不以利自累"，即满足于自己生活的人，不用身外之物拖累自己。在知足者眼中，身外之物只是一个沉重的包袱，对自己毫无用处，因而绝不去追求。而不去追求，就会轻松愉快，没有拖累。颜回达到了无累、无惧、无愧，是否就完全达到了无忧、至乐？这个故事的意义在于，淡泊于名利地位就会免除人生的许多痛苦。

从总体上看，庄子的快乐观与其人生价值理论密切联系。他以与大道融为一体，不分你我彼此，不分贵贱高低，一切皆顺其自然为人的本性，认为顺其自然而不使其遗失就是人生的最大价值；人生的最大价值实现了，人也就达到了最大的快乐。

应该指出的是，庄子所谓的这种快乐与凡夫俗子所说的快乐之境界是迥然不同的，它有其鲜明的特性，其独特性主要体现为两点：一是它不是世人自觉到人生价值实现之时的一种喜悦，而是自然实现人生价值之后的一种心态。这种心态的主要特征是平静。二是它既没有世人快乐时的愉悦感受，也没有与世人愉悦感受相伴的痛楚感受。实质上，庄子的快乐观与世俗的快乐观处于完全不同的两种境界，其快乐观是典型的超世主义快乐观。

用现代眼光看，庄子的快乐观具有超世性，这种超世主义的快乐观存在着明显的局限性。其局限性主要表现为两方面：其一，它不讲究追求，不主张主动为社会奉献，而是主张在自然而然的生活中保持内心的平静，因而也就谈不上对社会发展的益处。其二，它不能使人体会到常人应该体会到的快乐，在这种快乐观的指导下生活，虽然活着，却犹如槁木，完全失去了生命的生机和活力，也失去了一般人应当享有的跌宕起伏的感情生活。尽管如此，我们也不得不承认，庄子的超世主义快乐观还具有对人生有益的方面，并且内蕴着通常快乐观所不曾具有的人生智慧。

三、道家音乐自然论

道家认为世间万物均是在"道"之下的"自然"，是"自然"之一部分，顺自然而运转，一切人为活动都是毫无意义的。作为人本身应当"少私寡欲"，不为外物所诱，应当"清虚""守静"，应"依乎天理、因其固然"，要"安时而处顺"，此乃长生之道。基于这种认识，道家的音乐观具有十分鲜明的自然属性。老庄将音乐纳入"道"的境界中，主张天、地、人的和谐统一，无声即有声，提倡自然之声，否定人为音律。他们对待音乐就像对待其他事物一样，采取思辨虚无、顺其自然的态度。

（一）推崇自然的"道"之乐

"法天贵真"是庄子美学思想的核心，相应地，庄子十分推崇自然之乐，即"天乐"，也就是"道"之乐。对于自然的"道"之乐，庄子阐述道："夫道，渊乎其居也，漻乎其清也。金石不得，无以鸣。故金石有声，不考不鸣……视乎冥冥，听乎无声。"（《庄子·天地》）庄子这段论乐的言论，与老子的"大音希声，大象无形"是一脉相承的，他对比了"金石"之声与"道"的自然之乐，认为虽然"金石"有声，但不得"道"则无以鸣；虽然"道"无声，但唯"道"独有其音乐之利。在道家看来，作为人为的"金石"之乐，其虽然有声和之外形，却是表面而非本质的，而"天道"之乐则是自然而合规律的，虽"听乎无声"，但因其蕴涵着无限的音乐内在精神，故其音乐的内在精神是至高无上的，是远非人为的"金石"之声所能够比拟的。而"无声之中独闻和焉"的"天""真"之乐，才是内在、本质意义上的音乐。正因为"金石不得，无以鸣。故金石有声，不考不鸣"，所以只有得"道"的人为"金石"之声才能成为"天乐"。由此可见，无声之"道"是"金石"有声之乐的本源。

在道家的眼中，世间最动听的莫过于宇宙自然谐和之音，如自然界中的风、雨、雷、电之声，等等，他们反对人为的音乐，主张"擢乱六律、铄绝竽瑟、塞瞽旷之耳"（《庄子·胠箧》）；指出"五色令人目盲，五音令人耳聋"（《老子》第十二章）。有鉴于此，道家特定的世界观也就决定了其音乐方面的自然观和取缔人为音乐的思想倾向。

（二）主张音乐的层次性

由推崇顺乎"道"的自然之乐出发，庄子进而又提出了"人籁""地籁""天籁"三种不同的音乐层次。《齐物论》记载了子游与子綦的一段对话，阐发了这三个不同层次的音乐，"地籁则众窍是已，人籁比竹是已"；"天籁者，吹万不同，而使其自己也，咸其自取，怒者其谁邪！"在庄子眼中，"比竹"这类人造的吹管乐器，需由人之气力才能发出声响，在此泛指一切人为的音乐，故而称之为"人籁"；"地籁"泛指各种大小不同、形状各异的孔穴，它们是靠"大块噫气"才能发响的；而"天籁"之声则不需要借助任何外力的"怒者"，自鸣自息，因而可谓"咸其自取"的自在无为的自然之乐。其实，通过庄子这段关于区别"人籁""地籁""天籁"的言论，我们可以看出，庄子强调的是，一切有待外力的人为的"地籁""人籁"之声，都有其损亏，都是虚假与造作的，因而不是真正意义上的音乐。在庄子看来，真正的音乐是"不彰声而声全"，即大全至美"咸其自取"的"天籁"至乐。

庄子以此还联系到世人的快乐观，进一步表达了对"天籁"至乐的理解，《至乐》云："天下有至乐有无哉？"庄子指出，世人都以五色、五味、五音等为享乐，以为这样就是做人的快乐，甚至是至极的快乐了。但是从这种人为音乐和各种物质快乐的实质来看，与其说是一种快乐，不如说是一种刑罚，庄子将此称为"内刑"。自然之音乐所表达的既不是世俗常人的哀乐之情，也不是儒家的仁义道德，而是"奏之以阴阳之和""无忌之声""烛之以日月之明""无言而心悦"的"天乐"。能得此乐者，就可由"惧"而"忌"，由"忌"而"惑"，以至于"愚"，即坐忘一切，与道为一，随顺自然之命，感官具备而无所用心，口不言而内心悦，视不见而目自明，进入"逍遥""神游"的审美境界。

需要指出的是，庄子并非反对以声为乐，而是反对那些由繁琐淫声诱发出的情物之欲膨胀的涤滥之乐。对此，他对礼乐做了全新的阐释，"道"恬静而无为，自然适性而淡和，故学道者应当以此为要，就能够得到真智慧与真性情。而礼乐同样应当以"道"的恬淡平和、自然无为为准则，即"中纯实而反乎情，乐也"，只有恬淡平和、自然无为的音乐才能保持人的"纯朴"之性，使人免遭异化，也才能使人世间无君子小人、等级上下之分，人人平等，社会上无尔虞我诈，使人们保持"天放"的本真之性，从而使个性获得自由的发展。这正体现了道家的"法天贵真"，倡导自然之乐，也就成为道家最具特色的音乐美学观。

第四章

汉代的乐观人生态度

汉代是中国封建大一统重新建立和社会大发展的历史时期，是中国历史上一个辉煌的朝代。汉代文化更是华夏文化中一颗璀璨的明珠。汉代思想家和文人继承了先秦时代诸子百家的幸福快乐观念，并扩展了传统"乐"之范畴。

一、德福一致，以义为乐

董仲舒（约前 179—前 104），西汉广川（今河北衡水市景县广川镇）人，是汉代儒学集大成者，为儒学的一代宗师。他博学、笃行，因为倡导"罢黜百家，独尊儒术"，在中国文化史上的影响极其深远。董仲舒对先秦儒家的快乐论和乐教皆有继承与发展，他认为应当按照天的秩序来建立人的秩序，君君臣臣，父父子子，这些规范不得逾越。如果逾越的话，就会产生混乱与苦恼，感受不到幸福。人的一切活动都应该符合礼仪规范，享有不同层次的幸福，也就是"安分守己"的幸福。

（一）提倡博爱与以义为乐的幸福观

董仲舒的著作《春秋繁露》被清代学者视为"西汉说经第一书"[1]，其中反映了他的幸福快乐观。

首先，董仲舒继承、发展了先秦儒家的仁爱思想，提倡仁者爱人。"爱人""仁爱"是董仲舒思想中的一条主旋律。他认为，"仁"的关键在于"爱人"，而不在于"爱我"。董仲舒强调，这个世界应该是一个充满爱的世界，爱别人应是人与人相处的最重要规则，如果只爱自己而不爱他人，那就不是仁，即"人不被其爱，虽厚自爱，不予为仁"（《春秋繁露·仁义法》）。这是作为一代纯儒的董仲舒向为人君者所进忠言之一。在他看来，"仁"是《春秋》，甚至是整个儒家学派谈论最多的话题之一，而"仁"之本义就是爱他人而不是爱自我。董仲舒还强调要"以仁安人，以义正我"（《春秋繁露·仁义法》）。有鉴于此，国君要想成为一代仁君，就必须以一颗饱含爱意之心，对待普天下之臣民。

董仲舒的人生理想，就是让世界充满爱。君主不仅应该爱民，而且应该爱世间万事万物，"质于爱民，以下至于鸟兽昆虫莫不爱。不爱，奚足谓仁？"（《春秋繁露·仁义法》）董仲舒可以说是一个典型的博爱主义者。当然，他并非主张人不爱惜自己，只是反对只爱自己的"惟我之爱"，反对那种"人不推其爱"之自爱罢了。

1　苏舆：《春秋繁露义证》，中华书局1992年版，第3页。

由董仲舒的博爱观可以看出，他是对先辈圣哲仁爱观的全面继承和集大成者。他不仅继承了孔孟原始儒学的仁爱思想，而且也吸收了墨子的兼爱观。在墨家"兼爱"思想的影响下，董仲舒打破了先秦儒家那种相对狭隘的血缘亲族关系，提倡一种"推恩及远"的博爱思想。他以"天人感应"为武器，由"天心爱人"推出"南面而君天下，必以兼利之"（《春秋繁露·诸侯》）的原则。在董仲舒看来，君主爱民不能违背人性，必须要安民、乐民，使老百姓心悦诚服。他强调治人要"使人心说（悦）而安之，无使人心恐"（《春秋繁露·基义》）。董仲舒认为，"国之所以为国者，德也"（《春秋繁露·保位权》）。"德"就是要安民、乐民，"故其德足以安乐民者，天予之；其恶足以贼害民者，天夺之"（《春秋繁露·尧舜不擅移汤武不专杀》）。有鉴于此，统治者只有有能安民、乐民的德治，才能使人民大众安居乐业、内心诚服、效忠国家。董仲舒的"博爱"与"爱人类"主张，不同于原始儒家，显而易见，他这种适应汉代大一统帝国需要的"天下为公"思想，其实就是儒家"仁民"与墨家"兼爱"思想的综合发展。

爱民、爱人、爱鸟兽昆虫，这种爱是没有国界、地界、家界之分的。董仲舒说："故王者爱及四夷，霸者爱及诸侯，安者爱及封内，危者爱及旁侧。"（《春秋繁露·仁义法》）由此可见，董仲舒所谓的博爱，上下时空，疆域内外，都是其延伸之区域。

不仅如此，董仲舒还将"仁"扩充到至高无上的"天"的高度。他一再强调："天，仁也。"（《春秋繁露·王道通》）"仁，天心。"（《春秋繁露·俞序》）他将"仁爱之心"推广到天地之性。由此，董仲舒得出一条定律：宇宙世界本来就充满无穷无尽之爱，因而天之灵秀之物，无论是君臣将相士大夫，还是庶民百姓，都拥有而且应该拥有一颗仁爱之心！

其次，董仲舒强调道德与快乐密切相关，强调心不得义不能乐。幸福是人的物质需求与精神需求的全面满足。董仲舒认为，利与义的需求都有其现实的合理性，"天之生人也，使人生义与利。利以养其体，义以养其心"（《春秋繁露·身之养重于义》）。这里的"利"可以理解为幸福快乐的物质感性方面，"义"可以理解为幸福的道德理性方面。离开了利，人就没有生存的物质基础；而离开了义，人就无法正常地立足于社会，更无法获得幸福快乐。有鉴于此，董仲舒并没有简单地否定幸福的物质维度，他肯定了利与义都是人的正当合理需求。当然，董仲舒所谓的利与先秦儒家并不完全相同，他所说的利，是客观必然性存在的利，是符合"天道"的利。他强调"利"是"天"给予的，"天常以爱利为意，以养长为事"（《春秋繁露·王道通三》）。因而董仲舒断言："天虽不言，其欲赡足之意可见也。"（《春秋繁露·诸侯》）由此可见，在董仲舒眼中，"天"所给予人的幸福内在蕴涵了物质维度。诚如张岱年先生所说："在伦理学领域内，仅仅肯定物质生活是精神生活的基础，是远远不够的；还应肯定精神生活具有高于物质生活的价值。"[1]

1　张岱年：《中国伦理思想史》，上海人民出版社 1989 年版，第 25 页。

在义利问题上，董仲舒继承了先秦儒家轻视物质幸福的观点，认为"利"只代表低层次的物质满足，其作用只是"养其体"；而"义"则代表高层次的精神满足，其作用则是"养其心"。董仲舒联系身心阐释义利说："天生人，使人生义与利，利以养其体，义以养其心；心不得义不能乐，体不得利不能安。"（《春秋繁露·身之养重于义》）意思是说利之于身以及义之于心皆不可少。虽然他强调"心不得义不能乐，体不得利不能安"，但毕竟"体莫贵于心"，所以"养莫重于义"。既然"心"贵于"体"，那么养心之义就必然贵于养体之利。由此可见，董仲舒的幸福观依然强调道德与幸福的一致性，提倡以道义为乐，并以"天"作为这种理论的合法性基础。这无疑加重了幸福观中道德理性维度的分量。

董仲舒强调以道义为乐，他认为，义为大，利为小，如果人人都能遵循天道求利，以义为乐，就能求得人生的幸福。然而，现实问题是，人性有高下之别，并非人人都是圣贤，对于大多数凡夫俗子而言，"小者易知也，其于大者难见也"（《春秋繁露·身之养重于义》）。因此，为了避免"民之皆趋利而不趋义"，教化就显得十分必要了。董仲舒所谓教化的对象主要就是"喜怒哀乐之未发"的"中民"。因为"中民之性"是一种没有先天道德内涵的自然素质，既可以发展成善，也可能堕落为恶。因而为克服贪性，避免堕落为恶，就必须以"中和"为度。董仲舒认为，情欲之"和"，不仅是养生的必需，也是治国所必需的。从养生方面而言，饮食男女，起居劳逸，喜怒哀乐等都要以"中和"为度，要避免过与不及的两个极端，这就是能否幸福快乐的关键；从治国方面而言，只有通过"度制"调均，使富不至于骄，贫不至于忧，无骄无忧，情欲适中，才可以使人为义循礼，国家得以治理。如果相反，情欲无度，失其中和，就会走向反面。

总之，人性中的贪与仁，二者不可或缺，而中和是其最根本的法则，这即所谓的"德莫大于和"。董仲舒强调："中者，天地之美达理也，圣人之所保守也。"(《春秋繁露·循天之道》)他把"中和"看成是通向美善的唯一途径，而贯彻伦理道德就是其前提。董仲舒得出的结论就是，规范人们的行为、稳定社会秩序的伦理道德不能依赖于人性的自发成长，而必须依靠王道教化。只有通过教化提升了人们的道德水平，才能实现高层次的道义满足，获得精神幸福。至此，董仲舒通过对人性中贪与仁的辩证分析，从逻辑上引申出了遵循纲常道德是人们实现幸福的必要途径。

（二）重视礼乐教化

儒家认为礼乐是"修身齐家治国平天下"的最佳工具，礼乐之教是儒学的精髓。孔子从道德的角度强调仁为质，礼、乐为文，所谓"兴于诗，立于礼，成于乐"，就是对礼乐教化中个人修养所能达到的最高水平的概括。荀子从社会心理的角度提出"礼别异，乐合同"的说法，认为礼的最大作用在于建立上下尊卑贵贱的等级秩序，而乐的最大作用在于寻求一种和谐，使异者趋向同。汉代儒学集大成者董仲舒不同于先秦儒家，他吸收了墨、道、阴阳各家思想，构建了"天人合一"的世界观，并在此基础上推衍出自己的礼乐思想。

董仲舒的礼乐教化思想主要分为两个层面，既有理论又有具体措施。在理论层面上，他主张"与民同乐"，反复强调只有符合"中和之美"的音乐才能达到教化目的。

儒家"天人合一"观念主要是从道德的角度强调人与自然的合一。董仲舒将天意与人事等同起来，把天视为与人一样有感受，有喜怒哀乐，能在冥冥之中主持公道的主宰者，他眼中的"天"是具有人性意味的。正因为董仲舒相信天与人在道德上的合一，他进而从"天人感应"的角度推衍出其君主"与民同乐"的思想。董仲舒指出，王者受命于天，功成而制礼作乐，用以教化百姓，"制为应天改之，乐为应人作之。彼之所受命者，必民之所同乐也"（《春秋繁露·楚庄王》）。同时，他又强调"王者不虚作乐"，"作乐之法，必反本之所乐"，这就是说，君主制礼作乐必须要顺应民心，而民心又是随社会的变化而变化的，因此文艺创作要顺应时代变化、民心变化。董仲舒认为，虞舜时期代表了和平安居的盛世，因而是典型的人民"咏歌"，与"王者作乐"相应，产生共鸣。而三代时期，汤征夏桀，顺应了民心，因而也是"与民同乐"的。董仲舒巧妙地将"与民同乐"的共鸣说纳入其学说之内，将"天命""王者"与"民心"统一起来，构成了一个完整意义的循环："天"作用于"君"，"君"作用于"民"，"民"又作用于"天"，"天"根据民意"谴告"失德之君，这实际上就体现了儒家浓厚的民本主义意识。

在"天人同类"的大前提下，董仲舒推导出同声相应，同气相求，美丑相应，运用于文艺，那就是弹琴鼓瑟，弹宫则宫应，鼓商则商应，五音和谐，共鸣互应。有鉴于此，明君圣王的音乐，可以为百姓所共同喜爱。

同先秦儒家一样，董仲舒也认为音乐的功能是能深入人的内心世界，达到移风易俗的效果。他在《举贤良对策》中说："乐者，所以变民风，化民俗也；其变民也易，其化人也著。故声发于和而本于情，接于肌肤，藏于骨髓。"这就充分阐述了音乐对于教化广大民众的重大意义。音乐如何才能达到教化目的呢？那就是"乐循礼"。换言之，用礼法来节制感情，只有符合"中和之美"的作品才合于教化的需要。应该指出的是，董仲舒这种"中和之美"主张，与其"乐者盈于内而动发于外者"的性情说显然是相悖的。这既体现了其思想上的矛盾，也表现出儒学发展过程中的不成熟性。

二、乐以忘忧的人生境界

刘向（约前77—前6），又名刘更生，字子政，汉初楚元王刘交的四世孙，西汉著名的经学家、目录学家、文学家。刘向以阴阳灾异附会时政，在西汉后期屡次上书劾奏外戚专权，彰显了其对刘汉政权的忧患和作为社稷之臣的责任感。刘向除了在古籍整理方面的成就外，还编著了《新序》《说苑》，其中反映了他乐观的人生态度。

（一）人生需要气节

人生的意义是什么？相信每个人的回答都不尽相同。在中国古代，关于人生意义的学说不外乎三种价值取向：一是否定人生的任何意义，因而采取玩世不恭的态度；二是承认人生尽管有意义，但认为这个意义存在于遥远的彼岸世界，现世的人为未来的彼岸而生存才有意义；三是认为人生的意义存在于目前的现实生活之中。第三种人生意义就是刘向所认同的。即使人们认同人生意义存在于现实生活当中，然而对人生意义的具体回答却也会因人而异，有人以杀身成仁、舍生取义作为人生的最高价值，把立德、立功、立言作为人生的终极目标；也有人把获取功名利禄作为人生的目的；还有人认为享受荣华富贵是人生最大的意义，等等，不一而论。而刘向所认同的有意义、有价值的人生就是保持气节和人格尊严。《说苑·立节》中有一段话：

> 卑贱贫穷，非士之耻也；夫士之所耻者，天下举忠而士不与焉，举信而士不与焉，举廉而士不与焉，三者在乎身，名传于后世，与日月并而不息，虽无道之世，不能污焉。然则非好死而恶生也，非恶富贵而乐贫贱也，由其道，遵其理，尊贵及己，士不辞也。

这段话强调，士不以卑贱贫穷为耻，而是以不忠、不信、不

廉为耻，即以忠、信、廉为荣，以忠、信、廉为人生的意义和价
值之所在。为了实现自己的价值，有时需要抛弃富贵，甚至牺牲
生命。在刘向眼中，生命并不是最重要的，还有比生命更加宝贵
的东西，为了这更宝贵的东西，牺牲生命也是在所不惜的。

比生命宝贵的东西又是什么呢？忠、信、廉是其中的一部分，
此外还有做人的气节与尊严。忠、信、廉亦是人的气节之体现。
《新序》之《节士》《义勇》，《说苑》之《立节》都记载了不少能
保持气节与人格尊严的士或臣的事迹，这就充分说明刘向对人的
气节和尊严的高度重视和极力推崇。刘向谈论气节大都与"义"
密切相关，大体归纳一下，他对"义"的认识主要有二：

首先，"义"是对财物的不苟取，与"廉"相通。《新序·节
士》记载了一个故事，列子生活贫困，面容常有饥色。有人对郑
国上卿子阳说："列御寇是一位有道者，居住在你的辖区却是如此
贫困，你恐怕不喜欢贤达人士吧？"子阳立即派官吏送给列子米
粟。列子见到派来的官吏，拜两拜后辞谢，不接受子阳的赐予。
官吏离去后，列子之妻埋怨他说："我听说作为有道者的妻子儿
女，都能够享尽逸乐，可如今我们却面有饥色。郑相子阳瞧得起
先生，才会把食物赠送给您，可是先生却拒不接受，这难道是命
里注定要忍饥挨饿吗！"列子笑着对妻子说："郑相子阳并非自己
了解我。他因为别人的谈论而派人赠予我米粟，等到他想加罪于
我时必定也会凭别人的谈论，这就是我不愿接受其赠予的原因。"
后来，百姓果真发难而杀死了子阳。由此可见，列子能够见细节

而远离不义。刘向评价说："子列子内有饥寒之忧，犹不苟取，见得思义，见利思害，况其在富贵乎？故子列子通乎性命之情，可谓能守节矣。"由此足见刘向对守节之士的高度赞赏。

其次，"义"就是保持自己的气节。《新序·义勇》记载了一个故事，佛肸以中牟叛，把大鼎置于庭前，对士大夫说，支持我的得到封邑，不支持我的被烹煮。士大夫都屈从于他，田卑却说："义死不避斧钺之罪，义穷不受轩冕之服；无义而生，不仁而富，不如烹！"即如果是为"义"而死，决不躲避刑具；如果是因为"义"而穷困，决不接受官位爵禄。面对威逼利诱，他宁可选择被烹，表现了自己的凛然正气，保持了自己的气节。

还有一个故事也很典型，白公胜拿着兵器威胁易甲云："与我，无患不富贵；不吾与，则此是也。"易甲神态自若地回答："立得天下，不义，吾不取也。威吾以兵，不义，吾不从也。"因为白公胜"不义"，所以不管他如何威逼利诱，易甲都毫不动心，而是坚持自己的信念，保持自己的气节。

田卑和易甲都把"义"看得比生命还重要，他们把"义"的价值看得比生命的价值还要高。当义与生命不能两全时，他们便毫不犹豫地牺牲生命，以此来体现自己的人生价值与意义。

《说苑》之《立节》专记那些能保持气节的人士，他们有一个共同的特点，就是不把生命或权势、财富看成最宝贵的东西，认为人的良心、正气、节操等具有高于权势利禄甚至生命的价值。如左儒为周宣王时的大夫，与杜伯同为重臣。一次杜伯触怒了周宣王，宣王下令杀杜伯，左儒上前劝阻。宣王怒道："易而言则生，不易而言则死。"左儒答道："臣闻古之士不枉义以从死，不易言以求生，故臣能明君之过，以死杜伯之无罪。"他表示大王如果一定要杀杜伯，他愿意与杜伯一起死。左儒认为国君有错，杜伯没错，便坚持自己的态度，不惜冒犯国君，甚至牺牲生命也在所不惜。这就把正义的价值看得比生命的价值还高尚。再如子思穷得"缊袍无表，二旬而九食"，田子方使人送狐白之裘给他，说明"吾与人也，如弃之"，子思坚决不受。如果接受田子方的施舍就会丧失自己的尊严，在子思看来，尊严比身体的饱暖重要得多，因此宁要尊严也不要饱暖。

由上可见，刘向将"义"置于高于生命的地位，他认为保持良心、正气、尊严等就是"义"的体现，而一个人能够保持气节，其人生也就有了令人敬佩的价值和意义。

（二）问心无愧则乐以忘忧

刘向非常重视人生修养，强调"学"对人生修养的重要性。一方面，刘向强调"学"的目的之一是使人生有意义和价值。在刘向眼中，"学"除了一般的知识学习之外，还包括修身养性、提升人生的智慧。他引用孔子的话说："学者非为通也，为穷而不困也，忧而不衰也，此知祸福之始而心不惑也……故君子疾学，修身端行，以须其时也。"（《说苑·杂言》）这段话的前提是承认人生充满困难、挫折和忧患，人生祸福不定。通过"学"能够使人在穷困和忧患时不至于困惑、气馁、动摇、迷茫，认准方向继续前进。"学"就是修养身心，端正品行，等待时机的到来。在刘向看来，"学"不仅能使人在困境中保持积极向上的人生态度，还能提升人生的境界。他所提倡的人生境界是以审美的眼光来观照各种困厄、挫折，以平静、乐观的心态来对待生活，即能乐以忘忧。

刘向主要是通过孔子的故事来表述诗意的人生境界。孔子具有崇高的人生境界，为了推行自己的政治主张，周游列国，历尽艰辛，虽然多次陷入困境，但他不改初衷，"知其不可而为之"，始终能保持乐观的生活态度，自得其乐，苦中作乐，"乐以忘忧"。孔子的这种人生态度和人生境界，正是刘向所推崇的。

在刘向的笔下，孔子的乐以忘忧，首先表现为在困境中能看到希望和光明，把困厄当作成功前的磨炼。《说苑·杂言》记载了孔子在陈蔡绝粮的故事。在"绝粮"困境中，孔子不但没有着急得焦头烂额，惶惶不可终日，反而能心平气和地唱歌修乐。他之所以能够如此超然物外，是因为他对自己从事的事业充满信心，同时明白"居不幽则思不远，身不约则智不广"的道理，即没有经过挫折磨砺的人就不能深谋远虑，也不能增长智能。正因为此，孔子在困境中仍能保持平静、乐观的生活态度。更难能可贵的是，孔子把困厄当成人生的幸事、人生的经验和成功的前奏。如此看待困厄，需要有宽阔豁达的心胸。

孔子积德行善却仍陷入困境，弟子子路对此表示不解，面对子路的不解，孔子以历史人物的遭遇为例讲述了一番深刻的道理，那就是人的穷达、祸福，除了与个人的才华、努力密不可分之外，还与机遇密切相关。而机遇是可遇而不可求的，纵然有超人的才气、积极的作为，如果没有机遇也是枉然的。那么这种失败、挫折就不是自己的过错，也不是自己所能改变的，因而也就没必要怨天尤人。正因为孔子有这样深刻的认识，所以在"七日不食，藜羹不糁"的困境中仍能自得其乐地"读《诗》《书》，治礼不休"。孔子这种人生态度是难能可贵的。我们不管做任何事情，成功与否，除了看自己的主观努力，还要看是否有成功的机遇。即使不成功，但如果已经尽了自己的最大努力，也就可以问心无愧，乐以忘忧了。

孔子的乐以忘忧还表现在他投身于事业而忘记个人的荣辱得失。《说苑·杂言》记载了孔子与子路关于忧乐的一段对话。子路问孔子："君子也有忧虑吗？"孔子说："君子啊，在没有得到的时候，那就会自得其乐；如果已经得到了，就快乐于有所作为。所以君子有终身的快乐，没有一天的忧虑。小人呢，在没有得到的时候，那就忧虑得不到；如果已经得到了，又会害怕失去。所以小人有终身的忧虑，没有一天的快乐。"君子之所以无忧，源于对所追求事业的热爱并超越眼前的得与失，所以有终身之乐而无一日之忧。而小人之所以有终身之忧而无一日之乐，原因在于患得患失。孔子师徒的这段对话带给我们的启示就是：少计较个人的荣辱得失，热爱自己所从事的事业，就可以让自己乐以忘忧。

《说苑·杂言》记载了一位乐以忘忧的典型人物荣启期的故事：

孔子见荣启期，衣鹿皮裘，鼓瑟而歌。孔子问曰：

"先生何乐也？"对曰："吾乐甚多：天生万物，惟人为
贵，吾既已得为人，是一乐也；人以男为贵，吾既已得
为男，是二乐也；人生不免襁褓，吾年已九十五，是三
乐也。夫贫者，士之常也；死者，民之终也。处常待终，
当何忧乎？"

荣启期的快乐在于对自己目前处境的满足，那就是知足常乐。事
实上，他的生活条件十分恶劣，他无权无势，用世俗眼光来看，
他根本没有快乐的资本。他唯一值得自豪的、比常人幸运的就是
他高寿而且身体健康，他以此为乐，不难理解，也不足为奇。但
荣启期把自己得以为人、得以为男人也作为快乐的两大资本，似
乎有点让人匪夷所思了。其实，荣启期的快乐是建立在精神的满
足之上的，只要精神满足，即使物质匮乏、生活贫困，他仍然能
够自得其乐。由于时代的局限，荣启期的"三乐"虽然不完全合
理，但其"三乐"名言受到后世思想家和文学家的一致推崇。

唐代诗人吴筠有一首《高士咏·荣启期》，再现了荣启期答孔子
问时的情景，赞扬了荣启期"居常待终，啸傲何忧"的超然境界：

荣期信知止，带索无所求。

外物非我尚，琴歌自优游。

三乐通至道，一言醉孔丘。

居常以待终，啸傲夫何忧。

　　通过以上分析，我们不难发现，孔子、荣启期都能超越眼前的处境，以审美的眼光观照人生，以审美的态度来对待人生，因而即使他们处于困境中都能够乐观、诗意地生存下去。刘向笔下的孔子乐以忘忧的境界，就是宋代理学家所津津乐道的"孔颜乐处"。对于"孔颜乐处"的境界，当代学者也多有精辟的见解。如刘文英先生认为，"孔颜乐处"属于超道德的精神境界，"因为这完全是自我内心深处的高度平衡、和谐与满足，不再牵涉到生活中善恶是非的评价，从而对于一切也都无怨无悔。可以说，他们已经找到了了自己的精神乐园，因之也找到了自己的精神归宿"[1]。孔子的乐以忘忧确实超越了道德的境界，其实，超越道德的境界也就是审美的或诗意的境界。"超越"也可以说是不执着，"不执着于此就是此、彼就是彼，则能在此中看到彼，在彼中看到此，在生中看到死，在死中看到生，在苦中看到乐，在乐中看到苦，从而超脱生死苦乐，达到超然的自由境界"[2]。

　　刘向所赞美的孔子、荣启期等人之所以能苦中作乐、乐以忘忧，就是因为他们能做到不执着，不执着于眼前的穷困，也就能够在穷困中体会到快乐，展望到光明，进而达到超然的自由境界。这正是刘向所向往的人生最高境界，也是值得我们追求与向往的人生境界。

1　刘文英：《中国哲学史》（上卷），南开大学出版社 2002 年版，第 88 页。
2　张世英：《哲学导论》，北京大学出版社 2002 年版，第 101 页。

三、"皆在命时"的祸福论

王充（约 27—97），字仲任，东汉会稽郡上虞县（今浙江绍兴上虞区）人，其著作流传至今者有《论衡》。王充一生习儒，仕途不顺，只做过几任郡县僚属，且多坎坷，从事迹上看，既无悲歌慷慨之行，也无惊天动地之业。但王充是东汉杰出的思想家。范晔《后汉书》将王充、王符、仲长统三人立为合传，后世学者更誉之为汉世"三杰"。王充是"三杰"中最杰出、最有影响的思想家。他的祸福有命论对传统儒家的道德幸福快乐论提出了挑战，体现了其思想认识上不同于传统观念的独到见识。

王充生活的东汉时期，天下太平，人们在享受太平的同时，纷纷崇读儒家经典，敬畏自然的变化，迷信上天鬼神。面对种种思想禁锢，王充这位具有叛逆精神的学者用自己批判的学术架构，为人们打开了另一扇看世界的思维之窗。《论衡》是王充的代表作，也是中国历史上一部不朽的无神论著作，集中体现了王充的批判思想，诸如唯物主义自然观，对种种神学迷信的揭露等，当然也反映了王充对幸福快乐观的认识。

（一）人生在世，"祸福有命"

王充认为，人的"性"与"命"都是自然生成的，但"性与命异"，二者属于不同的范畴。《论衡·命义篇》曰："凡人受命，在父母施气之时，已得吉凶矣。……操行善恶者，性也；祸福吉凶者，命也。"在王充看来，"性"与"命"二者的差异在于：
"性"是"操行善恶"的问题，"命"是"祸福吉凶"的问题。

王充所说的"命"，就其内容而言，具有两方面的含义，即所
谓"死生寿夭之命"与"贵贱贫富之命"。对于"死生寿夭之命"
的问题，王充进行了许多论述，如"人禀元气于天，各受寿夭之
命"（《论衡·无形篇》）。对于"贵贱贫富之命"的问题，他说：
"命当贫贱，虽富贵之，犹涉祸患矣。命当富贵，虽贫贱之，犹逢
福善矣。"（《论衡·命禄篇》）王充虽然批判了天有意志的神学目
的论，但自己却陷入了人间的尊卑上下是由上天"星位尊卑小大"
决定的宿命论。

（二）人之祸福"不在善恶"

王充区分"命"与"性"的目的，就是为了否定人的道德行
为与吉凶祸福的联系。他认为，"祸福不在善恶，善恶之证不在
祸福""祸变不足以明恶，福瑞不足以表善"（《论衡·治期篇》）；
"人之死生，在于命之夭寿，不在行之善恶"（《论衡·异虚篇》）。
其实，王充能够得出这种结论既不是偶然的，也不是凭空臆想的，
其根本原因在于他所处时代的现状，东汉社会现实中的道德与祸
福不仅是不统一的，甚至是对立的。按照儒家的传统观点，德福
应当是一致的。如西汉董仲舒就认为，"天"是保佑有德之人的。
这在逻辑上自然应推论出在高位者、富贵者必然是道德高尚者，
否则"天"怎能让他们富贵呢？然而，现实中的情形却往往恰恰
相反，越是荣华富贵的人越是卑鄙无耻。正是有感于此，王充提

出了"俱行道德，祸福不均；并为仁义，利害不同"(《论衡·幸偶篇》)的观点，他通过充分的论证，强调"祸福之至，不在善恶"，只是"命定"而已。

如果说王充的"命定论"在政治上有某种积极意义的话，那么这种积极意义主要在于他否定了道德情操与吉凶祸福的密切联系，这也就从一个侧面揭穿了统治者长期鼓吹的"有德有福""以德配天"的谎言。王充明确指出，"德不能感天，诚不能动变"(《论衡·累害篇》)；"才高行洁，不可保以必尊贵；能薄操浊，不可保以必卑贱……处尊居显，未必贤，遇也；位卑在下，未必愚，不遇也"(《论衡·逢遇篇》)。王充的这种揭露是异常深刻的，他明确地把善恶与富贵、贤愚、吉凶、祸福分离开来，指出那些富贵、福禄的人完全是"命""数""遇"决定的，与个人的品行是没有丝毫关系的。在王充的论证下，统治者就完全失去了道德上的合理性，剩下的只是"时""数"的必然性，一旦"时""数"发生变异，原有统治者就极有可能从"处尊居显"的高位上跌落下来。

（三）凶祸福吉皆偶然巧合

王充不仅认识到天命的必然性，还提出了"时（时机）、遭逢（机会）、幸偶（知遇）"等概念，即偶然性问题。他认为时运、机会、知遇等是命运的表现形式，是受命运决定和支配的。

王充的"命定论"，不仅指出了人的寿夭贵贱是"命"定的，也回答了人们命运不同的原因。他认为一切吉凶祸福、富贵贫贱，都是由偶然的巧合造成的。他说:"命,吉凶之主也。自然之道,适偶之数,非有他气旁物厌胜感动使之然也。"(《论衡·偶会篇》)"人有命,有禄,有遭遇,有幸偶……"(《论衡·命义篇》)王充所谓"有命有禄","自然之道",指的是一种盲目的必然性。至于"遭、遇、幸、偶",指"适偶之数",即偶然性。王充认为,这种偶然性与命禄或并或离。当二者一致时,命中注定的贫富贵贱、吉凶祸福就得以实现;当二者背离时,富贵之命也会转化为贫贱之命。在此,王充模糊地看到了一点必然性与偶然性的关联。但是,他进而把偶然性夸大为必然性,认为一切都由"适偶之数"所决定。这就是说,不管自然界还是人类社会,都受着"有幸有不幸""有偶有不偶"这种偶然性的支配。显而易见,王充夸大了偶然性的作用。

王充这种"吉凶祸福,自然之道,适偶之数"思想的产生,是对善与福、恶与祸相悖离的社会现象无法解释的结果。东汉时期,社会关系比较复杂,尽管不同的阶级对善恶标准、祸福含义的理解存在着鲜明差别,但毋庸置疑,在一定的道德生活范围内,善与福、恶与祸之间的不一致现象却是普遍存在的事实。由于王充亲眼看见了当时社会上的种种不合理现象,深切感受到自己的命运不能由自己掌握的痛苦,但又寻找不到造成这种现象的原因,更寻找不到解决的办法,因而他只好将这一切归于偶然。

虽然由于时代的局限,王充对善恶操行与吉凶祸福相悖离现象的解释是非科学的,甚至是荒谬的,但他没有粉饰世俗,实际上体现了对豪门世族的鄙视。既然"贵贱在命，不在智愚；贫富在禄，不在顽慧"（《论衡·命禄篇》），而"命"又非"天命"，是"初禀自然之气"，这无疑除去了权贵们的圣灵神光，表示他们并无可敬之处。这就断然否定了"以位论德"，也充分体现了作为"细族孤门"的王充不满豪强、愤懑时弊的鸿志高节。然而，王充认为富贵贫贱都是禀气命定时，又无可奈何地承认了行善遭祸、为恶得福的不合理的现实，对贫贱地位采取了"浩然恬忽，无所怨尤"的消极态度。

应当指出的是，王充本身精通儒家经典，在"罢黜百家，独尊儒术"的汉代，他敢于说话，敢于议论经典之书、圣贤之言的是非得失，不仅是汉代儒者中的特立独行之士，在整个中国封建时代也是难能可贵的。

第五章

魏晋时代"乐"的演变

　　东汉末年至两晋，是中国历史上的动荡时期，两百多年的乱世，天下大乱，统治者的纷争，社会的多变，使人们尤其是士人深切地感受到了人世的艰险多难，人们时刻被笼罩在恐惧与不安中。而产生于这个特殊时期的玄学所宣扬的就是回避社会纷争、尘俗的骚扰，寻求超然的解脱。正是魏晋这个特殊时期决定了"乐"的范畴必定会发生演变，这一时期的"乐"具有鲜明的时代特色。

　　早在曹魏建立之初，空虚无聊的贵族子弟们就已经开始恣意妄为，饮酒寻乐，他们早就将儒家伦理道德和修身自律抛到九霄云外了。曹操之子曹植的诗中就有"置酒高殿""丝竹凑耳""珍馐迭荐"等诸多的宴乐描写，表现了其纵酒享受的人生态度。曹植之所以日复一日地纵情享乐，就是因为看透了人生，以摆脱"生年不满百"的忧患。中国的酒文化历史悠久，人们从饮酒中能够得到现实的快乐，对于喜欢饮酒的人而言，呼朋唤友的宴饮在解忧愁的同时，也是一种享受，后来的魏晋名士多喜饮酒。他们企图在浓郁的酒香当中，消释生命短暂的忧患，在沉醉中化解生与死的界线。但是，生命的短暂与自然的永恒是永远化解不了的矛盾。酒只能刺激肉体，给人以暂时的快感和片刻的精神陶醉，却无法真正让人摆脱一切烦忧。

一、玄学家的虚幻之乐

随着东汉的灭亡，统治中国思想界近四百年的儒家经学也开始失去了魅力，士大夫们普遍厌倦了经学、三纲五常的陈词滥调，他们转而寻找新的"安身立命"之地，醉心于形而上的哲学论辩。当时的这种论辩犹如后代的沙龙，风雅名士聚在一起，谈论玄道，时人称之为"清谈"或"玄谈"。清谈家们有一种时髦，就是一边潇洒地挥着麈尾，一边侃侃而谈。当时名士清谈的话题一般都是围绕着《周易》《老子》《庄子》这三本玄妙深奥的书展开，清谈的内容主要涉及有与无、生与死、动与静、名教与自然、圣人有情或无情、声有无哀乐、言能否尽意等形而上的问题。其实，玄学就是当时一批知识精英跳出传统儒家修齐治平的思维方式，对宇宙、社会、人生所作的哲学反思，目的是为士大夫寻找新的精神家园。

（一）王弼无所欲求的自保之乐

王弼（226—249），字辅嗣，山阳高平（今山东省微山县）人，出身于经学世家，少年时代就名声在外，能言善辩，与何晏同为玄学"贵无派"的创始人。

王弼出身于书香门第，从小受过良好的教育。他的从祖父，就是"建安七子"之一的王粲。当年，王弼的祖父王凯与王粲是堂兄弟，两人为了躲避战乱，离家到荆州去投奔刘表。刘表见这两个才华卓著的青年来投奔他，心中十分喜悦，就想在他们二人当中选择一个作为自己的乘龙快婿。因为王凯长得相貌堂堂，所以刘表就把女儿许配给了他。王凯育子王业，王业育子王弼。王弼自幼喜爱读书，而王家作为书香门第，自有万卷书可读。在深厚家学的熏陶下，王弼从小爱钻研、思考，到十四五岁时，就对儒道两家的学说有独到见解，常有惊人之语。周围的人看他一副哲学家的样子，不迂腐、不呆板，都非常喜欢与他交谈。王弼特别喜欢老庄道家的学说，老子的无为思想、思辨哲学，庄子逍遥于天地之间的汪洋恣肆、通脱善辩，对他都有很大的吸引力。所以，他喜欢游乐于山水之间，大自然宽广的天地陶冶出他旷达的性格；高雅的音乐又使他超拔于自然之外。

对于幸福快乐问题，魏晋名士们大都有深刻的认识。他们认为顺应自然性情不仅是普通人的幸福所在，也是圣人的快乐所在。王弼主张圣人有情，他所谓的情与庄子相似，都是超越了个人功名利禄、是是非非的喜怒，因物而起，自然而发，不累于物，更不会内伤其身。他说："圣人达自然之性，畅万物之情。"圣人首先是人，他们同样具有一般人"自然之性"的规定，理想的人格境界（圣）与现实的社会生活（情）并非截然不同，圣人之圣寓于"自然之性"之中，理想境界不能脱离现实生活。

面对乱世，魏晋名士大多主张游世避祸。而在众多玄学名士的游世避祸说中，王弼的"自保"之术最具理论特色。王弼强调，"天下有道，知足知止，无求于外，各修其内而已"；"安身莫若不竞，修己莫若自保。守道则福至，求禄则辱来"（《周易略例·颐卦》）。可见王弼主张人要"知足知止"，不可贪得无厌，只有无欲无求才能自保。有鉴于此，人切不可孜孜以求荣誉、宠爱之类的美名，"宠必有辱，荣必有患；宠辱等，荣患同"（《老子注》第十三章），这是说人如果迷恋宠荣，必然会惹祸上身。

遗憾的是，现实生活中，人们虽然都惧怕灾祸，却不善于自保；即使自保心切，也不愿反本于"无"。王弼认为，要避祸自保，就必须在日常生活中"慎终除微，慎微除乱"。他强调，一个人如果做到"慎终除微"，也就达到无欲无求，反本于"无"的境界了。在反本于"无"的状态下，由于形同赤子，心若枯井，完全进入足以应万变的状态，哪怕遇上"动天下，灭君主"，"侮妻子，用颜色"这类国破家亡的巨大变故，也能心如止水、处变不惊。王弼所谓的"慎终除微"，无欲无求，反本于"无"，实质上是对老子"无为"处世之方的发挥，也与庄子的"虚己以游世"有相通之处，它作为一种个人主义的处世方法，既是魏晋时期得失骤变、生死无常时局下的产物，也是应对动荡乱世的人生态度。

令人遗憾的是，王弼作为思想深刻、才识卓著、善谈玄理之人，并不关心做官的具体事务，做官也不是他的长处，这就决定了他仕途不顺的命运。从一件事情上可见他的迂腐以及他在官场上的不得意。王弼刚补职位很低的台郎时，曾经拜见三国时期曹魏的宗室、权臣曹爽，会谈中，他只谈抽象的玄理，未涉及别的事，曹爽嗤笑他。曹爽在思想上显然与王弼不属于同一层次的人，王弼那些高深的理论，曹爽自然不懂得其价值。曹爽所关心的只是如何巩固自己的地位，如何在与司马氏争权的斗争中占上风。而王弼却不能察言观色，对手握大权的曹爽见机行事，反而口若悬河地去谈一些在曹爽看来毫无价值的废话，这就难免会遭到曹爽的冷落。

其实，作为玄学名士，王弼在世俗的为人处世方面确实存在诸多毛病，如"为人浅而不识物情"，缺乏在官场应变的能力；又"颇以所长笑人"，清高自负而瞧不起别人。他口才好善于论辩，但在与他人论辩时不留余地，不留情面，往往得罪人。如淮南人刘陶善谈纵横，为大家公认，而王弼在与刘陶论辩时，却时常不管不顾地让刘陶下不了台。有鉴于此，王弼得罪了不少人，如王黎、荀融当初与他都很友好，后来关系却搞僵了。

正因为王弼个性突出，不善于做具体事务，又把全部精力放在哲学研究上，因此，在魏正始十年（249），他那小小的台郎位置也弄丢了。当年秋天，年仅二十四岁的王弼被时疫夺去了生命。一代奇才、一颗智慧之星从此消失了。这确实令人惋惜！

（二）阮籍向往精神自由之乐

阮籍（210—263），三国时期魏国诗人，字嗣宗，陈留尉氏

（今河南开封市）人，是建安七子之一阮瑀的儿子。在竹林七贤中，唯一可与嵇康比肩媲美的就是被视为"命世大贤""芳馨百代，领袖诸贤"的阮籍。

提到阮籍，人们自然就想起了酒。阮籍深谙道家"韬光养晦"的功夫，他时常装醉，也许是真正把自己灌醉，这成为他处理难事的法宝。当年司马昭的儿子司马炎想娶阮籍的女儿，司马家派人去提亲，众所周知，司马炎后来成了晋朝第一个皇帝，要是一般人高兴还来不及，但阮籍不愿结这门亲事，他又不能一口回绝，于是就干脆大醉六十日。提亲的人每次登门，阮籍都醉倒在床上睡大觉，根本无法正常说话。提亲的人没有办法，最终亲事只好作罢。虽然阮籍的行为有时像个酒疯子，但他绝非寻常醉鬼，其实内心清楚。

阮籍的文字非常犀利，他写过一篇十分著名的《大人先生传》，把那些"手执圭璧，足履绳墨"，满脸假正经的人比喻成裤裆里的虱子，他们躲在肮脏的地方，自认为能安乐无忧，然而，当一场政治上的大火烧来后，必定要将破裤子和他们一起烧掉。的确如此，历来的奸党和小人集团都是得势时猖狂一时，一旦覆灭，又全部完蛋，成为历史笑谈。

就魏晋玄学的"贵无"说而言，如果说王弼是形而上的本体之"无"，那么，嵇康、阮籍则主要是人生理想和文学境界之"无"。而"自由"则是理想与境界之"无"的根本特征。自由来自自然，"自然"可谓嵇康、阮籍思想学说的核心概念，它意味着对现实世界的超越，对自我种种欲望的超越。超越意味着超尘绝俗、一往不复的精神自由。从这个意义上说，超越——自然——自由，就成为嵇康、阮籍人生理想的内在逻辑。

就阮籍的思想而言，它有一个前后变化的过程。其前期思想，如《乐论》《通易论》所呈现出的主要是儒家经世致用的思想；其后期思想，如《达庄论》《大人先生传》所呈现出的主要是道家思想，尤其是庄子追求个体精神自由的思想。

阮籍提倡"贵无"，认为"无"能够安定人的精神。他强调"施无有而宅神"，这就是说，只有在那没有"有"的地方才能安定自己的精神。这可以说是阮籍思想的最终归宿，或者说是其思想最基本的概括。"无涯""无方""无声""无章"都是强调"无"的。为什么要于"无有"之"无"中"宅神"？因为在阮籍看来，"有"代表着秩序混乱的现实世界。正是"有"之混乱才引发阮籍超越"有"而进达"无"的渴望。在阮籍眼中，"左""右""上""下"，这些方位词意味着"无"是一个空间，一种境界，一种自由之境。

应该指出的是，阮籍这种自由之境是非人间的，超尘绝俗的。"精微妙而神丰""志浩荡而自舒"，这就说明只有在这种"无"之中才能安顿"神"，"神"意味着绝对的精神自由。对此，学者高晨阳的看法十分精辟："阮籍提出'神'的概念，其本意并不是要探讨和把握宇宙万物运动变化的规律，也不是追求宇宙万物的本源或根据，他的最终目标是要获得一种无差别的精神境界，追求自我的解脱和自由,'神'的概念即是对这一绝对自由的精神世界的表述。"[1]

阮籍的理想人格是"大人",又称"真人"。在《大人先生传》中,他反复描绘"真人"所具有的特点。阮籍所谓的"大人先生"即"真人",他超乎社会,超乎自然,不为名教所束缚,不为世务所烦恼,"必超世而绝群"。这种超然物外的理想人格形象,能在内心中达到同于自然的境界。这是一种不论身处何位,心与天下万物始终相通,以自然自得之道行事,以淡泊之志面对荣华富贵的超然境界。

其实,阮籍的"真人"形象源自庄子。显而易见,阮籍所描述的"真人"并非道教所谓飞羽升天的仙人形象,而是"神"超越有限现实之后所获得的自由之境,而真人之"乐"则是遨游于自由之境所获得的快乐。因为这种"乐"在当时的现实生活中是根本无法实现的,所以学者就竭力渲染于文艺作品中。中晚唐之后,封建政治日趋没落,士人无力改变外在现实,于是便退回一己内心,追求精神的超越与自由。从思想上讲,这促成了禅宗之南宗、儒家之心学的兴盛;从审美上讲,这促成了山水田园诗歌、文人画的发展。作为现实受挫之后的"白日梦",审美成为士人追求自由之乐的基本途径之一。换言之,士人是以审美为逃离现实苦闷、追求精神自由的一个"突破口"。

1　高晨阳:《阮籍评传》,南京大学出版社 1994 年版,第 166 页。

（三）向秀强调性分自足之乐

向秀（约227—272），字子期，河内怀县（今河南武陟西南）人，魏晋竹林七贤之一。向秀雅好读书，与嵇康、吕安等人相善，隐居不仕。嵇康、吕安被司马氏害死后，向秀才出任官职。他曾注《庄子》，"发明奇趣，振起玄风"。后郭象"述而广之"，别为一书。向秀主张"名教"与"自然"统一，合儒、道为一，认为万物自生自化，各任其性，即是"逍遥"，但"君臣上下"亦皆出于"天理自然"，故而不能因要求"逍遥"而违反"名教"。

在山涛的接引之下，向秀结识嵇康与阮籍，同为"竹林之游"。向秀好读书，与嵇康、吕安等人友善，但不善喝酒。向秀与嵇康关系最密切，同时又通过嵇康结识了东平人吕安。嵇康"性绝巧而好锻"，人们经常可以看到嵇康与向秀二人在嵇康家门前的柳树下打铁自娱，嵇康掌锤，向秀鼓风，二人配合默契，旁若无人，自得其乐。向秀还经常去吕安家帮他侍弄菜园子，三人可谓志同道合。但是种田、栽培蔬菜并不是他们的爱好所在，他们以田园工作换取生活所需。一旦有了空闲，就相携出游于大自然间，逃脱政治的黑暗樊笼，寻求精神上的自由。虽然他们三人的行止如此亲近，但向秀的性格却不同于嵇康、吕安，嵇康傲世不羁，吕安放逸而超迈俗人，向秀则好读书，所以常被两人嘲笑。

向秀亲眼见证了钟会被嵇康奚落的情状。这件事情后来也成为嵇康被杀头的源头。向秀目睹了后来发生的一切，这些事也影响了他以后的人生道路。经历了嵇康、吕安被司马氏害死的大悲

大痛，向秀在惆怅和迷茫、苦闷和徘徊中大彻大悟，心境更加趋
于淡泊宁静，用心阐发庄子思想的精神。

向秀所注《庄子》，紧密结合社会现实，对困扰人们的重大问
题予以解析，为长久处于乱世的人们寻找一条安顿心灵和生命的
道路。他认为人类喜好安逸和荣誉、厌恶劳苦和侮辱、向往富贵
都属于人类基本的、本能的欲望追求，也是生命活动的表现。向
秀在《难养生论》里，把"思室""求食""荣华""富贵"等归于
自然之理，同时又要求"节之以礼""求之以道义"，也体现了其
"儒道为一"的思想。

在混迹于西晋官廷的日子里，向秀对《庄子·逍遥游》中关
于大鹏与小鸟的描述，有自己超越前人的独到感悟。在大鹏与小
鸟这两个反差巨大的意象中，他竟然发现了本质的平等：逍遥是
生命存在的最佳境界，而逍遥又是本性的满足，如果满足了自己
的本性，那么逍遥本身是没有任何差异的，犹如人躺在金床上或
木床上，其实睡着后的感觉都是一样的。从这个角度看，只要适
合自己的本性而自我满足，那么不仅小人物与大人物，即使圣人
与凡人，其逍遥也是没有差别的。向秀运用这一发现刷新了思想
界对"逍遥"的理解，这一思想融汇在其《庄子注》中。

向秀认为理想的"逍遥"境界存在于现实世俗社会之中，不
是由外在主宰"本体"施予获得，关键在于各任其性，各当其分。
"性""分"是属于人们内在的"自然之理"，按照向秀的"情欲
自然"观念，只要满足人的自然本性要求，上九万里高空的大鹏

与抱榆枋即止的尺鷃都可以达到逍遥至境。凡人资于"有待"而逍遥,圣人"无待"不是绝对遁世,只是能够随顺有待"与物冥"适应任何环境,实际还是通物情而有所待。如此,自由逍遥只需性分自足、得其所待,凡人与"至人"可以"同于大通"。这种逍遥意义的哲学基础就是万物自生、自化的崇有论。

向秀的这种崇有论,表现在社会问题上,就是提出了"天理自然"和"安分自得"的人生观,得出了一切存在都是合理的结论,认为自然和社会的秩序都是自然而然的,人物的各种差异和它们所处的各种地位也都是天然合理的;万物安于自己所处的地位,不追求自己分外的事情,自然就会感到自由和快乐。

(四)郭象主张"安分自得"之乐

郭象(约252—312),字子玄,西晋河南(今河南洛阳)人,著名玄学家。郭象聪慧好学,博览群书,特别对老庄哲学有深入研究,故善清谈。当朝太尉王衍曾经多次邀郭象相谈,他常对人赞叹说:"听象语,如悬河泻水,注而不竭。"可见郭象谈起话来是口若悬河。郭象把向秀的《庄子注》述而广之,推向世人,影响很大,于是"儒墨之迹见鄙,道家之言遂盛焉"。我们所看到的今本《庄子注》就是郭象在向注基础上增改而成的。郭象的幸福快乐观主要体现为两个方面。

首先,提倡安命足性之乐。郭象提出了世间万物"性各有分""性足"的观点,主张"安于命"的人生观。他认为,人们只要安分守己,也就是顺其"命",安其"遇",就能获得人生之乐。

那么，人们究竟怎样才能"安分"而"顺命"呢？郭象强调世间万物的"性各有分"是天然命定的，只要断绝"羡欲"之念就可以"顺命"，做到了这一点，就是"足于其性"。郭象认为，既然物各"性足"，都是自满自足的，不存在大小、寿夭的差别，那么就应当"各安其分"。在他看来，人们之所以不能安于自己的社会地位，就是因为不懂得这一道理。其实，就物各"性足"而言，如果人们都各自安于自己所处的等级名分，没有非分之想，就能够获得各自的满足与自由。总之，安命足性、各守本分，就能知足常乐，即使遭遇困逆、不幸，也能够自得其乐。

为了让人们安命足性，郭象主张人们应当"坐忘"是非、生死等妨碍安命足性、逍遥的"累"。他反复论述了"坐忘"，他所谓的"坐忘"是十分彻底的，不仅要"忘年""忘义"，而且还要"忘迹"。人活着，却"内不觉其一身""外不识有天地"，只有如此，才能"与变化为体"，实现真正的"逍遥"，达到"无不通"的最高境界。郭象这种人生观，正适应了当时腐朽门阀士族的需要。其本来就缺乏是非观与廉耻心，抛弃了一切伦理规范，沉湎于纸醉金迷的生活中。

其次，强调即世间的逍遥。逍遥一般指超越于世俗之上的怡然自得的精神境界。而郭象的逍遥则不同，它是一种即世间的逍遥，也就是有待的逍遥。众所周知，《庄子》的逍遥是一种超世间的逍遥，亦即无待的逍遥。嵇康、阮籍就在否定、抛弃现世之后追求这种超世间的逍遥。然而，人终究不能脱离尘俗，人世间才是真实而必然的归宿。有鉴于超世间的逍遥不适应现实社会中的凡夫俗子，它对于一般人来说是可望而不可即的，目睹了嵇康、阮籍等人在追求超世间的逍遥中经历的痛苦和失落，郭象便通过注释《庄子》阐发了一种即世间的逍遥，也就是有待的逍遥。有待指物质生活和精神生活所依赖的必要条件，如果它们得到满足，那么现实人生就是逍遥的。可见，必要条件是否得到满足，是判断人生是否逍遥的准则。

郭象逍遥之说的重点，就是强调性分、适性安命，这就轻而易举地解决了逍遥是否可以普遍之难题。在他看来，能否逍遥的判断标准就是"足性"与否，既然性分不同，那么，回归于自己的性分之恰切，排除人的羡欲企慕、过己之性、溢己之分，回归到自己本然的性分上，就能免除人生的负累。这样，人就既尽所受之性分，又不生悲累于其间，从而得到了逍遥。

应该指出的是，作为理论与现实相结合的总结，郭象的适性逍遥说具有两个意义：其一，个人意识在适性逍遥说中得到了充分的彰显。人本来是一种群体动物，然而社会所塑造的一切价值标准、生活模式，往往对人性形成约束，会伤身害性。适性逍遥说将殊异的个体皆推至最高的境界。其二，性命之情在适性逍遥说中得到了安顿。人生在世，总有自感不足、以求超越当前自我之心和对外羡慕之情。前者求成圣成贤以立德立功立言，后者则求名利富贵以满足情欲。然而，处于魏晋乱世境地，人们几乎连基本生存都难以保障，多余之理想、奢求，只会对人心造成更大

的挫伤。郭象的适性逍遥说，能够破除生命对外羡慕之情，以自安
于生命之情。既破除凡圣之界，也消解生命的纷驰，使得处于乱世
的魏晋人士，遂能各得其所，以安于所受而达于逍遥之境。

　　总之，在对现实幸福难以实现的反思中，魏晋玄学家继承并
发展了先秦道家以精神自由为乐的幸福观价值取向。从正始玄学
的“贵无”开始，名士们就以从名教的制约中走出来，开始追求
自然本真的精神自由为乐。竹林玄学家推崇一种无待的境界，希
望不为外物所牵累，获得自由之乐。“越名教而任自然”就是其最
具代表性的主张。“越名教”是出发点，是外界环境的逼迫造成的，
“任自然”是个人为求得安身立命所做的最终选择和幸福实质。

二、嵇康的“意足”为乐

　　嵇康（223—262），字叔夜，三国魏谯国铚县（今安徽宿铚
县西）人，初入仕为官，后隐居不仕，以清高超俗自居，与当时
的名士阮籍、山涛、向秀、刘伶、阮咸、王戎等人交往甚密，他们
在魏晋之际“天下多故”的险恶政治环境中，集于竹林之下，肆意
酣畅，一同崇尚自然，淡薄名教，被称为“竹林七贤”。

　　嵇康在散文上有突出的成就，其论说文以《养生论》《声无哀
乐论》等最为著名。这些文章大多阐述了他的哲学、伦理思想，
如《养生论》强调“修性以保神，安心以全身”等精神上的自我
修养功夫，《声无哀乐论》论证情感与声音的关系。他的文章大都

是对传统名教观念的挑战，表现了极大的勇气。

嵇康处于一个混乱不堪、朝野权倾的时代，人们感到世事无常，曾经的荣华富贵，只是昙花一现。怎么才能获得真正长久的快乐成为人们苦苦思索的问题。嵇康作为反抗司马氏政权的核心人物，引领竹林七君子，对人生进行独特的思考。他们苦中作乐，把酒言欢，寻求精神上的自由，创建自己的快乐观。嵇康在《养生论》中描叙道："以大和为至乐，则荣华不足愿也。"竹林七贤逐渐将快乐引向向内的需求。正如其兄嵇喜在《嵇康传》中的描述，"好老庄之业，恬静无欲""弹琴咏诗，自足于怀抱之中""超然独达，遂放世事，纵意于尘埃之表"。（《三国志·嵇康传》注引）嵇康追求的是一种清心寡欲、适性怡情、弹琴咏诗、自足于怀、超然独达、纵意尘外的生活理想。

（一）强调内心的知足

人由于内心的不知足，受外物诱惑，贪得无厌，为了追求名利不择手段，才陷入无尽的烦恼。嵇康正是清晰地看到了这一点，他才将传统的"知足"运用于其人生哲学中，快乐而从容地演绎自己的人生。

中国古人一再强调养生，实际上养生是一件很难的事，难在哪里呢？嵇康的《养生论》中曾提出养生有五个难点："名利不灭，为一难；喜怒不除，为二难；声色不去，为三难；滋味不绝，为四难；神虑转发，为五难。"他认为，如果有此"五难"，即使吃药进补，照样会百病缠身，自减寿数。他强调，在日常生活中，要尽量摒弃"五难",才有可能长寿。

具体而言,五难是怎样影响养生的? 一是名利不灭。如果人的名利心过重,为了名利而千方百计,日夜钻营,则不利于健康。只有心境平和,才能益寿延年。二是喜怒不除。喜怒哀乐本是人类特有的心理状态,但若处之不当,则害莫大焉。三是声色不去。过分追求声色,就会打乱正常的生活规律,损精耗气,引发疾病。清心寡欲向来是养生之道的一个重要方面。四是滋味不绝。古人所谓"滋味不绝"就是饮食不当。有些人对于膏粱厚味,尽情享用,吃得胃口胀满,暴饮暴食,很容易引发疾病。五是神虑转发。就是一天到晚胡思乱想。中医认为,人"多思则神怠""多念则神散""多欲则损志""多事则形疲""多语则气丧",这些都意味着"神虑转发"会减损五脏之神明,有损于身体健康。

嵇康在《养生论》中将"少私寡欲"作为其养生理论的精华:

> 善养生者,则不然矣。清虚静泰,少私寡欲。……外物以累心不存,神气以醇白独著。旷然无忧患,寂然无思虑。又守之以一,养之以和。……无为自得,体妙心玄。忘欢而后乐足,遗生而后身存。

"忘欢而后乐足"是嵇康知足之乐的核心。人只有忘记了欢乐才能获得内心的真正满足,从而获得快乐。嵇康认为人世间难以获得的不是财富、名利,而是内心的宁静与充实。内心充实的人,虽辛苦劳作、衣不遮体、食不果腹，但是他们活得悠然自得。反之，即使锦衣玉食，也总觉得不满意。

人生最大的快乐莫过于无忧，而只有无欲才能无忧，"无欲则刚"，嵇康就是无欲则刚的典范。嵇康在《答向子期难养生论》中指出，世间难得的既不是钱财，也不是荣耀，而是知足，倘若能够知足，虽然辛勤劳作于田野，粗茶淡饭，岂能不自得其乐？不知足的人，纵然让其得到天下之财富，让其富有万物，他也不会感到快意。然而知足者不需要对外攫取，而不知足者所有都需要从外攫取，所有都需从外攫取的不知足者总是觉得困乏，不需从外攫取的知足者从来不会感到不足，荣华富贵不会扰乱其志向，困厄也不会使其趋附世俗，宠辱不惊。正如老子所言："最大的快乐莫过于没有忧愁，最大的富足莫过于知足。"

嵇康主张人应当"意足"。他所谓的"意足"，就是精神上的自我满足的内心涵养。由此出发，他要求人们过一种原始的"耕而为食，蚕而为衣"的朴素生活。嵇康强调，只要人人"意足"，不为物质所奴役，不因欲望而丧志，"养生大理"便会得到体现。在嵇康看来，以物为"足"是永远不会获得满足的，"虽与荣华偕老，亦所以终身长愁"；以"意"为足，则永远不会有不满足。人生的乐趣不在于对外物的占有，而在于自足，从内心寻找快乐。

嵇康认为真正能让内心平静的只有内心的知足。只有真正的无所依托，才能获得最为真实与贴切的快乐。嵇康自己就是意足之典范，出于"见素抱朴"的快乐之道，他极致地追求庄子的精神，眼中容不得一粒沙子，他没有选择封官加爵，也没有像庄子一般隐居深山茂林，而是选择了在河南洛阳城外的郊区居住，做了铁匠，他不干别的，只是打铁，他用这样的一种方式来守住他心灵的一方净土。《文士传》里说嵇康"性绝巧，能锻铁"。嵇康爱好打铁，铁铺子在后园一棵枝叶茂密的柳树下，他引来山泉，绕着柳树修建了一个小游泳池，如果打铁累了，就跳进池子里泡一会儿。《晋书·嵇康传》写道："康居贫，尝与向秀共锻于大树之下，以自赡给。"他从不收钱，若有人以酒肴作为酬劳，他便会在铁匠铺里开怀痛饮。

嵇康用优美的诗句描写自己的人生理想，其《酒会诗》云："淡淡流水，沦胥而逝。泛泛柏舟，载浮载滞。微啸清风，鼓楫容裔。放棹投竿，优游卒岁。"可见嵇康所向往的，既不是富贵逸乐，也不是任情纵欲，而是一种不受约束、随性的淡泊生活，他在对自然的体认中感受悠闲的人生，其闲适中透露出一种平静的心境。他的游猎垂钓，他的鼓楫泛舟，是为了游心于寂寞。这种心境是难以言状的，具有言所不能传的意蕴。嵇康的诗句，让人感受到一种淡淡的清冷韵味，这正反映了其自由自在、闲适愉悦生活中的审美意向。

嵇康"意足"之乐的人生理想，在思想渊源上，当然是"托好老庄"的产物。但他又与老、庄有别，他抛弃了庄子"与时俱化"的顺世主义，发扬了"不与物迁"的独立人格，使他始终不"降心顺世"。正是基于此，嵇康拒绝与权贵交往，不顺从恶劣的世道。他得罪贵公子钟会这件事情就可以充分显示出嵇康的个性。钟会是前太傅钟繇之子，虽然出身名门，年少得志，高官厚禄，但他对嵇康敬佩有加，而嵇康却拒绝与其交往。据《世说新语》记载：钟会撰写完《四本论》时，欲求见嵇康，又担忧嵇康看不上，就"于户外遥掷，便回急走"。显赫后的钟会再次造访嵇康，嵇康不理睬，继续在家门口的大树下"锻铁"。直到钟会要离去时，他才不冷不热地问道："何所闻而来，何所见而去？"懊恼的钟会自然也不假颜色，立即回答："闻所闻而来，见所见而去。"这般生硬简单的问答，无疑让嵇康从此与官场无缘，也让钟会记恨在心。后来钟会陷害嵇康时，给其安上的罪名就是"言论放荡，非毁典谟"。

嵇康以"无为"为贵，坚守质朴，不愿做官，不为名利而逐鹿官场，就是他"意足"之乐的真实写照。他以"意足"为其快乐思想的基础，满足于基本的生理和生活需求，不盲目追求无止境的荣华富贵，这是其知足之乐的关键所在。

（二）向往悠闲的生活

嵇康追求的是一种悠闲优哉的生活。他的好友李充在《吊嵇中散文》中说："忘尊荣于华堂，括卑静于蓬室；宁漆园之逍遥，安柱下之得一。寄欣孤松，取乐竹林。"（《太平御览》卷五九六）其中，"宁漆园之逍遥"才是嵇康思想根本的所在，这段话也是围绕这一精神将嵇康写活了。从此描述中，可以看出嵇康追求一种恬静寡欲、超然自适的生活。这种生活的最基本的特点，便是返归自然，但又不是不食人间烟火，不是虚无缥缈，而是自足自乐。

稽康把"坐忘"的精神境界，变成了优游的生活方式，"琴诗自乐，远游可珍。含道独往，弃智遗身。寂乎无累，何求于人？长寄灵岳，怡志养神"（《赠兄秀才入军诗》之十八）。优游、怡然自得的生活，充满着闲适情趣。稽康所追求的优游闲适的生活，既不是富贵逸乐，也不是任情纵欲，而是一种不受约束、随性的淡泊生活。这种生活与建安士人的及时行乐、诗酒宴会已有很大的差别。建安士人是在感喟时光流逝、人生短促之后尽情地享受人生，纵乐中带有一种悲凉情调。而稽康则是在一种对自然的体认中走向怡然自得的人生境界，他是从自然中领悟人生的美。

古往今来，崇尚淡泊闲适的文人并不少见，人既为淡泊闲适，即趋于随和，事事不计较，以"躲""避"为法宝求得些许适意，因而难免会陷入无可奈何的境地。而稽康对淡泊闲适的追求却是如此执着，容不得半点妥协。竹林旧友山涛，原先也立意隐迹山林，后被司马氏集团所网罗，中年之后入仕为官，后又向司马氏集团推荐稽康。稽康便撰写《与山巨源绝交书》，其中以"七不堪"表明自己的心迹：

> 卧喜晚起，而当关呼之不置，一不堪也。抱琴行吟，弋钓草野，而吏卒守之，不得妄动，二不堪也。危坐一时，痹不得摇，性复多虱，把搔无已，而当裹以章服，揖拜上官，三不堪也。素不便书，又不喜作书，而人间

多事，堆案盈几，不相酬答，则犯教伤义，欲自勉强，则不能久，四不堪也。不喜吊丧，而人道以此为重，已为未见恕者所怨，至欲见中伤者；虽瞿然自责，然性不可化；欲降心顺俗，则诡故不情，亦终不能获无咎无誉，如此，五不堪也。不喜俗人，而当与之共事，或宾客盈坐，鸣声聒耳，嚣尘臭处，千变百伎，在人目前，六不堪也。心不耐烦，而官事鞅掌，机务缠其心，世故繁其虑，七不堪也。

这"七不堪"显示了嵇康与礼法、礼教之士的尖锐对立。虽多用自谦之语，但两相对照，处处表明其人生理想与美好，揭露官场世俗之黑暗、虚伪。

嵇康追求的是一种不受约束的返归自然的悠闲生活，而这种悠闲生活应该有起码的物质条件，必要的亲情慰藉。在《与山巨源绝交书》中，他自述"游山泽、观鱼鸟，心甚乐之；一行作吏，此事便废，安能舍其所乐，而从其所惧哉？"这就充分阐明了嵇康喜爱自由自在，强调一旦做官，必然干扰到这种生活方式，让自己无法忍受。他强调自己向往的是随性自然的生活，而这种生活在世俗中是不可能得到的，世俗中不仅有俗务的干扰，也有各种礼法的制约，只有超脱于世俗之外，才能随情适意，他"愿守陋巷，教养子孙，时与亲旧叙阔，陈说平生，浊酒一杯，弹琴一曲，志愿毕矣"。这种生活景象中充满着生之情趣与朴素亲情，虽然返归自然，但实处人间，闲适愉悦。可见，嵇康并不是不需要一些必要的生活享受，无欲无念，而只是说要自由自在，不受约束，在纯朴的自在生活中，得到快乐和感情的满足。

嵇康还纵情山水，享受大自然之乐。作为"竹林七贤"之一的嵇康，其游山泽、观鱼鸟之乐值得关注。他的《卜疑》列举了二十八种可供选择的处世态度，无非是出世与入世两大类。入世包括建立大功业、纵情享乐、苟且偷安、仗义行侠、游戏人生等；出世包括隐居山林、与世隔绝、隐居人间等。最后，嵇康借太史贞父之口表明了自己的态度："内不愧心，外不负俗，交不为利，仕不谋禄，鉴乎古今，涤情荡欲。"由此可见，嵇康的归返自然完全是一种自觉的选择，而不是被迫的无奈，他超然自适，虽处人世间却又超脱于世俗之外。虽然庄子任自然而委化的思想对嵇康的影响很深，但庄子的物我两忘只是一种纯哲理的境界，庄子以心灵的自由解放来摆脱现实生活的烦恼的想法，其实缺乏实践的意义，因而嵇康推崇庄子的同时，也依据现实需要对其思想进行了改造，他将对庄子精神境界的追求转化为淡泊闲适的人间生活。

魏晋时期，以嵇康为首的"竹林七贤"聚集于山林之中，对酒当歌，畅谈人生，享受大自然静谧的愉悦。嵇康在其大部分作品中表达了对大自然的无限仁爱之心，虽然他一生清贫，但却从大自然中获得了无限的快乐。嵇康也曾试图将其"自然"之乐传于他人。当其兄嵇喜即将入伍从军之时，嵇康作诗十九首赠与嵇喜：

> 携我好仇，载我轻车。
>
> 南凌长阜，北厉清渠。
>
> 仰落惊鸿，俯引渊鱼。
>
> 盘于游畋，其乐只且……
>
> 息徒兰圃，秣马华山。
>
> 流磻平皋，垂论长川。
>
> 目送归鸿，手挥五弦。
>
> 俯仰自得，游心太玄。
>
> 嘉彼钓叟，得鱼忘筌。
>
> 郢人逝矣，谁可尽言？[1]

在此诗句中，嵇康期望能与兄自由驰骋于大川之间，抬头可见飞鸟鸿雁，低头可见深水鱼游，如此畅游于大自然间，快乐无与伦比。其间包含浓厚的兄弟之情，在某种程度上显示出嵇康批评其兄不该贪恋仕途，也想借大自然之乐来规劝其兄，充分展示了嵇康的高洁心境。嵇康敏感而细腻的心境更是生成了其对大自然之美的独特之乐。

嵇康注重闲适生活的享受，对于细微的生活片段能敏感地察

1　嵇康：《兄秀才公穆入军赠诗十九首》，《嵇康集》卷一，人民文学出版社 1962 年版，第 11—12 页。

觉，在现实世界中，他构建起一个超凡脱俗的理想境界。他独醉于与天同乐、与自然合一的愉悦中，立足于现实却又超越现实，这是他最大的乐趣。

（三）倡导大和之至乐

嵇康将人文自然与自然界相融合，提出了"以大和为至乐"的和谐思想。他倡导人与自身及外物、宇宙万物之间的和谐，他向往顺应自然之道的内在精神快乐，这种快乐是内在的精神自由与满足，这种快乐就是"大和之乐"。

嵇康喜欢过优游、闲适、对人世的一切了无系念的生活。他那"目送归鸿，手挥五弦"的悠然之情，正是他回归自然，与自然融为一体，进而达到物我两忘、与道冥合境界后愉悦之情的流露。嵇康谈到人自身的和谐时，认为只有身体机理达到和谐平衡才能健康，才能获得最大的快乐。他在其《答难养生论》中说道：

> 若以大和为至乐，则荣华不足顾也；以恬澹为至味，则酒色不足钦也。苟得意有地，俗之所乐，皆粪土耳，何足恋哉！……故以荣华为生具，谓济万世不足以喜耳。此皆无主于内，借外物以乐之；外物虽丰，哀亦备矣。有主于中，以内乐外；虽无钟鼓，乐已具矣。……故顺天和以自然，以道德为师友，玩阴阳之变化，得长生之永久；任自然以托身，并天地而不朽者，孰享之哉？[1]

---

1 《答难养生论》，《稽康集》卷四，第190页。

嵇康认为，人生真正的快乐或"至乐"，不在"外"，而在于"内"，他把幸福的最高层次看作来自内在精神之乐的享受，而非外在的荣华富贵。在嵇康看来，想借由外物而获得快乐，都是由于心中没有主见；如果心中早有主见，便会笑视外物。心满意得的人，即使没有轩车冠冕，没有钟鼓乐器，也能享受到最佳的快乐，而不为世间的是非得失牵累自身。人如果具备了"大和为至乐"的精神，就会达到"以万物为心""与天下同于自得"的自由境界。

总之，嵇康以"意足"为乐，崇尚自由自在，不愿被"外物累心"，选择过淳朴寡欲安泰的生活。这种生活固然闲适愉悦，充满情趣，给人以精神上的慰藉，然而嵇康却为此付出了生命的代价。司马氏的厌恶和钟会的嫉恨编织成一张罪恶的黑网牢牢地将嵇康罩住，虽然他的身体落入黑网无法摆脱，但其精神却不是这个黑网所能罩住的。嵇康因卷入朋友吕安的诉讼而入狱，临刑之时，面对屠刀，他神色自若，顾视日影，索琴弹之，奏《广陵散》一曲，使从容赴死成为一种境界。即使走到生命终点，他仍然执着而从容地实践着其"目送归鸿，手挥五弦"的人生追求，可见其精神早已进入缥缈自由的境界。嵇康可谓中国文人的一个情结，他的风骨也为中国历代文人推崇。

三、名士游山玩水之乐

魏晋时期，中国古代的士文化在玄学思潮的引领下，楔入了诸多风雅情趣，使广大士人不仅获得了丰富而高雅的物质享受，也从精神上体认了宇宙人生的至高本体。当玄学名士们将其探索的目光从喧闹的人世转向寂静的山野时，他们才发觉，周围的群山、树林、涧泉，以及生长在山野林泉间的一花一草、一鸟一兽，都充满乐趣和诗情画意。于是，山峦、竹林池沼、江河湖海，便不再平凡、苍凉。它们完全变成了饱含玄理的"自然"，变成了优美的"风景"，变成了士大夫们陶冶性灵、感受快乐的地方。

（一）传统山水自然观

中国传统山水自然观的历史，可谓源远流长。在对自然山水的认识上，先秦儒家认为山水乃仁人君子道德品质的象征，山水和自然景物中蕴含着一种人格美。如"知者乐水，仁者乐山。知者动，仁者静。知者乐，仁者寿"（《论语·雍也》）。这是儒家以山水比附士人的人格品德。

在道家眼中，只有自然山水才能让人返璞归真，怡性养情，享受到人生的快乐。如庄子说："贤者伏处大山嵁岩之下。"（《庄子·在宥》）他还说："就薮泽，处闲旷，钓鱼闲处，无为而已矣。此江海之士，避世之人，闲暇者之所好也。"（《庄子·刻意》）可见，庄子就是将山野林泉作为文明社会的对立面看待的。庙堂华屋既"撄人心",使人"忧栗",则不能让人闲静而观道,因而与"至美至乐"无缘。自然间真正能顺人生哀乐之情的,唯有山水林泉,即"山林与,皋壤与,使我欣欣然而乐与!"(《庄子·知北游》)可见道家具有强烈的回归自然的愿望。

汉代山水自然观的基调,乃对先秦儒家道德伦理化自然观的强化,如董仲舒认为,山"似夫仁人志士",水"似力者……不清而入,洁清而出,既似善化者"。(《春秋繁露·山川颂》)两汉时期,这种山水自然观一直占据着统治地位。直到东汉末年,这种山水自然观才随着儒学地位的动摇而让位于复兴的道家自然观。如郭林宗声称:"岩岫颐神,娱心彭老,优哉游哉,聊以卒岁。"(《抱朴子·外篇·正郭》)仲长统说:"使居有良田广宅,背山临流,沟池环匝,竹木周布,场圃筑前,果园树后……游戏平林,濯清水,追凉风,钓游鲤,弋高鸿。讽于舞雩之下,归咏高堂之上。"(《后汉书·仲长统传》录仲氏《乐志论》)这是仲长统的个人志向,也是他的理想人生。汉人这些言论所表达的怡情山水之间、逍遥宇宙之外的思想,是一种新的、与老庄思想相关的山水自然观的代表。

(二)名士"以玄对山水"

魏晋时期,玄学盛行,在玄学思潮的影响下,与传统山水自然观相较,士人的山水自然观念发生了根本变化。这主要表现在玄学思潮造成了当时士人群体山水审美意识的自觉,形成了南北两个具有区域文化意义的山水游乐中心,并促进了当时山水文学的普遍兴起。

与先秦两汉士人们的山水游乐活动相较而言,以曹丕等人为先导的曹魏山水游乐行为已发生了质的变化。这种变化主要表现为二:其一,规模和范围的扩大。此时的山水游乐已将以前个别士人栖息山水的愿望,变成了具有广泛社会基础的宫廷意识;其二,指导思想的转变。自曹丕之后,山水游乐者的哀乐之情随自然之景的变化而发生变化,他们感慨生命的短促,试图从山水自然中追求某种生命的永恒。这就使其山水游乐活动除了闲暇消遣或避乱外,还具有了某种哲学意蕴,即他们试图通过山水游乐,发现其间的自然之美,来消解其内心深处的生命之忧。

魏晋时期,玄学名士们"以玄对山水",力求从山水中发现和体认玄学的自然本体。例如,孙绰评价庾亮说:"公雅好所托,常在尘垢之外。虽柔心应世,蝾屈其迹,而方寸湛然,固以玄对山水。"[1]此处孙绰所谓的"以玄对山水",有时也被玄学名士们表述为"澄怀观道",它大体包含两层意思:一是面对山水时,游历者忘却功名利禄,超然物外,即"方寸湛然",从而体认到山水间的自然之美;二是登山临水之际,游历者将自己本已超然的心境,进一步升华到"道"或"玄"的境界,做到心与"道"冥,将观赏山水的心神快乐,转化为玄学"至人"体"道"的"至乐"。

显而易见,魏晋玄学名士"以玄对山水"的山水观照方式,

---

1 《世说新语·容止》"庾太尉在武昌"条刘注引孙绰《庾亮碑文》。

在终极目标与实践方法上，已经与此前士人的登临山水活动有了很大的区别。魏晋玄学兴起以前，士人们寄情山水时，无论是否已经达到忘情世务的心境，都不能有意识地在山水游乐中追求体"道"得"玄"的理想。因而他们即使终身处于山林，充其量也只能算作普通的"隐士"或"逸民"，而根本不可能成为"澄怀观道"的"至人"。

阮籍的《大人先生传》将登山临水的一般士人与体"道"得"玄"的"至人"进行了区分，指出了二者的差异。对于至人，其评说为："至人者，不知乃贵，不见乃神……故至人无宅，天地为客；至人无主，天地为所。至人无事，天地为故。"由此可见，玄学家眼中的"至人"和一般"隐士"，在山水观念及观照山水的目的与方法上有鲜明差异。"隐士"或"逸民"遁迹山林是出于某种现实的目的，"为不得已之慰藉"。简而言之，玄学名士们的自然山水观之变异，最关键的并非其有无山水乐志或遁迹林泉的行为，而是其观照山水的目的与方式是否做到了"以玄对山水"或"澄怀观道"。这就是玄学山水自然观的本质，也是其与此前各种山水自然观的根本区别。

（三）南朝士人的山水游乐

就士人的山水游乐而言，魏晋时期形成了南北两个山水游乐中心，一是永嘉南渡以前以洛阳为中心的北方山水游乐中心；二是东晋建立以后逐渐形成的以会稽为中心的南方山水游乐中心。在这两个山水游乐中心形成之前，在魏太子曹丕周围已有一个山水游宴集团,主要由一批放达的文士组成。其后各个名士团体层出不穷,如阮籍、嵇康等人的"竹林七贤",谢鲲、毕卓等人的"兖州八达",贾谧的"二十四友",石崇的"金谷园名士群"以及"江左名士群""会稽东山隐居群体""兰亭山水游乐群体",等等。这些名士山水游乐群体,对当时南北两个山水游乐中心的形成,无疑起到了推波助澜的重要作用。

永嘉南渡之后,随着东晋的建立,玄学名士们也纷纷南迁。南朝士人生活优裕,文化修养极高,偏安心理使其优游在江南的灵山秀水之中。江南的山清水秀滋润了苟且的南朝士人之心田,培养了其山水审美情趣,在游山玩水的过程中,南朝士人的身心获得了极大的愉悦。由王羲之、孙绰、王献之、支道林、晋简文帝、王导、顾恺之诸人登山临水、吟咏自然之事,即可见一斑。尽管江南名士心中有很深的故国之思,但面对江南的良辰美景,他们纵情山水的热情并没有减损,仍然成群结队地游乐于山水园林。

就两晋士人而言,如果说西晋士人是以"坐华幕,击钟鼓"的物质享受为乐的话,那么东晋士人则以"五庙之宅,带长阜,倚茂林"的精神生活为乐。据《晋书·谢安传》记载,谢安寓居会稽时,时常与王羲之等人出游,"出则渔弋山水,入则言咏属文,无处世意"。谢安等名士欣赏的是无尘世喧嚣、朴素有真趣的自然山水,期望从山水游乐中获得精神快乐。这也是南朝士人共有的情趣。东晋著名书法家王羲之的《兰亭集序》也充分表现了山水审美情趣:"此地有崇山峻岭,茂林修竹,又有清流激湍,映带左右，引以为流觞曲水，列坐其次。虽无丝竹管弦之盛，一觞一咏，亦足以畅叙幽情。"王羲之的情趣并不在于丝竹管弦之盛，更不在于水陆山珍的罗列，而在于那阳春秀山奇水里"一觞一咏"的雅兴逸志、登山临水的离情远韵。兰亭山水充溢着的是南朝名士的书卷气，名士们在观游山水之时，产生了强烈的情感并将其抒发了出来，故而能遗响千载。

山水游乐是南朝士人普遍喜爱之事，即使是生于帝王之家、贵为太子的萧统也"性爱山水"。史载，一次泛舟宫池时，面对良辰美景，番禺侯萧轨认为当有丝竹歌舞，萧统不理，却悠悠然地咏起左思的《招隐》，诗云："何必丝与竹，山水有清音。"由此可见，在南朝名士心目中，山水清音最能怡情养性。

南朝宗炳一生绝意仕途，"妙于琴书，精于言理，每游山水，往辄忘归"（《宋书·宗炳传》）。史传他怕年老体衰时难以遍游名山大川，便把游历过的山水在室内墙上画成一幅幅的山水画卷，"卧以游之"。他还对人说："抚琴动操，欲令众山皆响。"宗炳可谓真正的艺术家，他优游山水，不仅领略了山水之美，亦从中获得了精神上的极大享受。

南朝士人不仅注重享受现世人生的各种快乐，而且还追求长生，希望如神仙般摆脱世俗的种种烦恼。因此，许多名士信佛、信道，与名僧、道人交游颇多。逃避世务，活得更逍遥自在就是他们信佛、信道的目的之一。从东晋名士的方外诗中，我们也可以了解他们在享受现世生活的各种快乐的同时，还向往着一个了无系念的方外世界。如湛方生的《后斋诗》就描述了这样一个世界：

> ……
>
> 门不容轩，宅不盈亩。
>
> 茂草笼庭，滋兰拂牖。
>
> 抚我子侄，携我亲友。
>
> 茹彼园蔬，饮此春酒。
>
> 开榥攸瞻，坐对川阜。
>
> 心焉孰托，托心非有。
>
> 素构易抱，玄根难朽。
>
> 即之匪远，可以长久。

南朝士人在经过一番寻觅后，才明白这个道理，他们把眼光投向没有尘世系累，只有山清水秀的山林之中。

总体而言，南朝士人普遍具有强烈的自我意识，其处世之道都以自我为核心；他们优游山水，领略山水之美，享受山水之乐，是为了娱乐自我；他们的各种艺术情趣，从容闲适的风度，是为了表现自我；他们学佛学道，是为了延续自我。比较看来，如果说西晋士人以狂放的生存方式加速了自我毁灭的话，那么南朝士人则以优雅的方式来表现对自我的欣赏。

四、爱乐尚音的热情

在中国传统文化中，"礼""乐"向来是密不可分的，在社会生活中有着举足轻重的地位。在儒家看来，古代音乐的作用重在"合同"，而"礼"重在"别异"，二者各有侧重，在调和社会关系中发挥着极为重要的作用。在古代音乐的发展过程中，士人成为爱乐尚音的群体。

（一）爱乐名士群体的形成

魏晋时期是一个真正爱乐的时代，士人们普遍酷爱音乐。玄学名士们几乎都熟悉乐器，吹拉弹唱，歌琴吟啸，无所不能，知音解律是成为名士的重要条件。这正如曹植《与吴质书》所谓"夫君子而不知音乐，古之达论谓之通而蔽"。音乐已经深深融入了魏晋士人的心灵，真正成为他们不可或缺的文化品性，他们爱乐知音的普遍程度，令后世望尘莫及。这个时期首次出现了对音乐具有自觉意识与较高音乐艺术素质的名士群体。

作为一个音乐的自觉时代，魏晋士人对于音乐有着无与伦比的热情，这主要体现在三方面：一是在魏晋这个音乐自觉的时代，不仅官方努力加强音乐的创制，而且士人们也积极参与音乐文化建设。二是在尚乐社会风气的熏染之下，广大士人尤其玄学名士们的音乐技能得到提升，他们或研究乐理，妙解音律；或谙熟乐器，精于演奏；或能歌善舞，长于表演；或娴于为文，刻写乐舞形象。从而出现了解音、善乐的名士群体，擅长乐器也就成为当时知识分子的重要标志之一。三是在尚乐之风的影响下，通过反复的音乐理论探讨和不断的乐器演奏练习，士人们不仅提高了自己的音乐理论与实践水平，也提升了整个社会的音乐水准。

魏晋时代可以说是一个音乐的自觉时代，士大夫们普遍爱乐、知音或解律，整个社会的音乐水平也达到了一个前所未有的新高度，但当时爱乐解音的士人们绝大部分乃玄学名士或具有强烈玄学思想倾向的士人。据史书记载，正始名士王弼、何晏、夏侯玄，竹林名士阮籍、嵇康、向秀，中朝名士阮瞻、阮咸、谢鲲、石崇、裴秀，江左名士王导、谢安、王羲之、谢万、王凝之、王献之，乃至陶渊明等，均是知音好乐或雅善乐器之士。有些玄学名士，即使史书并未明言其"解音"或"好乐"，也并不代表他们不爱音乐或不善音乐。

嵇康爱琴如命，是魏晋名士爱好音乐的典范。嵇康游洛阳时，一天夜晚在华阳亭弹琴，突然有位客人前来造访，与他谈论起音律，且谈得很投机。没过多久，这位不知名的客人向嵇康借琴弹了一曲《广陵散》。因为曲子的声调异常绝妙、动听，深深地吸引了嵇康，他请求客人将这首曲子传授给自己。这位客人要求嵇康答应他不将此曲传给其他人。客人教完后并没有留下姓名，所以到现在也不知道这位神秘客人是谁。

有一天，嵇康突发兴致，拿着琴去造访山涛，二人相谈甚欢，一起饮酒助兴。山涛有些醉意，想毁掉嵇康的琴，认为这样就有希望让嵇康去做官。嵇康不答应，他强调了琴对自己的重要性，说山涛如果把他的琴给摔毁了，那他也只好去死了。可见嵇康爱琴胜过爱他的生命。难怪后来被害受刑时，他毫无惧色。

嵇康被杀时只有四十岁，当时的士君子们无不为其深感惋惜。到了用刑之时，嵇康向其大哥索琴，弹了一会儿琴后感叹道：以前有人要向我学琴时，我都没答应，《广陵散》从此要失传了！

（二）音乐的玄学意蕴

魏晋时期，玄学思潮与音乐精神之间存在着某种内在联系。一是玄学名士追求言谈的音乐效果，将"泠然若琴瑟""声作钟鼓"作为其清谈时孜孜以求的最高标准和境界。《世说新语·文学》中盛赞裴遐言谈清畅，宛若音乐之美。听其言谈，似乎聆听到悦耳的音乐，让人心旷神怡，其乐无穷。这说明喜爱清谈的玄学名士们十分倾心于言谈的辞气清畅或和谐之美，对此几乎如痴如醉。二是玄学清谈所追求的"得意忘形"意境深入音乐中，玄学的"道""无"或"意"被呈现于音乐艺术境界。有鉴于此，音乐的实践活动便成为玄学名士们体"道"得"意"的最佳手段之一。

虽然中国古代士人爱乐传统悠久，但魏晋以前的士人爱乐的程度与魏晋士人是无法比拟的。魏晋以前的士大夫们所爱好的音乐歌舞，在内容上主要是宣扬仁人君子之道德，以防淫佚邪僻，因而带有十分明显的政治伦理色彩。到了魏晋玄学兴盛时期，士人所爱好的音乐发生了根本的变化。这不仅体现为音乐内容上对儒家思想的扬弃，也体现为爱乐目的之差别。具体而言，魏晋之后，儒学正逐渐失去其权威地位，《雅》《颂》之乐也不再神圣。魏晋名士"越名教而任自然"，反对音乐的功利因素。嵇康以秦客与"东野主人"辩论问题的形式，写下《声无哀乐论》，宣称"音声无系于人情""无关于哀乐"，反对儒家的礼乐传统，排斥所谓"移风易俗"的社会政治作用。嵇康的音乐审美思想否认了传统的儒家礼乐的社会功能，彻底批判了汉代以来的官方音乐理论。

在嵇康看来，音乐的本质在于"自然之和"，即声调的和谐，节奏的舒疾。他从音声的角度极力论证音乐以自然之"和"为美。事物均生于自然，音声也具有自然之和的本质属性。对于音乐而言，只有好听与否、和谐与否的区别，并没有爱憎、哀乐的感情。这样，嵇康就剔除了蒙在音乐之上的神秘色彩，恢复了音乐的自然原貌。更加难能可贵的是，嵇康还反对儒家视"郑卫之音"为淫乐的观点，还其本来面目，使音乐等艺术摆脱礼教功利，回归自然之本体。

在对音乐内容及社会功能的认识上，魏晋玄学名士的音乐观与以往士人正统的音乐观相比发生了重大变化。玄学名士爱乐、知音、解律的目标也发生了相应的变化。他们是为了求"和"、求"真"，求"音声"中的"自然之和""无声之乐"，即玄学"自然之道"或"意"。玄学名士的音乐观是主张"乐"即"道"，"道"即"乐"的。阮籍认为，音乐的社会作用是促使人们返归自然无为，"乐者，使人精神平和，衰气不入，天地交泰，远物来集，故谓之乐也"。显然，阮籍眼中的音乐由道德人伦的载体转化为玄学自然本体的"道"。在玄学家看来，不论是琴声、琵琶之曲，还是轻歌曼舞、短歌微吟，无不包含着玄学最高本体。乐曲歌舞的艺术境界，亦无不是玄学"自然之道"的形象显现。嵇康《琴赋论》认为，弹奏出"声若自然"的琴声，仿佛让人亲历了至"虚"至"玄"的"道"境，享受到"至美""至乐"。

从总体上看，魏晋名士强调了音乐的独立性，突出了音乐艺术自身的"本体"与特质，从而开拓了一个摆脱儒家功利，而与自然万物相融合的全新审美境界。它至今仍给人们以深刻的启迪与有益的借鉴。

五、桃花源的田园之乐

对传统中国人来说，能过上比较满意的现世生活，比虔诚地信仰上帝、来世更重要。儒道两家莫不如是。儒家往往将生命的乐欲用道义的信念来替换；道家则热衷于自然无为，强调精神境界的自适、逍遥。由此，在中国文化结构中，在古代士人的文化心态和人生向往中，就出现了入世、忧患与出世、逍遥两条并行的人生之路。

陶渊明（365—427），浔阳柴桑（今江西九江西南）人，字元亮，一说名潜，字渊明，世号靖节先生。陶渊明所认同的是道家的人生之路，他虽简朴终生，却不颓唐、感伤，而能乐观、放达；他虽天资不俗，却不自慕清高，而能"质性自然"。

陶渊明"不为五斗米折腰"的故事可谓家喻户晓。"闲静少言，不慕荣利"的陶渊明，为了养家糊口，也曾入仕为官，但都是小小的"七品芝麻官"。四十一岁时，他改任彭泽令。有一次，上司派遣督邮来了解情况。有人告诉陶渊明说："那是上面派下来的人，你应当穿戴整齐、恭恭敬敬地去迎接，否则将影响你的前程。"陶渊明听后，长叹一声说："我不愿为了小小县令的五斗薪俸，就低声下气去向这些家伙献殷勤。"因此他辞官回家了。陶渊明当彭泽县令不过八十多天。他这次弃职而去，便永远脱离了官场。陶渊明因为"不为五斗米折腰"，而获得了心灵的自由与人格的尊严。自陶渊明辞官归乡后，在将近四十年的隐逸生活中，他像农夫一样，经历过歉收、疾病，甚至断炊等一系列令人痛苦之事，但这并没有真正影响他的情绪，他依然能够在自得中应付自如。

（一）"安道苦节"的人生价值观

通过建功立业实现自我与固守名节是陶渊明的两个并行不悖的价值取向与人生选择，而他最终回归田园的选择就是固守名节的人生价值取向占据主导地位的结果。他从布满"密网""宏罗"的官场投入田园生活，这使他产生了前所未有的解脱感，也使他"爱丘山"的本性得到了安抚和满足。

"安道苦节"作为陶渊明的人生价值观，影响着其人生选择。陶渊明在《感士不遇赋》中表明了"宁固穷以济意"的人生态度。他的固穷持节，体现为身处逆境或穷厄之时所抱定的安贫乐道态度和坚守节气的操守。

在归田的初期，陶渊明全身心地品味田园生活的恬淡悠闲情调，以触景生情的笔调抒写归田之乐。归田后的陶渊明躬耕自给，这是他亲近大自然和寻求精神解脱的一种方式。陶渊明是如何以"不喜亦不惧"的超然心态升华其人生境界的呢？他在《咏贫士》七首中列举了阮公、荣叟、黔娄、袁安、张仲尉和黄子廉等七位古贤人，盛赞其鄙视功名、安贫守节的行为风范，并表现出欣羡追攀之情："何以慰吾怀，赖古多此贤。""谁云固穷难，邈哉此前修！"正是因为追慕此古贤者的风范，陶渊明才能够在贫境中"常有好容颜"。(《拟古》其五）

对于穷达贫富，陶渊明采取了委顺超脱的态度，正如其《拟挽歌辞》所谓"穷通靡攸虑，憔悴由化迁"。在日常的具体行为上，听任本心的自然，求得心灵的自由是陶渊明的准则，这样可以调整失衡的心理，他总是以真淳的情怀品味所经历的生活。譬如，他爱好饮酒，深悟"酒中有深味"，因而时常以一种艺术心境悠然自酌，独享那种迷狂真淳而雅趣悠长的境界；或者以真情厚意与邻人故交相聚而饮，在其乐融融的欢饮中领略人情之美，这也就是萧统所谓"其意不在酒，亦寄酒为迹焉"之意（《陶渊明集序》）。他虽然"性不解音"，却爱好弹琴，每每饮酒到欢乐气氛时就抚琴而和之，自言"但识琴中趣，何劳弦上声"(《晋书·隐逸·陶渊明传》)，重在品味琴中之趣、弦外之音。他躬耕垄亩，并托意于田间碧绿的秧苗、树间婉转的鸟儿、水中欢游的鱼儿。在"树木交阴，时鸟变声"的春夏时节，他高卧南窗，沐浴阵阵凉风，遥寄悠远的怀古之情，还时常与邻人进行 "但道桑麻长" 的闲谈，从中体味闲适人生的真谛。他有时觅趣小园，有时采菊东篱，有时临流赋诗，即使是平凡的田园生活，也被诗人点化成情趣盎然的诗境，诗人也从中获得了心灵的自由。陶渊明以自然淳朴的审美眼光审视着生活的土壤，把世俗生活点染成各种美好之境。

总之，陶渊明的人生境界完全区别于那种远离尘世的单纯隐者，它是一种融会了诗人的人生理想与感悟的极致境界。无疑，它为后世确立了一种独特的生活境界与人生范式。

（二）乐天委运的人生态度

所谓 "委运"，就是听从命运的安排，不逆天命而行之。然而，陶渊明眼中的 "委运" 却是任情自然、顺应自然的代名词。其 "委运" 主要包含任情自然、顺应自然两个层次。他既投身于自然，就顺应自然，满腔热情地讴歌自然，与自然融为一体，充分享受大自然的赐予。顺应自然的陶渊明表示 "人生似幻化，终当归空无"，充分表达了其淡泊生死、任情自然的超然态度。例如，其《五月旦作和戴主簿》曰：

> 既来孰不去，人理固有终。
>
> 居常待其尽，曲肱岂伤冲。
>
> 迁化或夷险，肆志无窊隆。
>
> 即事如已高，何必升华嵩。

有生就有死，这是人之常理。人没有必要忧生虑死，而应以乐观态度对待人生，生死贵贱，贫富穷达，皆任其自然，而不必祈求得道成仙。陶渊明委运任化，并不避讳生与死的人生话题。在《自祭文》中，他敞开心扉，坦陈了自己乐天达命、委运任化的人生态度：

> 含欢谷汲，行歌负薪。
>
> 翳翳柴门，事我宵晨。
>
> 春秋代谢，有务中园。
>
> 载耘载籽，乃育乃繁。
>
> 欣以素牍，和以七弦。
>
> 冬曝其日，夏濯其泉。
>
> 勤靡余劳，心有常闲。
>
> 乐天委分，以至百年。

正因为陶渊明能够"乐天委分"，他才能坦然面对一切，不惧一切，甚至笑对死神，在其轻松调侃的笔调中，一扫死亡的悲哀与凄凉，"匪贵前誉，孰重后歌。人生实难，死如之何？"这些诗句充分体现了其"乐天委命"的人生态度。毋庸置疑，明白"天地赋命，生必有死。自古圣贤，谁能独免"的道理并不困难，然而，在现实生活中，要想将抽象的大道理与具体的人生实践真正结合起来，转化成一种超然大度的人生态度，却并非易事。试想，生活中又有多少人能够真正乐天委命，直面人生呢？究其原因，主要是人们难以舍弃功名利禄。陶渊明既不求生前之名，又不求身后之誉，因而其顾虑就没有那么多。他不妄求功名利禄，不祈求登仙长生，不留恋官场富贵，不计较人生得失。正因为能够做到得失不系于心，是非不萦于怀，陶渊明委运任化的人生态度才是真正的旷达，真正的洒脱！

魏晋玄学思潮兴起之后，道家自然主义在某种程度上稀释了儒家伦理责任，士人以老庄思想为精神依归，追求自然适性、心与道冥的生活方式，但却难以做到。究其根本原因，就是他们做不到委运任化。人生活在现实社会中，衣食住行都受到各种关系的制约。出处去就，时运好坏，吉凶泰否，不可能事事如意，因此便会有失意、困厄、苦闷、悲哀。当人面临生老病死、祸患困厄时，若不能以委运任化的态度去对待，必然会陷入痛苦与怨愤之中，根本无法达到心与道冥的境界。正因为陶渊明真正做到了以委运任化的态度去对待出处进退、穷通泰否，因而在精神上摆脱了人生的困缚。

（三）在自然中怡然自乐

在现实生活中，虽然陶渊明的家境异常困窘，物质条件的困乏给他带来了诸多人生忧患，但他通过走向自然，在自然中消融自己，冲淡、排遣了现实中的诸多人生忧患。他在"采菊""见南山"时，在观照"山气""飞鸟"的美好景观时，仕途、官场"车马喧闹"的混乱，都由于他领悟到了艺术的"真意"，神游天外而被"远""偏"掉了。陶渊明的人生之路就是一条古代士人艺术化的人生之路。如果说老庄道家是此路的构思者与倡导者,那么陶渊明就是此路的实践者。正是在这条艺术人生之路的漫游中,陶渊明把"委运任化"的态度,"安贫乐道"的节操,"返回自然"的人生审美观照集于一身,使自己成为中国文学史上少见的感自己之所感、行自己之所行的"真人"。

陶渊明"优哉游哉"的幸福,来自其"中觞纵遥情,忘彼千载忧"的怡然自乐原则。就魏晋士人与大自然的关系而言,他们大体是在自然中求得一席安身之地,安顿自己的身心。遁迹山野林泉的竹林名士,是借山水的纯真自然、鱼跃鸟啼来排遣心中的压抑与苦闷;金谷宴集的西晋名士们,是让山野林泉为其歌舞宴集增加一点情趣,给现实生活添加一点雅兴;怡情山水的兰亭名士们,是为了借山水之美启迪灵性,极致地表现其文学艺术天赋。尽管兰亭名士面对山水,也觉得赏心悦目,从中得到了美的享受,但他们与自然山水之间还有一段审美与被审美的距离。这种境界还属于有我之境。而陶渊明与兰亭名士的根本差别,就在于他与自然之间没有距离。

在中国文化史上,第一位心境与物境完全冥一的诗人当属陶渊明,他成为自然的一员,既不是旁观者,也不是欣赏者。在陶渊明的诗文中,很少对山川田园之美进行专门的描述,也很少专门描写他从山川之美中得到的感受。其实,山川田园,一草一木,就在其生活中,自然而然地存在于其喜怒哀乐里。陶渊明笔下的山川草木，不是士人眼中充满雅趣意味的美，而是淳朴的农家自然景色，或者说是人与自然融为一体的环境。他所描述的山川田园在其生活里，在其心里，而旁人尽可以体味到他在其中的美之感受。陶渊明的诗文中饱含着诗人对山川田园的眷恋。那是他的山川，他的田园，他在生命本真的意义上是万物冥合为一的。

《归园田居》五首的首篇云：

> 少无适俗韵，性本爱丘山。
>
> 误落尘网中，一去三十年。
>
> 羁鸟恋旧林，池鱼思故渊。
>
> 开荒南野际，守拙归园田。
>
> 方宅十余亩，草屋八九间。
>
> 榆柳荫后檐，桃李罗堂前。
>
> 暧暧远人村，依依墟里烟。
>
> 狗吠深巷中，鸡鸣桑树颠。
>
> 户庭无尘杂，虚室有余闲。
>
> 久在樊笼里，复得返自然。

陶渊明的《归园田居》描述了万物冥合为一的景色，村落、炊烟、田野、月色、山涧、榛莽，无不与陶渊明的心灵相通。他就生活于如此安静的山野间，一切是那样的自然，那样的合理，那样的真实，那样的永恒。心灵与自然完全融合在这永恒的真实之中。陶渊明不仅找到了安身的家园，而且找到了心灵的寄托。

陶渊明《饮酒》二十首之五云：

> 结庐在人境，而无车马喧。
>
> 问君何能尔，心远地自偏。
>
> 采菊东篱下，悠然见南山。
>
> 山气日夕佳，飞鸟相与还。
>
> 此中有真意，欲辩已忘言。

《饮酒》是陶渊明弃官归隐后陆续写成的一组五言古诗，他在诗中大多直抒胸臆，挥洒真情。这组诗共二十首，而这一首的格调最为娴雅有致。这首诗充分体现了心与道冥、物我冥一的大和谐。人与菊、山、鸟和谐地存在着，仿佛宇宙原本就是如此安排的。"天籁"本来就无法言说，也无须言说，一落言筌，便会破坏了这心物交融的和谐之美。这应当就是庄子所悟的"天地有大美而不言"的最高境界。

陶渊明这种"优哉游哉"的幸福，源自其"采菊东篱下，悠然见南山"的艺术人生的审美观。他在"采菊东篱下，悠然见南山"的同时，突然悟出"此中有真意，欲辩已忘言"，指的也就是对这种美的发现和他对审美过程中所获得的消遣、快乐、忘我的陶醉。

陶渊明的一生可谓"半耕半读"。读书是其人生的一大乐趣，这在其诗文中有充分的表达，例如，"少学琴书，偶爱闲静，开卷有得，便欣然忘食""好读书，不求甚解，每有会意，便欣然忘食""乐琴书以消忧""委怀在琴书"，等等。对陶渊明而言，读书既是一种消遣，也是一种"消忧"取乐的手段。颜延之在悼词中说陶渊明"心好异书"，从中"得知千载"，通古观今，以达到对现实的超越。

陶渊明生活的时代，名士辈出，许多人通过寄情山水以求得解脱，能像陶渊明这样彻悟的，确实少见。"竹林七贤"的放浪山水，更多的是借山水自然来抒发自己的不平与牢骚，以排遣无可奈何的苦闷。然而，在山水自然中，他们得到的主要是感官上的一时快乐和忘却，作为一种解脱也只是短暂的、感性的。如果说大多数名士寄情山水、乐守田园还只是一种不得已的权宜之计，那么陶渊明寄情山水则是一种发自其生命的人性追求。他是真正从尘网中解脱出来而回归自然，享受自然的。他超越了当时名士对山水自然的认识，进入一个更高的境界。陶渊明是真正的回归自然，连读书、漫游、饮酒、种田都是本性之需求，山水田园之乐，对他来讲已不是一般意义上的感官享乐，而是一种心灵的契合、内在精神的折射。

第六章

唐人的乐观豁达

　　唐朝是中国历史上国力最强盛的朝代之一。生逢煌煌盛世的唐人，尤其是年轻书生，大都有一股奋发向上的强烈进取精神。他们意气风发、充满活力、自强不息，渴望施展才华、建功立业。正如李白《将进酒》一诗中所言："天生我材必有用，千金散尽还复来。"

　　除了建功立业，唐代士人的人生选择是多种多样的，不求功名也可逍遥自在，大诗人孟浩然就是典型。孟浩然生当盛唐，他洁身自好，不乐于趋承逢迎，曾经屡次拒绝朋友伸出的援引之手，甚至与本州采访使韩朝宗约好了一同入京，最终还是喝得酩酊大醉，结果韩公等得不耐烦而赌气独自走了。正如唐朝众多具有隐士倾向的读书人一样，孟浩然的隐居并不凄苦，他反倒生活得颇为滋润，李白曾经称赞其"红颜弃轩冕，白首卧松云"。只有在物质充裕、精神愉快、环境宽松、情绪坦然、个性自由的唐代社会背景下，士人们才能生活得满足、轻松、乐观、豁达，才会尽情享受生活。

一、吟乐诗的寓情于乐

诗歌和音乐就像一对孪生姊妹，同源于劳动，从诞生之日起就有着不可分割的血缘关系。古人云："哀乐之心感，而歌咏之声发。"（班固《汉书·艺文志》）"情动于中而形于言，言之不足故嗟叹之，嗟叹之不足故咏歌之。"（郑玄《诗大序》）这些言论都表明了诗与乐之间的密切联系。因而可以这样说，没有音乐就没有诗歌。

（一）诗乐的融合

诗乐融合可谓源远流长，中国最早的一部诗歌总集《诗经》，实际上就是一部可以入乐歌唱的歌词集。据统计，《诗经》中吟咏的乐器有鼓、应、田、箫、管、琴、瑟、笙等二十九种，涉及音乐演奏的也不少于十次。《史记·孔子世家》中就有"三百五篇，孔子皆弦歌之，以求合韶、武、雅、颂之音"的记载。西汉开国皇帝刘邦的《大风歌》——"大风起兮云飞扬，威加海内兮归故乡，安得壮士兮守四方"，也曾"令沛中儿童百二十人，习而歌之"。[1]

到了唐代，诗乐的融合可谓更加完美。薛用弱《集异记》曾记载诗人王昌龄、高适、王之涣等一起欢聚宴饮，比赛歌妓讴诗中谁的诗入歌词者多之事。由此可见，唐代诗歌入乐的情况应当

1　〔宋〕李昉等：《太平御览》第五六六卷，上海古籍出版社 2008 年版。

是比较普遍的。唐代的咏乐大师们通过个人对音乐的理解与独特感受，用语言的形式呈现出音乐的状态，或悲惋凄清，或沉隐哀怨，或激情洋溢。

唐代繁荣的音乐文化生活给人们提供了浓厚的音乐氛围，上至帝王将相，下至士庶黎民皆喜爱音乐。"唐之盛时，凡乐人、音声人、太常杂户子弟隶太常及鼓吹署，皆番上，总号音声人，至数万人。"（《新唐书·礼乐志》）这就说明，盛唐时期，从宫廷贵邸到市井巷陌，还有军营、寺院、山林，都存在着一片音乐之声。在唐代的仪式庆典、应酬唱答、消遣娱乐等诸多方面，音乐都扮演着极其重要的角色，事实上，音乐已经成了一种大众化的文艺形式。在这样的时代浪潮中，富有才情的诗人们自然而然地将自己的诗文创作与音乐旋律结合起来，自觉或不自觉地将音乐作为自己的吟咏对象。

在浓郁的音乐环境中，唐代的许多诗人都精通音律，有的甚至就是音乐家。如王维的音乐造诣相当高超，看图便知画中人奏何乐曲，并且他善于弹奏琵琶，时常抚琴；李白能歌善舞，常携古琴，并喜弹丝品竹；白居易酷爱音乐，精于乐理，通晓多种乐器，家中有乐工、歌妓不时演奏歌唱。白居易还是一位音乐评论家，他具有极高的音乐鉴赏能力，并形成了一套成熟的个人音乐美学思想。白居易的许多诗歌都是能唱的，如《琵琶行》《长恨歌》就都能唱。除此之外，还有李贺、吴融、张祜、方干、顾况、韩愈、李益、杜牧、李商隐、温庭筠等大批诗人，也都是洞晓乐

理、爱好音乐的典范。如吴融的《李周弹筝歌》云："年将六十艺
转精，自写梨园新曲声。"诗中的"写"应为谱写，即谱写新作古
筝曲。

诗人如果精通音乐，在进行诗歌创作的过程中，往往就会自
觉地照顾到乐工歌唱的需要，从而在声律上做充分的准备。因而
唐代诗人才华横溢，很多人在音乐艺术上有很深的造诣，这是唐
代音乐和诗歌结下不解之缘的前提条件。

（二）追怀故乡故国之愁思

在人类的情感中，爱情与亲情是永恒的主题，故土和亲人是
永远的牵挂，而音乐则像一根线，会在不经意间勾起诗人们追怀
故乡故国的情怀。

高骈《塞上寄家兄》中有"笳声未断肠先断，万里胡天鸟不
飞"，王昌龄《从军行》中有"烽火城西百尺楼，黄昏独上海风
秋。更吹羌笛关山月，无那金闺万里愁"。这些诗歌通过极力铺陈
音乐的感染力，表达了守边将士们对家人的眷恋，读来动人心魄。

思念故乡往往是身在异乡者的一种情怀，唐代音乐同样能勾
起和升华游子的思归之情。如王表《成德乐》云："赵女乘春上画
楼，一声歌发满城秋。无端更唱关山曲，不是征人亦泪流。"这首
诗表达了诗人思念家乡的情感，家对于他们来说不仅仅是一个温
暖的归宿，还代表着心灵的栖息地。岑参《秋夜闻笛》亦云："天
门街西闻捣帛，一夜愁杀湘南客。长安城中百万家，不知何人吹
夜笛。"这首诗描述了作者在千里迢迢之外的高空明月下，以千丝

万缕的思绪，来表达自己对故乡的思念。作者用长安城的百万灯火来衬托自己的孤寂，更能说明对家乡思念之心切。

（三）抒发怀才不遇之慨叹

建功立业、忠心报国是唐代士人的期望。当期望落空之时，唐代诗人们往往借助音乐的表现力，在诗中表达自己报国无门、怀才不遇的感慨。

音乐既可以消解人们心中的苦闷，也可以引发人们心中的愁苦。李白《观胡人吹笛》云："胡人吹玉笛，一半是秦声。十月吴山晓，梅花落敬亭。愁闻出塞曲，泪满逐臣缨。却望长安道，空怀恋主情。"诗中写道，诗人于愁苦中听到《出塞》的乐曲，泪水顿流，沾湿了自己的帽缨。回头遥望那通往长安的大道，慨叹自己空怀着眷恋君主的衷情。白居易作为唐代著名的大诗人兼音乐家，把诗与乐抒发情志的功能发挥到了极致。他通过琵琶女弹奏自己的心声，联想到了自己的贬谪遭遇，发出了"同是天涯沦落人，相逢何必曾相识"的心灵呐喊。

王昌龄的《箜篌引》曰："有一迁客登高楼，不言不寐弹箜篌……九族分离作楚囚，深溪寂寞弦苦幽。"他把楚囚比喻为迁客，迁客登高以望远，想要表达自己内心的感慨，所以才"不言不寐"，独自弹箜篌来吐纳内心的苦闷，同时也表达了作者心中愤愤不平，满腔心事无处诉说，只有通过音乐来表达和传递的苦恼。

杜甫的《咏怀古迹》有"千载琵琶作胡语，分明怨恨曲中论"这样的诗句。作者听到琵琶声就联想到了昭君出塞，诗中所说的昭君怨恨其实就是作者本身想要表达的情绪。

历朝历代，过于感性的诗人们在仕途上都是郁郁不得志的，因而他们的命运也大多坎坷，然而，文学也因此成就了他们，让诗人们在历史的长河里灿若星辰。

（四）表达知音难得之苦闷

高山流水遇知音，人生能得一知己足慰平生了，这是人之共识，何况多愁善感的诗人？这种不同于爱情、亲情的友情，超越了人世间任何的感情，生死可托，心灵可通，是极为珍贵的人类情感。有鉴于此，能够在茫茫人海中遇到、找到知己，也就成为诗人们一生的追求和向往。

孟郊在《赠姚怒别》中说"闻君郢中唱，始觉知音难"，在《伤歌行》中称"弹琴不成曲，始觉知音倾"，在《哭秘书包大监》中哭诉"始知知音稀，千载一绝弦。旧馆有遗琴，清风那复传"。知音本来就难觅，稀而又稀的知音又撒手人寰，怎能不让诗人痛哭失声？杜甫《南征》感叹"百年歌自苦，未见有知音"。诗中弹琴和唱歌的动作在这里其实就是一种孤芳自赏的情操，这也是诗人自知知音难遇的情结所怀有的失落和苦恼。

武元衡的《听歌》有"满堂谁是知音者，不惜千金与莫愁"，李白的《月夜听卢子顺弹琴》亦有"钟期久已没，世上无知音"。这些诗句更是直言不讳地倾诉期望遇上知音，但知音难觅的感慨。

（五）表达对美好生活之向往

音乐可以净化人的心灵，诗歌可以启迪人的智慧。咏乐诗不仅能抒发愁思、苦闷的情绪，更记录了生命中美好的瞬间，起到陶冶性情、引人向上的作用。韩偓《南亭》曰："更有兴来时，取琴弹一遍。"体现了其日常生活中的雅人深致。白居易把弹琴作为必修课，其《朝课》云："蕊珠讽数篇，秋思弹一遍。从容朝课毕，方与客相见。"其物我两忘的境界可见一斑。李咸用在《秋晚》中说："斜阳山雨外，秋色思无穷。柳叶飘干翠，枫枝撼碎红。鬓毛看似雪，生计尚如蓬。不及樵童乐，兼葭一笛风。"这首诗的前四句虽然描绘了晚秋时节柳衰枫红的景色，让人感受到诗人鬓毛如雪、生计如蓬的生活，但字里行间却并没有悲伤的情绪。贾至的《勤政楼观乐》："银河帝女下三清，紫禁笙歌出九城。为报延州来听乐，须知天下欲升平。"就充分表达了诗人对太平盛世的肯定与向往。

　　唐代诗人们拥有丰富的思想、复杂的情感、精湛的乐识，他们以自己全面的才华赋予了这个时代的诗歌别具一格的题材内容，不仅使音乐与诗歌完美结合起来，而且也赋予了音乐不同的思想和情感。唐代咏乐诗把诗歌融入音乐，内容更加丰富，形式也更加丰满。

二、李白高雅的行乐观

　　李白（701—762），字太白，号青莲居士，又号"谪仙人"，绵州昌隆县（今四川省江油市）人，是唐代伟大的浪漫主义诗人，被后人誉为"诗仙"。他与杜甫并称为"李杜"。其人爽朗大方，爱好饮酒作诗，喜欢交友。

李白拥有远大的抱负与乐观的情怀。他自幼好学，"五岁诵六甲，十岁观百家""十五观奇书"，并"好剑术""遍干诸侯"，具有建功立业的强烈政治抱负。二十五岁前，李白已经游历了蜀中不少名胜古迹。蜀中雄伟壮丽的山川，培育了李白开阔的襟怀、豪放的性格和对大自然的热爱。后来，他"辞亲远游"，怀着"济苍生，安社稷"的宏大抱负，开始了大半生的游历生活。他的《上李邕》云：

> 大鹏一日同风起，扶摇直上九万里。
> 假令风歇时下来，犹能簸却沧溟水。
> 世人见我恒殊调，闻余大言皆冷笑。
> 宣父犹能畏后生，丈夫未可轻年少。

年轻时的李白胸怀大志，非常自负，又深受道家哲学的影响，心中充满了浪漫的幻想和宏伟的抱负。大鹏是《庄子·逍遥游》中的神鸟，是李白诗赋中常常借以自况的意象，它既是自由的象征，又是惊世骇俗的理想和志趣的象征。在这首诗的前四句，诗人寥寥数笔，就勾画出一个力簸沧海的大鹏形象，这也是年轻诗人自己的形象。李白自喻为奋飞直上青云的大鹏鸟，抒发自己要使"斗转而天动，山摇而海倾"的远大抱负。

　　对人生自我价值的肯定，是李白的思想个性中最突出也最能感染人的一点，即使途经再艰难再曲折的路，他也总抱有希望。在遭受冰雪似的打击之时，在痛苦、愤懑之时，他也写下了如《行路难》所谓的"行路难，行路难，多歧路，今安在"，《将进酒》所谓的"君不见高堂明镜悲白发，朝如青丝暮成雪"等感慨诗句，以倾诉内心的痛苦。李白的乐观情怀让人折服，即使在极度失望中，他也相信"长风破浪会有时，直挂云帆济沧海"，坚守"天生我材必有用，千金散尽还复来"的信念。

　　李白一生不愿"摧眉折腰事权贵"，他虽然仕途不顺，却总是悠游天下，自得其乐，尽显风流高雅。在《春夜宴从弟桃花园序》中，李白抒发了与其诸弟相聚一同歌唱、一同饮酒的情景，让我们从中读出了他快乐的人生状态：

　　　　夫天地者，万物之逆旅也；光阴者，百代之过客也。而浮生若梦，为欢几何？古人秉烛夜游，良有以也。况阳春召我以烟景，大块假我以文章。会桃李之芳园，序天伦之乐事。群季俊秀，皆为惠连；吾人咏歌，独惭康乐。幽赏未已，高谈转清。开琼筵以坐花，飞羽觞而醉月。不有佳咏，何伸雅怀？如诗不成，罚依金谷酒数。

　　该文以清新俊逸的风格，转折自如的笔调，记叙了作者与几个堂弟在桃花园聚会赋诗、畅叙天伦一事，体现了李白高雅的行乐观。

李白有一种豁达、乐观的精神，他认为，正因为人生短暂，才更应珍视生命，爱惜光阴。"秉烛夜游"，是因为他觉得美景是春天对自己的恩赐，他感到能和兄弟们一同咏歌、高谈、观花、赏月并举杯畅饮，乃最大的乐趣！

一直以来，有人认为李白有"及时行乐"之人生态度，其实这是对李白人生观的误读。例如，李白《将进酒》有"人生得意须尽欢，莫使金樽空对月"的诗句，让人感觉他似乎就是一个放荡不羁、醉生梦死、"及时行乐"的人。但李白的人生态度并非如此简单。《梦游天姥吟留别》中写道："惟觉时之枕席，失向来之烟霞。世间行乐亦如此，古来万事东流水。"其中李白所言"行乐"，是另一种含义。这首诗说明，仙境倏忽消失，梦境旋即破灭，诗人终于在惊悸中返回现实。"古来万事东流水"，包含着诗人对人生的几多失意和深沉的感慨。此时此刻，诗人感到最能抚慰心灵的是徜徉山水的乐趣。这也就是《春夜宴从弟桃花园序》中所谓的"古人秉烛夜游，良有以也"。

李白所谓的"及时行乐"，其实就是"享受生活的快乐"，而"享受生活"不是"享乐主义"。李白的快乐跟我们平常所说的快乐并不一样，这就涉及快乐的层次。文中有句"不有佳咏，何伸雅怀"，其中一个"雅"字，就能让人悟出一种富有趣味的高雅之乐。

诗人李白与堂弟们在桃花园夜宴，究竟有哪些可乐之事？这其中应当主要包含"四乐"：春景秀美，风光旖旎为一乐；兄友

弟恭，尽享天伦为二乐；各具才情，幽赏高谈为三乐；佳咏申怀，
纵兴释怀为四乐。

在桃李芬芳的季节，与自己的几位堂弟一起行游于醉柳清烟
的园中，映现在诗人眼中的是无限的阳春风光。众人谈笑风生，
摆酒设宴，四处春花飘香，清风轻轻拂来，席间各赋新诗，作不
出诗来的要罚酒三斗，一时间笑声盈盈，确是人生一大乐事！

其一，兄弟赏景之乐。宴会的目的是叫兄弟们一起前来赏桃
花，按常理，赏花应当在白天，晚上是看不清花的。桃花在晚上
是不能用视觉去细赏的，李白用了一个字"芳"，这是十分恰切
的，因为赏花者在晚上主要通过嗅觉来感受桃花香气。从赏景的
角度看，桃花与月亮是大自然中最美好的景色，"春花秋月""花
前月下"，李白坐于花丛中畅谈，醉倒在月光下，让我们感受到的
是人融入自然的一种状态。李白这种拥抱花月的趣味不就是于景
中体味出来的雅乐吗？

其二，兄弟会谈之乐。尽管李白与堂兄弟谈论的内容并不清
楚，但他说："群季俊秀，皆为惠连；吾人咏歌，独惭康乐。"言
外之意是说，来的都是贤人，不是一般的凡夫俗客。谢灵运和
谢惠连是堂兄弟关系，两人都是很有才华的贤人，此处既表明
了来宾与自己的关系，也说明来者皆是雅士。堂兄弟给李白带
来的不是我们常人所谓的"天伦之乐"的叙旧和聊家常，而是
艺术创作中的灵感，"惭"字很大程度上提高了兄弟们的"文化
层次"。

李白与堂兄弟"高谈转清"，高谈是纵兴高谈，一般谈话一开始什么都谈，终究会言不及义，谈到最后就没了兴趣。但是转到"清谈"，就是清雅的话题，是人生的哲理。可见，来客的层次以及与之谈论带来的快乐是与世俗不同的。

其三，兄弟宴饮之乐。"琼筵"指的是有精美食物的筵席。李白用"琼"来形容筵席，用美玉来形容其美好。在李白看来，坐在如花一样的贤才、雅客当中，与他们畅饮是何等快乐！说人品如花是有传统的，《孔子家语》中有一句"与善人居，如入兰芝之室"，花正是形容人的美德。

李白与堂兄弟们行酒如"飞"，快乐尽情释放，"不知人醉了，还是月醉了！"由此可见，李白的快乐心情是无与伦比的。

实际上，"羽觞"是一种酒器，它很容易让人想起《兰亭集序》中"流觞曲水"那场堪称历史上最高雅的盛会，流觞体现这样一种古风。"飞"与"羽觞"搭配是能体现出雅乐的。雅乐的一个特点就是它和艺术创造紧密联系着，"酒"和创造相联系。李白与堂兄弟们宴饮，其间他们"咏歌"，倘若有人作诗不成，就要按照当年石崇在金谷园宴客赋诗的先例，谁咏不出诗来，罚酒三杯。"不有佳咏，何伸雅怀"，一个"雅"字可以展现李白的雅乐。

虽然《春夜宴从弟桃花园序》的篇幅不长，却能令人有回味无穷之感，它既体现了李白鲜明的高雅之乐，也表达了李白热爱生活、热爱生命的人生追求和积极乐观的人生态度。

三、杜甫草堂诗的自适

杜甫（712—770），字子美，自号少陵野老，祖籍襄州襄阳（今湖北襄阳），一般认为他出生于巩县（今河南巩义）。他是盛唐时期伟大的现实主义诗人。代表作有"三吏"（《新安吏》《石壕吏》《潼关吏》）、"三别"（《新婚别》《垂老别》《无家别》）等。他一生写诗一千五百多首，诗艺精湛，被后世尊称为"诗圣"。杜甫忧国忧民，人格高尚，有"致君尧舜上，再使风俗淳"的宏伟抱负。他热爱生活，热爱人民，热爱祖国的大好河山；他疾恶如仇，对朝廷的腐败、社会生活中的黑暗现象都给予揭露和批评。杜甫在人们心目中似乎是个苦难的人，其实不然。除了不满现实之外，日常生活中，他是个很会调整心态、能够适应各种生活环境的乐观之人。

作为"诗圣"，杜甫的诗歌不仅质量高超，而且数量惊人，说明他既聪明又勤奋。杜甫曾用"读书破万卷，下笔如有神"的诗句表达了自己对于诗歌创作的心得。

（一）穷困之中的意兴不衰

众所周知，杜甫的物质生活条件向来比较困顿，诗名与困顿构成了杜甫生活的巨大反差，使其心理难以平衡。为了生活，他除了写诗发牢骚、散怨气外，还需要善于调整心态，在平淡甚至贫困的日常生活中寻找快乐，因而他时常用"打油诗"的腔调描述自己的贫困生活。他曾在一首诗中写道："鸡鸣风雨交，久旱云亦好。杖藜入春泥，无食起我早。"没饭吃而被饿醒，本是一件苦事，但在杜甫的笔下却成为能够养成早起习惯的好事，这无疑需要非常乐观的心态。

　　乾元二年（759）七月，杜甫辞掉华州司功的官职，带领全家流落到秦州（今甘肃天水市）艰难度日。此时他虽然面对着生活的巨大压力，但他没有一味叫苦叫穷，反而写道："囊空恐羞涩，留得一钱看。"意思是当钱袋即将告空之时，千万要剩下一个铜子别花掉，要让它来看家，否则"面子"实在过不去。从中我们可看出其乐观主义精神！这既反映了杜甫的幽默，也体现了其精神。他在叹息贫穷时，又往往感叹贫穷的"好处"。这就体现了他用乐观态度来支撑精神，以心态求得平衡。有资料显示，胡适先生最早发现并评说了杜甫的这种幽默性格。他在所著《白话文学史》书中，说杜甫"在贫困之中，始终保持一点'诙谐'的风趣"，"终身在穷困之中而意兴不衰颓，风味不干瘪"。唯其"有这一点说笑话做打油诗的风趣，故虽在穷饿之中不至于发狂，也不至于堕落"。生活困顿的杜甫也许就是靠着这种幽默风趣，才能顽强地走完自己的风雨人生路，以辛勤为笔、心血为墨，留下了光照千古的诗篇，获得了"诗圣"的桂冠。

（二）栖息草堂而自适

　　自适诗是杜甫诗歌的一类。杜甫栖息草堂时期，写了不少的自适诗，反映了其乐观自适的本性。杜甫栖息草堂，生活虽然清贫，但却相对稳定，于困苦中总算找到了一块可以暂时栖身的地方，故而他摆脱世俗功利羁绊后欢心愉悦的心情溢于言表，琐事成吟，呈现出疏放率真之趣。如《独酌》有"薄劣惭真隐，幽偏得自怡"的诗句。心境的变化使诗人暂且忘掉了世间的烦忧，过起了田园山林的隐居生活。从这种意义上讲，草堂自适诗才是真正意义上的自适诗，呈现出独特情趣与韵味。

杜甫栖息草堂时，在儒、释、道等多元文化思想影响下，回归了自适本性，走上了返璞归真之道。诗人居住于清丽幽僻的浣花溪畔，成为一个有闲情逸致的人，其间他创作了大量自适诗，呈现出恬淡清丽的独特风格，体现了其情趣的高雅与审美的细腻。杜甫在对自然外物和日常生活的诗意品味中，深刻体验着生命的本真意义，渐渐开释了生命的烦忧。

草堂的建成，不仅结束了杜甫漂泊不定的生活，更为诗人提供了写诗的灵感，草堂的一草一木也因此成为杜甫诗歌中一个重要的组成部分。如《卜居》："浣花溪水水西头，主人为卜林塘幽。"《堂成》："背郭堂成荫白茅，缘江路熟俯青郊。桤林碍日吟风叶，笼竹和烟滴露梢。"杜甫这个时期的诗歌展现了草堂优美清新的环境，呈现出诗人的满足与喜悦。《楠树为风雨所拔叹》有"沧波老树性所爱，浦上童童一青盖"的诗句，这是描写草堂前的楠树，杜甫深爱此楠树，经常在树下吟诗。

草堂成为亲人们团聚、安居的地方，这让杜甫的心灵稍得安宁。至德元载（756）八月，杜甫为安史叛军所俘沦陷在长安时，曾作《月夜》表达对妻子的思念，此诗情感真挚："何时倚虚幌，双照泪痕干？"通过诗句，我们可以看出他想念着妻子，期盼着夫妻团聚。在社会大动乱中，家破人亡是寻常事情，骨肉重聚反而似乎是不可思议的了，一家人相见时，彼此恍若梦中，可谓悲喜交加。历经磨难后，夫妻家人终于团聚在草堂，杜甫的幸福和满足是不言而喻的。《江村》："自去自来梁上燕，相亲相近水中鸥。老妻画纸为棋局，稚子敲针作钓钩。"这首诗给我们呈现了杜甫与家人团聚的幸福。离乱时期，没有什么比亲情更能慰藉诗人了。

杜甫对草堂是充满了感情的，由于经历了太多的漂泊不定，能够有草堂这个避风港，让杜甫感到十分的满足。然而，他这种满足是完全不同于陶渊明《归园田居》所展现的那种"方宅十余亩，草屋八九间。榆柳荫后檐，桃李罗堂前"之怡然自足的闲适心境的。杜甫由草堂想到了更多，他不是一个沉浸在个人生活的自了汉，让他得以安居的草堂引发了其更深广的思考，他身上体现了传统士人的强烈忧患意识。

杜甫寓居草堂的次年秋天，一场大风卷走了草堂顶上的茅草，屋漏偏逢下雨，他写下了著名的《茅屋为秋风所破歌》："安得广厦千万间，大庇天下寒士俱欢颜，风雨不动安如山！"杜甫前后用七字句，中间用九字句，句句蝉联而下，而表现阔大境界和愉快情感的词如"广厦""千万间""大庇""天下""欢颜""安如山"等等，构成了铿锵有力的节奏和奔腾前进的气势，恰切地表现了诗人从"床头屋漏无干处""长夜沾湿何由彻"的痛苦生活体验中迸发出来的奔放的激情和火热的希望。他发出了由衷的感叹："呜呼！何时眼前突兀见此屋，吾庐独破受冻死亦足！"这充分体现了杜甫深广的胸怀，抒发了其忧国忧民的情感，反映了其推己及人、舍己为人的高尚风格。

四、白居易的闲适之乐

白居易（772—846），字乐天，号香山居士，又号醉吟先生，祖籍太原，生于河南新郑。他是唐代三大诗人之一，他的诗词流传至今的有三千多首，数量居唐代诗人之首。其诗歌题材广泛，形式多样，语言平易通俗，有"诗魔"和"诗王"之称。代表诗作有《卖炭翁》《长恨歌》《琵琶行》等。

白居易自幼勤于读书，有件事说明他在读书上所下的深功夫：由于念书太多，他嘴唇磨破了，长了口疮，但他也不中断念书；由于写字太多，他手臂上磨起了一层厚茧，但他也不中断写字。勤奋加聪明，使他很早就成名了。十五岁时，白居易到长安游学，他带着自己的诗稿去拜访著名学者顾况。顾况见他是个乳臭未干的后生，难免有点轻视。当他看到诗稿上白居易之名时，不禁说道："长安米贵，居大不易！"但顾况还是认真阅读了白居易的诗稿。当他看到开篇第一首诗歌《赋得古原草送别》时，不由得读出声来："离离原上草，一岁一枯荣。野火烧不尽，春风吹又生。"

闲适诗和讽喻诗是白居易的两类重要诗作，二者都具有尚实、尚俗、务尽的特点。他的闲适诗强调"知足保和，吟玩性情"，从而表现出淡泊平和、闲逸悠然的情调。白居易的闲适诗以浅切平易的语言风格、淡泊悠闲的意绪情调，屡屡为人称道，其中也体现了他"先务身安闲，次要心欢适"的生活态度。

（一）提倡知足，追求保和

在白居易的诗文中，"闲""适"二字出现的频率是相当高的，"闲适"一词基本涵盖了白居易后期人生哲学的全部。

闲适的人生境界是白居易所向往的。他笔下的"闲"有三个意思：一是安静、清静、宁静，这种"静"是与"闹"相对而言的。白居易喜欢安静、清静，不喜欢喧嚣，希望能在尘世的喧嚣中保持一种宁静的心境，并以宁静的内心来体会和感受日常生活中蕴藏的美。如《仙游寺独宿》中有诗句："幸与静境遇，喜无归侣催。"二是"身闲"，即通常的闲。白居易视富贵如浮云，以名利为外物，投闲置散，省分知足。如其《闲居》诗中写道："心足即为富，身闲乃当贵。富贵在此中，何必居高位？"三是"意闲"，这是更高境界的闲，如"是时心境闲，可以弹素琴"，"地贵身不觉，意闲境来随"等诗句就是其典型的表述。

白居易笔下的"适"也有三层含义：一是身体的快乐舒适。白居易经常在诗中渲染那种慵懒生活之快适之感，在处理身与心的关系时，他往往是从身体的快适而达到心灵的愉悦。正如其《适意二首》其一所言："置心世事外，无喜亦无忧。……人心不过适，适外复何求。"二是性情的自由舒适。其《山雉》说"适性遂其生",即万物按其本性最适合自己的方式,过一种自由自在的生活。三是心理的安宁舒适。白居易诗中多次提到心安,正如《出城留土》所谓"我身本无乡,心安是归处"。总之,在白居易看来,"闲"的真谛在于无累于物,清静自由;"适"的意义在于选择最适于自己的方式生存,从而内心安定知足。

白居易主张人应当安分守己,承认命定,识分知足。这正如其诗《松斋自题》所言:"才小分易足,心宽体长舒。"《咏怀》诗曰:"知分心自足,委顺身常安。故虽穷退日,而无戚戚颜。……穷通不由己,欢戚不由天。"这些诗句都表达了白居易知足常乐的思想。白居易深知自己无力改变命运,只有调整自己的心态,以自觉顺应既成事实。其实,这也是传统国人对于人生的共识,恰如林语堂所言:"一个强烈底决心,以摄取人生至善至美;一股殷热的欲望,以享乐一身之所有,但倘令命该无福可享,则亦不怨天尤人。这是中国人'知足'的精义。"[1]

就白居易的"知足"而言,主要体现为两个方面。

首先,满足于日常的生活条件。白居易之"知足"主要体现在对物质生活的自足。物质方面,白居易没有太大的奢求,只要实现了温饱,不再需要为基本的生存问题而奔波、忧虑,他便已经很知足了。

其一,对衣食住行等生活条件的满足。白居易对衣食住行极为关注,这除了他来自生活的切实体悟之外,还可能受到当时流

1 林语堂:《吾国与吾民》,陕西师范大学出版社 2002 年版,第 50 页。

行的禅宗思想的影响，如"饥来吃饭，困来即眠"（大珠慧海），
"热即取凉，寒即向火"（长沙景岑），"平常心是道"等诗句无不
体现了这种意蕴。《寄张十八》最典型：

> 饥止一箪食，渴止一壶浆。
>
> 出入止一马，寝兴止一床。
>
> 此外无长物，于我有若亡。
>
> 胡然不知足，名利心遑遑。
>
> 念兹弥懒放，积习遂为常。

这首诗中有四个"止"字，恰如其分地表达了白居易对衣食住
行最基本的要求，简而又简，重在实用，不奢华，不侈求，知足自
适，并习以为常。

《松斋自题》亦言：

> 充肠皆美食，容膝即安居。
>
> 况此松斋下，一琴数帙书。
>
> 书不求甚解，琴聊以自娱。
>
> 夜直入君门，晚归卧吾庐。

从这首诗中足见白居易对吃、住都比较知足，从来不会挑剔，
身边伴以琴书，该出门时就出门，该回家时就回"吾庐"，白居易

就是在这种平平淡淡的生活中品味着"闲适"。

其二，满足于慵懒与闲眠的舒适。白居易还通过他的慵懒与闲眠来追求自足的闲适，这应当是他受到了道家的"无为"、洪州禅的"无事"等思想的影响，以及遥承了陶渊明等魏晋名士风流的结果。

白居易的《春眠》诗云：

> 况因夜深坐，遂成日高眠。
> 春被薄亦暖，朝窗深更闲。
> 却忘人间事，似得枕上仙。
> 至适无梦想，大和难名言。

由这些诗句可见，白居易不分季节，不论昼夜，懒懒散散，不去耗费脑子思虑各种心内心外之事，即卧即眠，随心所欲，一无挂碍。他不像魏晋玄学名士那样或者弹琴，或者锻铁，却自觉、自信、自喜比魏晋名士嵇康更"慵"。白居易不为俗物所纠缠，也无须借助外物，只倚重心中的"调伏"。毋庸置疑，他的慵懒与闲眠，不仅仅是一种外在的身体姿势与行为，更是一种独处的方式、自觉追求的闲适精神。

白居易早期的闲适诗，充分显示出其对物质生活的知足。当然，他的这种知足是建立在保障基本生存条件的基础之上的。正如其《知足吟》所云："樽中不乏酒，篱下仍多菊。是物皆有余，非心无所欲。吟君未贫作，因歌知足曲。"其实，他所谓的"知足"首先就是衣食无忧。其《官舍小亭闲望》亦云："日高人吏去，闲坐在茅茨。葛衣御时暑，蔬饭疗朝饥。持此聊自足，心力少营为。"《松斋自题》还说："充肠皆美食，容膝即安居。"这些诗句都表达了白居易对衣食住行等物质层面的"知足"。

除了物质生活上的知足，白居易还有精神层面的知足，如《闲居》云："心足即为富，身闲乃当贵。"足见白居易能获得精神知足，除了个人修养的因素之外，借助的是老庄的道家思想与南宗禅等禅宗思想。

白居易生活的时代，政治上风云变幻，祸福难料，但在当时的政治斗争中，他能够置身局外，宠辱不惊。"知足"就是他在复杂的环境下保持心情欢适的诀要。正如《序洛诗》所云："实本之于省分知足，济之以家给身闲，文之以觞咏弦歌，饰之以山水风月，此而不适，何往而适哉！"白居易的闲适诗，无不令人感受到一颗强烈的"知足"之心。正是因为有了"知足"心，才能做到进退自如，即使遭遇不顺心甚至厄难，他也能退一步想，泰然处之。白居易的"知足"心之一大特征就是以不足为满足，或者说，从不足中寻求满足。这也体现了一种高妙的生活态度，值得人们借鉴。

其次，保持心志的和顺。保和，即保持心志和顺，身体安适。常言道，"不如意事常八九"。人世间的苦与乐、成与败往往纠结在一起，这些都让人身心俱疲，正如白居易《秋山》诗所言："人

生无几何,如寄天地间。心有千载忧,身无一日闲。"面对如此的
人生困境,又该如何自处呢?白居易主张"委顺",其《归田三
首》其三云:"形骸为异物,委顺心犹足。"白居易"保和"的目
标是身闲心适,其《咏怀》说:"知分心自足,委顺身常安。"

《适意二首》其一曰:

> 置心世事外,无喜亦无忧。
> 终日一蔬食,终年一布裘。
> 寒来弥懒放,数日一梳头。
> 朝睡足始起,夜酌醉即休。
> 人心不过适,适外复何求!

不执着,不斤斤计较,不给自己施加压力,"不以物喜,不以
己悲",置心于世事之外,一切烦恼都归于"空虚"。不必锦衣玉
食,一觉睡到自然醒,夜里一醉方休,把所有的不快都抛到九霄
云外去吧,"心适"才是最重要的。《隐几》:

> 身适忘四支,心适忘是非。
> 既适又忘适,不知吾是谁。
> 百体如槁木,兀然无所知。
> 方寸如死灰,寂然无所思。
> 今日复明日,身心忽两遗。

白居易就是在这平淡无奇的日常生活中寻求精神解脱和内心宁静的。

"身闲心适"是白居易所追求的"保和"的目标，他将儒释道三教融合，积极主动地调适自己的心灵世界，同时又不放弃高雅的情趣与独立自由的人格，把委顺自然、乐天安命的闲适境界看作最理想的人生状态。

（二）追求闲情雅趣

白居易随遇而安，旷达超迈，善于调适自身与环境的关系，不为外物所围，努力追求"闲适"的境界。

首先，白居易追求闲居之雅。白居易随遇而安，同时又对自己的居所十分讲究。正如葛立方在《韵语阳秋》中所说："白乐天所至处必筑居。在渭上有蔡渡之居，在江州有草堂之居，在长安有新昌之居，在洛中有履道之居，皆有诗以纪胜。"草堂陋室也好，高堂华屋也罢，白居易更注重的是居所的环境，他特别喜好山水、松竹等自然景观，最喜欢"静""幽"的环境与氛围。白居易在长安任校书郎时，最初居住在常乐里，有诗《常乐里闲居偶题十六韵》云："谁能雠校间，解带卧吾庐。窗前有竹玩，门外有酒沽。何以待君子，数竿对一壶！"后来又居永崇里，有《永崇里观居》诗："永崇里巷静，华阳观院幽。轩车不到处，满地槐花秋。"这两首诗显示了白居易对竹的珍爱，对"静""幽"环境的情有独钟。他还能够独享"闲居"之趣，而这个"闲"正恰如其分地传达出他对居处的态度。对白居易而言，居住场所不仅是他休憩身心、享受自由的相对封闭自足的空间，更是他的精神家园。

元和十年（815），白居易被贬为江州司马，在江州历时四年有余。有诗《香炉峰下新置草堂，即事咏怀，题于石上》：

> 白石何凿凿，清流亦潺潺。
>
> 有松数十株，有竹千余竿。
>
> 松张翠伞盖，竹倚青琅玕。
>
> ……
>
> 架岩结茅宇，斫壑开茶园。
>
> 何以洗我耳？屋头飞落泉。
>
> 何以净我眼？砌下生白莲。

自然条件辅以人工的巧妙设计，有山有水，有松有竹，有茶园，有白石，有白莲，凡白居易所喜爱者，草堂应有尽有。

其次，白居易喜欢优游山水。白居易喜爱吟咏名山大川、一花一木，因而其闲适诗中也留下了大量的写景之作。在贬谪闲放期间，他也许并非真的在流连光景、优游岁月，而是在逃避现实的苦难，寻找精神的避难所。尽管如此，我们还是能够发现他对"意中山水"的赏玩：

> 闲意不在远，小亭方丈间。（《病假中南亭闲望》）
>
> 有意不在大，湛湛方丈余。（《小池二首》）
>
> 但问有意无，勿论池大小。（《过骆山人野居小池》）

白居易喜爱自然山水万物，触处皆春，方丈之间牢笼万物，强调通过内省体验实现个人与自然之间的亲和谐调，以眼前之所见去细细咀嚼与体味愉悦自身的美。

最后，爱好吟诗饮酒。白居易诗酒并举，尽享诗酒人生。寂寞苦闷时，他往往佯狂诗酒，借助于"酒狂""诗魔"，以释愤解忧；或故作酒脱，用以摆脱现实的逼仄，获得暂时的解脱。如《北亭》："时倾一杯酒，旷望湖天夕。口咏独酌谣，目送归飞翮。"《自咏》："但遇诗与酒，便忘寝与餐。高声发一吟，似得诗中仙。引满饮一盏，尽忘身外缘。"《狂歌词》："劝君酒杯满，听我狂歌词。"由此可见，吟诗饮酒给白居易带来的人生享受无与伦比。

（三）为民造福之乐

与杜甫一样或更甚，白居易一生同情劳苦大众，正如其《卖炭翁》云："夜来城外一尺雪，晓驾炭车辗冰辙。""可怜身上衣正单，心忧炭贱愿天寒。"

白居易退居洛阳的时候，常到龙门香山寺坐禅听经，自号"香山居士"。他时常见到船公下水推船过滩的场景，特别是寒冬时，船夫们赤脚踏碎薄冰，诗人为此难过得落下泪来。他想：一定要修好这条水路，为百姓们解除忧苦。龙门伊阙的河道比较危险，河床不平，时不时有"剑棱"怪石突出水面，有堆积的卵石阻碍水道。来往船筏常触石遇险。人称此地为"八节滩"。

唐武宗年间，已经七十三岁的白居易碰到朋友悲智僧，说到修水路事，二人一拍即合，便携手实施计划。由于筹集的经费不足，白居易不仅拿出了自己的积蓄，还变卖了自己的心爱之物。最后，"八节滩"终于修通了，船筏可以畅通无阻。白居易对这件事十分欣慰，他临终前一年写的《欢喜二偈》中有这么两句："心中别有欢喜事，开得龙门八节滩。"他还挥笔写下《开龙门八节石滩诗二首》，其中一首道：

> 七十三翁旦暮身，誓开险路作通津。
> 夜舟过此无倾覆，朝胫从今免苦辛。
> 十里叱滩变河汉，八寒阴狱化阳春。
> 我身虽殁心长在，暗施慈悲与后人。

伊阙险阻变坦途，穷船工世世代代不忘白居易的恩德。在现今的龙门大桥未修以前，河西岸的白姓人过河到琵琶峰为诗人上坟时，只要说声是诗人白居易的后代，船工马上会笑颜迎送，免收船费。

总之，白居易的一生中，"外以儒行修其身，中以释教治其心，旁以山水风月歌诗琴酒乐其志"（《醉吟先生墓志铭》）。儒释道三教和谐地统一在一起，引导他形成了一种独特的人生哲学。老庄"见素抱朴，少私寡欲""知足不辱""自然适意"的处世之道被白居易充分地吸取，他将道家的处世之道与禅宗"即事而真""平常心是道"的人生理论糅合起来，形成了自己知足常乐、自然清静、恬淡适意的人生哲学。

第七章
宋代理学之乐的转型

　　北宋前期百年内，社会相对稳定，经济颇为繁荣，科学技术取得惊人成就。思想文化领域涌现出大批出类拔萃的人物，如社会改革家王安石、范仲淹等；史学家欧阳修、司马光等；词人苏轼、柳永，黄庭坚等；创造发明家沈括、苏颂、毕昇等。尤其是当时的哲学思想界可谓人才辈出，诞生了"北宋五子"邵雍、周敦颐、张载、程颢、程颐。众多卓越风流人物，同时活跃在北宋历史舞台上，群星灿烂，光彩夺目。他们对北宋哲学思想的发展，尤其是对宋代理学的开创起了重要的作用，可以说延续好几个世纪的"宋明理学"就是由他们开始的。

　　理学是宋元明清时期儒学的主要形态，又称道学。理学产生的政治和经济背景，主要与中国封建社会从前期向后期转折而引起的政治、经济方面的各种变化联系在一起。而理学产生的文化背景，则与外来文化的冲击，即佛教对儒学的刺激和挑战息息相关，理学的出现，实质上就是儒家学说针对佛教挑战而做出的一个创造性的回应。作为一种精神，理学适应当时的意识风貌，自有其价值和意义。如果不将理学看成医治百病的"灵丹妙药",不将理学视为升官发财的"敲门砖",而仅作为一种思想系统,一种文化形态,一种贤人智者的处世良言和谆谆教诲,一种精神世界的创新和拓展,那么,它确实有闪光之处。宋代理学家注重心性修养,寻求孔颜乐处,强调内在的精神之乐。它在塑造士大夫的内心品格与精神的陶冶锤炼方面确实具有积极意义。

一、理学家寻"孔颜乐处"

何谓"孔颜乐处"?孔子说"饭疏食饮水,曲肱而枕之,乐亦在其中矣"(《论语·述而》),他赞叹颜回,"一箪食,一瓢饮,在陋巷,人不堪其忧,回也不改其乐"(《论语·雍也》)。即使生活条件如此简单甚至十分简陋,颜回却仍乐在其中,这是为什么呢?千百年来的读书人都在思考这个问题。据《宋史·道学传》载,周敦颐让受学于他的程颐、程颢二兄弟"寻孔颜乐处,所乐何事","孔颜乐处"从此随着理学的产生、发展而逐渐家喻户晓。

(一)周敦颐追求道德境界之乐

周敦颐(1017—1073),北宋道州营道(今湖南道县)人,原名敦实,为避宋英宗之讳,改名敦颐。周敦颐从小喜爱读书,公元1072年,他来到江西,创办了濂溪书院,设堂讲学,收徒育人。周敦颐将书院门前的溪水命名为"濂溪",并自号濂溪先生,因而由周敦颐开创的理学学派被称为"濂学"。周敦颐作《太极图说》，糅合道家无为思想和儒家中庸思想，提出"无极而太极"等重要命题，实为宋代理学的开山鼻祖。

在宋代理学家中，周敦颐首倡"无欲"之说。他继承并发展了孟子的"养心寡欲"说，提出了自己的"养心无欲"说。对于如何"养心"，周敦颐有其独到的见解，他强调："养心不止于寡焉而存耳。盖寡焉以至于无，无则诚立明通；诚立，贤也；明通，圣也。是贤圣非性生，必养心而至之。"（《周子全书·养心亭说》）孔孟并不完全否定"欲"存在的合理性，只是主张"节欲""寡欲"，而周敦颐对"欲"则是抱着一种明显的否定态度。他强调仅仅"寡欲"还不够，还必须加强寡欲的力度，"寡欲以至于无"，即"无欲"。他认为："无欲则静虚动直。静虚则明，明则通。"（《周子全书·通书·圣学第二十》）周敦颐的"无欲"说的目的是要达到一种高尚的道德境界，仍是建立在对世俗道德的尊重基础之上的。在周敦颐看来，只有"无欲"，人心才能平和，清虚透明，大公无私，没有怨恨，从而达到人伦至乐，天下太平，这是圣人制礼乐、修教化的目的。

对于世俗的功名利禄，周敦颐采取了摒弃的态度，他鲜明地将"愈富贵""欲名利"作为人生的枷锁，向往佛老那种超脱尘世的人生境界。他说："寻山寻水侣尤难，爱利爱名心少闲。此亦有君吾茂乐，不辞高远共跻攀。"（《周子全书·喜同费君长官游》）在周敦颐的著作中，诸如此类的观点比比皆是，这与其"无欲"说是密切相关的。

周敦颐的"无欲"说，从广泛的文化意义上而言，是有其价值的。在变动不居的社会背景下，如何在不断变化的生活起伏中保持、维系心理的平衡，化解人生舞台上贫富贵贱的巨大反差等问题，就成为理学家们亟待解决的问题，也是他们必须思考的问题。而周敦颐的"无欲"说，是一种将儒家入世有为的人生理想与释道超凡脱俗、静泊空寂的意境旨趣融合为一体的理论，恰恰是回应和解答这类问题的一种努力。周敦颐的"无欲"说以"寂然不动"的"纯一"之本心，来明智地对待人生过程中的各种变迁，以"知足""无欲"来化解和平衡世态的炎凉。无欲则"无不足"，无不足自然就会"化富贵贫贱如一也"。事实上，周敦颐本人就是依靠这种超脱达观的理性态度来支撑自己的生活的，这正如他的自述："庐山我久爱，买田山之阴……圃外桑麻林。芋蔬可卒岁，绢布足衣衾。饱煖大富贵，康宁无价金。吾乐盖易足……"（《周子全书·濂溪书堂》）

从先秦儒家的"寡欲"到北宋周敦颐的"无欲"，这是儒家理欲观的一大转变，周敦颐把儒、释、道三家的有关思想吸纳、融合了起来，即把儒家的寡欲、佛教的禁欲、道家的无欲糅合在了一起。

周敦颐对颜子"无欲故静"的境界做了如下描述：

颜子"一箪食，一瓢饮，在陋巷，人不堪其忧，而不改其乐"。夫富贵，人所爱也。颜子不爱不求，而乐乎

贫者，独何心哉？天地间有至贵至爱可求而异乎彼者，
见其大而忘其小焉尔。见其大则心泰，心泰则无不足；
无不足，则富贵贫贱，处之一也。处之一，则能化而齐，
故颜子亚圣。(《周子全书·通书·颜子第二十三》)

由此可见，颜渊的工夫在于化富贵贫贱而为一，能处之一则
体现的是他的思想境界。在周敦颐看来，"无欲"是学做"圣人"
之关键所在，只有"无欲"，才能使人心处于虚静明透的地步，他
强调只有见"大"而忘"小"，才能达到这一境界。见"大"在
于强化精神和道德价值的追求，忘"小"则是淡化贫富贵贱的遭
遇。因为人具备了精神方面的"大"，那就没有必要再计较物质方
面贫富贵贱的"小"了，故能于富贵贫贱"处之一也"。有鉴于
此，周敦颐提出了著名的"道充为贵"说，"君子以道充为贵，身
安为富，故常泰无不足。而铢视轩冕，尘视金玉，其重无加焉尔"
(《周子全书·通书·富贵第三十三》)。"道"的充实在于君子具有
最高的价值。君子的"富贵"体现在身心的安宁，而不是钱财的
富有。

寻"孔颜乐处"乃宋明理学的一贯传统。少年二程曾向老师
周敦颐问学，周敦颐便告知："寻颜子、仲尼乐处，所乐何事！"
但就周敦颐而言，他并没有明白告知学生"何事"究竟为何，而
是将它与"富贵"与否的问题联系起来加以思考，要求弟子们
通过思考来回答颜回为何不爱富贵而乐于贫贱的问题，"独何心

哉？"颜子不为外在的物欲所动，别人视贫贱为困苦，但他不改"安贫乐道"的心境。只有内心修养达到"无欲"的程度，才能够有"安贫乐道"的境界，这种境界相当高妙，一般人是难以企及的，这是颜子被视为"亚圣"的缘故。就此而言，周敦颐所谓"乐"，实指"乐道"，以道为乐。贫困本身并不快乐，但求"道"却是快乐的，如果没有安贫，就难以乐道。故其"亚圣"境界与其君子人格境界相同。在周敦颐看来，"颜回之乐"根本不是贫贱本身有什么可乐，而是指颜回已经达到一种为了理想而超越富贵的精神境界。"颜回之乐"实质上是一种道德境界之乐，即乐在道义上的充实和精神的高尚。

（二）安乐先生的快活

邵雍（1011—1077），字尧夫，谥康节，先为范阳人，后随父迁共城（今河南辉县）。邵雍同当时许多杰出人物相比，具有显著特点，他不求闻达，终生不仕，身居陇亩，心忧天下，埋头著述，撰写《皇极经世书》。邵雍的"人品"为理学家所重，二程称之为"风流人豪"。邵雍自称"平生不作皱眉事"，一生追求安贫乐道，逍遥自适的"乐"之境界。他将自己的寓所称为"安乐窝"，自称安乐先生。富弼、司马光退居洛阳后，帮他买了一所园子，他在其中自耕自食，自得其乐，平日自乘一小车出游，待人和气，笑语终日。如此洒脱的胸怀，时人都很喜欢，君子小人都称其为"吾家先生"。这种风范实际上与理学家所寻求的"孔颜乐处"有相似之处。

邵雍有一首简单而有趣的五绝《山村咏怀》云:"一去二三里,烟村四五家。亭台六七座,八九十枝花。"这就充分体现了他乐天知命、以园林景色和醇酒茗茶自娱的豁达人生态度。

邵雍从年轻时就具有乐观向上的人生态度。他年少时颇有雄才大志,性格慷慨激昂,立志博取功名。他喜读书,勤奋、认真、刻苦,冬不向火,夏不打扇,寐不卧床,夜不枕席,勤奋苦读。成年后,他移居洛阳。初到洛阳之时,他非常贫寒,所居住的房屋四面是用蓬草做成的,不能挡风避雨。他打柴为生,自己烧火做饭赡养父母。虽然总是很穷苦,也没有什么积蓄,但他总是安然自得、充实快乐,这让周围的人都难以理解。

邵雍的名声远扬,曾经担任过宰相的富弼、做过高官的大学问家司马光等贤人先后退居洛阳,他们敬重邵雍儒雅高深的学问,为了方便经常与之在一起交流学问,互相切磋,就集资为邵雍在洛阳市郊置办了宅院。邵雍为自己的宅院起名叫"安乐窝",给自己起了个道号叫"安乐先生"。他依据时节耕种收获,衣食自足。日常生活中,邵雍早早起床焚香,安适地坐着思考问题,到吃晚饭时总要喝三四杯酒,微醉即止,闲暇时就自己吟咏作诗。邵雍有诗云:"夏住长生洞,冬居安乐窝。莺花供放适,风月助吟哦。窃料人间乐,无如我最多。"(《尧夫何所有》)其自得之情溢于言表。

邵雍既是北宋哲学家,又是诗人。邵雍的诗学理念可以被称为"快乐诗学",他以诗言理,而所言之理正是他对快乐问题的思考和体认，因而他的快乐诗学与快乐哲学是互为表里的。他的快乐哲学包含三个层面：人生需要快乐，何谓快乐，怎样快乐。他在《安乐吟》中对"快乐人"有着比较详细的描述：

> 安乐先生，不显姓氏。垂三十年，居洛之涘。风月情怀，江湖性气。色斯其举，翔而后至。无贱无贫，无富无贵。无将无迎，无拘无忌。窘未尝忧，饮不至醉。收天下春，归之肝肺。盆池资吟，瓮牖荐睡。小车赏心，大笔快志。或戴接䍦，或着半臂。或坐林间，或行水际。乐见善人，乐闻善事。乐道善言，乐行善意。闻人之恶，若负芒刺。闻人之善，如佩兰蕙。不佞禅伯，不谀方士。不出户庭，直际天地。三军莫凌，万钟莫致。为快活人，六十五岁。(《伊川击壤集》卷十四)

邵雍在《安乐窝中四长吟》诗中又提出了"快活人"的四大雅好：

> 安乐窝中快活人，闲来四物幸相亲：一编诗逸收花月，一部书严惊鬼神，一炷香清冲宇泰，一樽酒美湛天真。(《伊川击壤集》卷九)

诗、书、酒，都无须解释，唯"一炷香"需加解释，邵雍平生并没有吃斋念佛，此"香"是闲逸安静之谓。在他看来，人需要快活，而快活从何而来呢？人只有心闲逸安静，气韵平和淡泊，兴趣高远优雅了，快活才会不期而至。

邵雍的快乐生活观念是以其深厚的哲学修养为底蕴的，他能够体验"同天"之乐。正因为邵雍能够排除自己对万物的主观意识，做到"以物观物"，所以他才能够保持心灵的活泼和畅快。以物观物，就是按照万物的必然性理解万物。人们一旦懂得了万物的自然性、必然性，其感情就不再因为自我的主观性而产生烦恼。正因为邵雍能"以物观物"，一切顺其自然，他在自己所隐居的"安乐窝"里才谈笑有鸿儒，往来多布衣；酌古论今恢宏江山气度，醉酒吟诗怡然风月情怀。

总之，邵雍快乐的"秘诀"，无非就是超越个人之局限，尽可能地从接近事物本然的立场去观察事物，用超脱了自我的"天下之心"去观察万事万物之普遍的、客观的情与理，因而"其见至广，其闻至远，其论至高，其乐至大"（《渔樵问对》）。这个快乐的"秘诀"，其实就是淡化个人的喜怒哀乐，超然于个体人生的荣辱得失、祸福利弊之上，使主体的心灵处于一种通达的状态，达到一种自由、轻松的境界，这样快乐就会与生命相伴了。

（三）张载提倡精神至乐

张载（1020—1077），字子厚，陕西凤翔郿县（今陕西眉县）人，倡导"气本论"，门人遍布四方，创横渠学派，学者称"关学"。张载的主要著作有《正蒙》《易说》等，后人将其著作编为

《张子全书》。张载高度理解了哲学之乐，其人生态度是"存顺没宁""乐天安土"，其中也蕴涵了其幸福快乐观。

理学家对哲学的快乐有极高的理解，对于他们所理解的哲学使命，张载将其概括为四句话："为天地立心，为生民立命，为往圣继绝学，为万世开太平。"（《横渠语录》）此"四为"箴言，可以视为理学的根本宗旨。所谓"为天地立心"，即哲学家在天地间的地位与责任。天地本无心，人之心即天地之心。哲学家为天地立心，就是对宇宙间的必然性与万物存在的意义加以最大程度的理解。所谓"为生民立道"，指人之所以为人的安身立命之道，亦即人性与人的自由幸福问题。所谓"为往圣继绝学"，指哲学家所肩负的文化使命。所谓"为万世开太平"，指哲学家对人道、对人类未来的责任。张载以"四为"为己任，展示了其崇高的人生抱负，他完全超越了有限的感性快乐，获得了精神的"至乐"。感性快乐是物质的刺激，精神快乐是智慧的创造、理性的升华。

张载提倡"乐天安土"的人生态度，"乐天安土，所居而安，不累于物也"（《正蒙·至当》）。怎样算是乐天安土？儒家强调"乐天知命，故不忧；安土敦乎仁，故能爱"（《周易·系辞上》）。这就是说，乐从天道的安排、知守性命的分限，人就不会忧愁；安于故土、讲究仁义，人就会爱人。所谓乐天知命就是安于自己的现状，相信命运的安排自有其道理，张载指出了"乐天则不怨"的人生道理；安土也不外乎是安乐。这其实也体现了一种"乐观积极"的人生态度与生活方式。

张载虽然一生经历坎坷，逝于贫病之中，但他在严酷的现实中坚持"存顺没宁"的人生态度。在其著名的《西铭》中，他有一大段气势磅礴的话语，最后的总结就是"富贵福泽，将厚吾之生也；贫贱忧戚，庸玉汝于成也。存，吾顺事；没，吾宁也"（《正蒙·乾称》）。世俗社会中，凡夫俗子往往追求富贵福泽，躲避贫贱忧戚。人们将这种趋避活动视作人生的全部内容，因而陷于追求名利、权势的无穷争夺之中难以自拔。在张载眼中，不论富贵福泽，还是贫贱忧戚，都只是人生的状态而已，而不是人生的全部内容，更非人生中最重要的部分。他认为，人生最重要的是能体天之"道"，并坚定地践履之。凡夫俗子所喜爱的富贵福泽，在张载那里不过"厚吾之生也"；凡夫俗子所厌恶的贫贱忧戚，在张载看来倒是一种值得欣慰的人生历练。张载之所以具有这种与平常人完全不同的人生态度，是因为他把人之德性的体悟和发扬作为人生的首务。有鉴于此，人应以豁达的心胸、无所忧闷的心境去承受世间的各种状态，富贵贫贱各有其出现的必然性，对人生皆有益处。富贵时坚行其"道"，贫贱时恪守其"德"，面对死亡亦持之不怠，故而能够心安体亦安。人生状态的不同绝不会动摇张载的崇高理念和远大抱负，这就是其"存顺没宁"的人生态度。

现代人在生活中一般很难认同"存顺没宁"的人生态度。人们往往有一种拥有得越多越好的人生观，追逐名利，永不满足，永无休止。可对实物的占有总是有限的，人之贪欲却无限，因而现代人常常会感到强烈的人生疲惫感。有鉴于此，张载的人生态度仍然具有现实的借鉴价值，其实"存顺没宁"的人生态度，追求的是一种精神性的心安理得，而非世俗生活的心满意足。张载说："至当之谓德，百顺之谓福。德者福之基，福者德之致，无入而非百顺，故君子乐得其道。"（《正蒙·至当》）一个人只有乐得其"道"，循"道"而行，才能获得世俗生活的顺畅，也才能获得真正的人生幸福，而不至于落入无穷无尽的贪欲之中而饱尝人生的痛苦。

（四）二程提倡逍遥闲适之乐

程颢（1032—1085），字伯淳，学者称明道先生，北宋河南（今河南洛阳）人。程颐（1033—1107），字正叔，人称伊川先生。程颢、程颐为同胞兄弟，家居洛阳，世称"二程"，其学又称"洛学"。二程是理学的奠基者，其言论著述后人编为《二程遗书》《二程外书》等，收入《二程全书》。二程使儒学在继孔孟之后进入一个新的发展阶段，他们是南宋儒学一派的开启人，程颢当之无愧地成了后来陆九渊心学的祖师。

二程主张"存理灭欲"，人要安贫乐道，不求富贵。即"若志在富贵，则得志便骄纵，失志则便放旷与悲愁而已"（《河南程氏遗书》卷一）。一个人若志在富贵，得到了便骄纵，失去了便悲观。人只有养心寡欲以至于无欲，心甘清贫，有志于道，方可思而不惑，保存天理，获得内心的安宁快乐。

二程提倡逍遥闲适之乐。"孔颜乐处"是宋代理学家追求的境界，而二程对于"孔颜乐处"的认识，源于其师周敦颐。周敦颐以"孔颜之乐"教授自己的学生，程颢、程颐兄弟从学周敦颐并深受其影响。二程以周敦颐的道德形而上境界之乐为主旨，认真探求，反复体味而达到了"孔颜之乐"的形上境界。在二程兄弟看来，"孔颜之乐"具有道德与审美两种境界，它不仅是指颜回的箪瓢、陋巷形而上的道德境界，而且还包括形而上的审美境界。"吾与点也"就是这种审美境界的体现。当程颐的学生问及"孔颜之乐"的内容时，程颐指出"孔颜之乐"不仅指形而上的道德境界，即"理"的境界，而且包括"吾与点也"的审美境界。

程颢具有道家的人生情怀，其道家情怀似乎是与生俱来的。在十岁时，程颢从周敦颐处问学归来，便有浑然忘我之态，面对清新的大自然，他仿佛是一位被点化的求道者，油然进入生命和心理的最佳状态，自由、充实而又愉怡，他自称有"吾与点也"之意。成年以后，他依然十分喜爱山水自然，常觉得自己置身山水之间，对那种自由生命境界的体悟是绝对充分的。在山水自然间，他能进入"浑然与物同体"的境界，能体味到这种人间"大乐"。

宋明理学家大都十分讲究生活的情趣，留下了许多好诗。程颢有一首《春日偶成》云："云淡风轻近午天，傍花随柳过前川。时人不识余心乐，将谓偷闲学少年。"（《二程集·程氏文集》卷三）这是他从自然中体味到的生机和喜悦，找到的物与我的相通与对应，从而达到一种心灵与万物间的和谐交融境界。其《陪陆子履游白石万固》云：

> 临溪坐石遍岩谷，幽处往往闻丝簧。
>
> 山光似迎好客动，日景定为游人长。
>
> 乘高望远兴不尽，恋恋不知歧路忙。
>
> 人生汩没苦百态，得此乐事真难常。

程颢将融入山水自然的乐趣描述得十分到位。

对于传统国人而言，逍遥闲适是幸福快乐的关键。知足常乐之所以能够在大多数中国人的生活中落实，就是因为中国人不打算为了更多的幸福而放弃闲适。闲适才能慢慢地品玩人生，才能酌酒吟诗。古往今来，充满闲情雅趣的生活一直都是中国人所期望的，比如忙里偷闲，培养自己的兴趣爱好，让自己在平凡生活里找到自己的快乐。其实，闲适对于寻常百姓并不难得，他们整日都在随着日出日落的自然节律安排生活。而对于那些仕宦者，闲暇却并非易得。如果有闲适机会，他就会快乐无比，把这种难得的闲适写成诗，让朋友和自己一同分享闲适的快乐。这种情景，即使是圣贤也不例外。在某种程度上，闲适使中国人懂得了生活的艺术，使其在清贫的生活中尽情享用拥有的一切。

"乐"从何而来？这是理学的一个大问题。周敦颐叫弟子二程寻"孔颜乐处，所乐何事"，就是要求他们回答这个问题。程颐在解释颜回陋巷箪瓢之"乐"时说："箪瓢陋巷非可乐，盖自有其乐

耳。'其'字当玩味，自有深意。"（《二程集·遗书》）并不是贫穷
本身有什么可"乐"的，可"乐"的是"道"，是内心的道德精神
世界"自有其乐"。程颢从其个人实践上回答了这个问题，其《秋
日偶成二首》言：

其一

> 寥寥天气已高秋，更倚凌虚百尺楼。
>
> 世上利名群蚁蝼，古来兴废几浮沤。
>
> 退居陋巷颜回乐，不见长安李白愁。
>
> 两事到头须有得，我心处处自优游。

其二

> 闲来无事不从容，睡觉东窗日已红。
>
> 万物静观皆自得，四时佳兴与人同。
>
> 道通天地有形外，思入风云变态中。
>
> 富贵不淫贫贱乐，男儿到此是豪雄。

就第一首诗而言，所谓的"颜回乐""贫贱乐"，是一种安贫
乐道与乐天知命的生活态度，完全区别于世俗社会以名利占有与
情欲实现为满足的快乐。颜渊之所以居陋巷还能感到无比快乐，
就在于其追求道德人格的自我完善，他是以仁为乐的。就凡夫俗
子与仁者相比较而言，凡夫俗子之乐离不开个人的名利占有与欲

望实现，而仁者之乐却是体验心中之理而道通天地。由于仁者之乐是从自家心性里体会出来的，因而才是真正的"自得"之乐。这首诗充分表达了抛开名利之后的优游快乐人生。

就第二首诗而言，它充分体现了程颢的人生乐趣，那就是心境悠闲，不慌不忙，丝毫没有任何压力。睡眠充分，精神充足，走出户外，以平静的心情去欣赏万物时，会发现其各具特色。春夏秋冬四时，也都有各自的美好风光与特殊胜景，这些都要靠人去品味。人们应该随着四季的变化而享受自然的乐趣。

其实，具体来看，程颢的《秋日偶成》其二主要体现了几层境界：

一是"闲"。"闲来无事不从容，睡觉东窗日已红。"一个"闲"字，点明了快乐的入门之径，即不要太在意生活中的一切。当然，"闲"也并非不去做事，而是要求你不要把生活所需要的一切东西看得太重。面对现实生活中出现的种种不如意，要有一种忘我的境界，即超越生活现实，去现实地生活。

二是"忘"。程颢的这个闲字，其实就是"忘"，只有忘掉现实，才能更好地应对现实。生活总是非常现实的，每个人都被现实中的诸多问题所缠绕、烦恼，每个人的生活都是在努力地解决这些问题，因而人们总是被忙碌和乏味所折磨，难以感受到应有的快乐，即使有时感受到快乐，也往往只是偶尔的一种短暂的闪现，因为短暂快乐之后，又会被新一轮的生活现实所侵袭。如此恶性循环，整天把自己的心思放在应对接连不断的生活现实的冲击上，感受到的只能是身心的疲惫，生活也就毫无快乐可言。有鉴于此，人们要想享受快乐的生活，必须要会"忘"，即忘掉所处的现实，从现实中超脱出去，沉溺于现实永远会被现实所吞没。做到这种境界，就会"闲"，并且能"闲"得住。

三是"静"。如果说"忘"是快乐入门的第一步，那么"静"无疑就是入门后获得快乐需要做的第一件事。"万物静观皆自得，四时佳兴与人同。"这里最关键的就是这个"静"字。这里的"静"并不是说只要静下心来观察，什么东西都能悟得出，实际上这句正常语序应当是"静观万物皆自得"，换言之，只要你排除外界干扰，就可以得到这样的结论：世间万物都是自然而然的，皆自得，即自然而然之义也。只有把快乐作为自然的事，并且按照这样的规律去做，才会真正得到快乐。具体到个人，就是不去做超越自己能力之外的事，也就是说，人要尽其所能而不强其所能。想做到这一点，就必须要"静"，不为外面的东西所扰，也正因为如此，才是最快乐的。

程颢注重自我反省，主张人应当随时检查自己是否真正具备高尚的精神境界，如果真有高尚的道德境界，就是莫大的快乐，即"万物皆备于我，须反身而诚，乃为大乐"。如果"犹是二物有对，以己合彼，终未有之，又安得乐？"（《二程集·遗书·识仁篇》）"二物"指天与人、客观世界与主观自我，"有对"是说天与人还处于对立的状态。只有处于天与人"无对"的这种"天人合一"状态时，才能获得"大乐"，也即"孔颜乐处"的"乐"，而此"乐"完全是一种主观精神世界的快乐。

（五）朱熹提倡怡然自适之乐

朱熹（1130—1200），祖籍徽州婺源（今江西婺源县）。因为他一生的学术活动主要在福建，所以世称朱熹创立的学说为"闽学"，亦称朱子学。朱熹著作十分丰硕，有《四书章句集注》等，后人编纂的有《朱子语类》《晦庵先生文集》等。朱熹作为宋代理学集大成者，继承了二程思想，强调"存天理，灭人欲"和安贫乐道，其提倡的是禁欲主义的幸福快乐观。

朱熹本人具有两种精神情愫，那就是敬和静。敬和静在朱熹那里达到了完美的统一，它们融化在朱熹的言行举止之中。他说："大凡学者，须先理会敬字。敬是立脚去处。"（《朱子语类》卷十二）持敬，就要做到心常惺惺，如履薄冰。朱熹又说："人心常炯炯在此，则四体不待羁束，而自入规矩。"（《朱子语类》卷十二）他把敬作为人生的基点。为何要敬呢？在朱熹看来，"敬"就是"畏"："敬非是块然兀坐……只是有所畏谨，不敢放纵，如此，则身心收敛，如有所畏。"（《朱子语类》卷十二）其实，畏不是什么神秘的东西，从根本上说，畏是一种人心的自觉。

朱熹的风范中，敬又是一种静，所谓静，即一种安详和乐、宁静如一的精神情愫和人格风貌。敬畏虽应该如履薄冰、如临深渊，但不是惧怕、恐慌，不是对外部敌对力量的避之唯恐不及的退缩，而是一种虔敬的接受，一种与之和解熔铸的通达。因此，最终极的敬畏又导致最内在的宁静，并在宁静中呈现出一种人与

天地相参的和悦。其实，和悦与敬畏的和谐如一，就是"诚"与
"乐"。朱熹的风范显然是由这两种情怀交融而成的。在虔敬的言
行举止中透露出来的不是强迫和努力，而是出于天性本于天理的
怡然自适。

　　朱熹颇有读圣贤书的感悟，李侗对其影响极大。朱熹二十四
岁时遇到李侗，此前他学无常师，且兼学佛老，在人生仿效和学
问上都感到彷徨。李侗（1093—1163），从罗公彦学，继而退居
山田，谢绝世故四十余年。高宗绍兴二十三年（1153），朱熹受
业于李侗门下。据记载，当时的生活条件十分艰苦，而李侗仍能
怡然自适。其一生为学慎重凝然，不著书、不作文，安贫乐道，
颇有孔门弟子颜回的风貌。李侗视静为己的生存方式，让他退居
山田，杜绝世故应酬，埋头书堆故纸，身世两忘。他的一生全都
付与儒学钻研，个中清苦可想而知。不过他却认为"食饮或不充，
而怡然自适"。有他的诗为证，"採荆烹白石，接竹引清泉，车马
长无到，逍遥乐葛天"（《全宋诗》第三十二册）。李侗先生还把静
作为治学求道的必要状态。他曾告诉朱熹，"所谓静坐，只是打叠
得心下无事，则道理始出，道理既出，心下愈明静矣"。李侗之静
是种诗情画意的恬淡。他不追求高官，不追求厚禄，不计较生活
水平的高低，一心治学朝圣，完善自我道德。李侗认为天理与人
欲相混杂，只有与现实生活作一隔离，默坐独慎，澄明心境，才
能从滚滚而来的心际欲念中体察出天理。能默坐澄心，体认天理
了，在现实生活中才会不受阻碍，潇洒自如、怡然自得。李侗的

人生说到底是一条"内圣"修养之道，按现在的说法就是追求内心和谐。他这种思想意识对朱熹影响较大。

朱熹对安贫乐道的看法多是重复前人所说，少有新的建树。他说："言君子所以为君子，以其仁也。若贪富贵而厌贫贱，则是自离其仁，而无君子之实矣，何所成其名乎？"（《四书章句集注·论语集注·里仁》）"仁"本来就是孔子儒学的最高范畴，在朱熹看来，"仁"的境界的实现，必须奠基在"胜私欲"以复"天理"之上："为仁者，必有以胜私欲而复于礼，则事皆天理，而本心之德复全于我矣。"（《四书章句集注·论语集注·颜渊》）这种追求仁的过程在儒家看来就是一种至高无上的快乐，而此"乐"又必须奠基在"以道制欲"的基础上。正因为此，"安贫乐道"就成为君子理想人格的必备素质之一。

对此，南宋儒生罗大经的话颇具代表性：

> 吾辈学道，须是打叠教心下快活。古曰无闷，曰不愠，曰乐则生矣，曰乐莫大焉。夫子有曲肱饮水之乐，颜子有陋巷箪瓢之乐，曾点有浴沂咏归之乐，曾参有履穿肘见、歌若金石之乐。周程有爱莲观草、弄月吟风、望花随柳之乐。学道而至于乐，方是真有所得。大概于世间一切声色嗜好洗得净，一切荣辱得丧看得破，然后快活意思方自此生。"（《鹤林玉露丙编·忧乐》）

　　这应是宋人典型的苦乐观。罗大经的说法带有鲜明的理学色彩。在理学家看来，宇宙万物皆有道理，世情万物皆有乐趣。人生有各种各样的自我体验之乐，并非衣食无忧才有乐。人生在世，岂不快活？其间的禁欲主义倾向让人一目了然。

　　不过时代愈往后推移，禁欲主义倾向则愈明显，这是儒家安贫乐道思想发展的趋势。孔子宣扬"一箪食，一瓢饮"的苦行精神，孟子也有过"寡欲"的主张，但尚无明确的禁欲主张。朱熹则有明显的禁欲主义倾向。而后于朱熹的罗大经以"一切声色嗜好洗得净，一切荣辱得丧看得破"方为"至乐"的说法，更为干脆明了。此一趋向把德行的完善与人的贪欲相对立，强调理想人格的境界是排斥个人利益与情欲的。

　　不可否认，当个人处于贫穷境地而又锲而不舍地追求一定的价值目标时，"安贫乐道"对人的积极作用是非常重要的，它起着一种精神砥石的作用。正如当代学者张岱年先生所言："专心致志研究学术的知识分子，不追求声色货利，不谋富贵利达，唯一的兴趣是揭发自然的奥秘，探求人生的准则。历代许多知识分子经常过着清贫的生活，住在简陋的房屋，穿着粗布的衣服，而志气高昂，奋发向上。这是一个可贵的传统。"[1]

（六）胡宏倡导"不介意"快乐论

　　胡宏（约 1102—1161），字仁仲，建州（今属福建）崇安人，北宋著名学者胡安国的季子，学者称五峰先生，著有《知言》

1　张岱年：《文化与哲学》，教育科学出版社 1988 年版，第 321—322 页。

等著作。胡宏在肯定人欲合理的基础上，对于快乐问题提出了自己独到的见解，他提倡"不介意"快乐论。

胡宏强调不以欲为念，不计较利害。在理学阵营中，胡宏是最早肯定人欲合理地位之人，他认为，理欲双方虽然共处，各有其存在的必要，但因反映不同的需要而在利益上互相冲突，欲盛则必定理昏，作为一个道德高尚的君子，应当自觉地摒除物欲的蒙蔽而发明天理。他有诗称："心由天造方成性，逐物云为不是真。克得我身人欲去，清风吹散满空云。"（《全宋诗·次刘子驹韵》）这就是说，人的真正价值追求、人的道德生命在天理而不在人欲。而且过分的欲望不但威胁着天理，在日常生活中，还会干扰人的认识，使人做出错误的判断。

综而观之，胡宏对欲望的看法主要有两个方面，一是从事实方面所给予的肯定回答，无此必不行；二是从价值评价方面看，由于众人的欲望不能节制，所以需要圣人的教化与引导，以期最终达到一种主观上不以欲为念，对外在的利害得失不予计较的心态。"人欲盛，则于天理昏；理素明，则无欲矣。……安死顺生，与天地同其变，又何宫室、妻妾、衣服、饮食、存亡、得丧而以介意乎？"（《胡宏集·知言·纷华》）在胡宏看来，整个世界既然是一个大我，何物非我，何我非物，因而就不应去计较小我。

其实，对于宋代理学家们寻求的"孔颜乐处"，对于"所乐者何事"，胡宏仍然没有正面回答"何事"，但他实际上是将其作为至上的精神境界来看待的，因而他提出并强调了"真乐"的问题：

"饮水曲肱，安静中乐，未是真实乐。须是存亡危急之际，其乐亦如安静中，乃是真乐也。此事岂易到，古人所以惟日日孜孜，死而后已也。"（《胡宏集·与彪德美》）在他看来，安静中的"乐"是容易做到的，因为其此时尚不与人的利害关系直接冲突，因而"安静中乐，未是真实乐"。至于存亡危急之际，能够不为外物所动，始终保持心灵的安静和对理想境界的崇高追求，才能算是"真乐"。

对于胡宏之"真乐"的至上境界的内涵，我们可以从他所引用的孟子言论来认识。《知言·义理》云："孟子论曰：'禹、稷当平世，三过其门而不入，孔子贤之。颜子当乱世，居于陋巷，一箪食，一瓢饮，人不堪其忧，颜子不改其乐，孔子贤之。'孟子曰：'禹、稷、颜回同道。禹思天下有溺者，由己溺之也；稷思天下有饥者，由己饥之也，是以如是其急也。禹、稷、颜子易地则皆然。'"胡宏通过引述孟子的言论来表达自己的思想，他所寄托的至上境界之内涵大致有三：一是禹、稷三过家门而不入、忧天下之所忧、急天下之所急的精神境，突出了拯救天下人于苦难、饥寒的博爱思想和慈悲心怀；二是颜子身处乱世却不随波逐流，能安于贫贱的生活和保持乐观向上的志向；三是贫贱忧戚的生活能够培养锻炼高尚的道德情操，具备了这样的情操，穷时如颜回能够独善其身，达时如禹、稷则能兼济天下，在颜回和禹、稷之间，差别只在于时遇不同而已。将这三层含义总括起来，那就是一种"仁者以天地万物为一体"的宽广胸怀和崇高境界，如果能够到达这种高尚境界，个人的贫富、贵贱、荣辱等等，自然皆被抛之脑后了。如此，还怎能不快乐！

综上，从周敦颐的"道充为贵"到胡宏的不以"宫室、妻妾、饮食、存亡、得丧而以介意"，宋代理学家们都不遗余力地不断阐发、弘扬"孔颜乐处"。但是比较而言，在周敦颐和胡宏之间，伴随着要求的严格化，他们的思想也存在一定的差别。这主要是周敦颐提出"孔颜乐处"时，尚没有明确天理与人欲的对峙，这一问题在张载和二程以后才逐步突出起来。因而宋代理学家的快乐论逐渐与其理欲观密切联系起来，如何看待天理与人欲关系往往直接影响着其对快乐的认识。

二、范仲淹的先忧后乐

范仲淹（989—1052），吴县（今属江苏）人，字希文，北宋名臣，著名政治家、思想家、文学家，其著作被后人辑为《范文正公全集》。他提出的"先天下之忧而忧，后天下之乐而乐"的伟大人生格言，充分体现了其民本思想。他身体力行，一生以人民、国家利益为重，以实际行动去实践"先忧后乐"的光辉思想，为后人所景仰。

（一）先天下之忧而忧，后天下之乐而乐

"先天下之忧而忧，后天下之乐而乐"这句脍炙人口的名言，出自范仲淹的《岳阳楼记》。庆历六年（1046），范仲淹因提倡改革被贬，恰逢他另一个被贬在岳阳的朋友滕子京重修岳阳楼罢，

请他写一篇楼记，他借楼写湖，凭湖抒情，写下了著名的《岳阳楼记》。其中的一段文字说明其气节："予尝求古仁人之心，或异二者之为，何哉？不以物喜，不以己悲，居庙堂之高，则忧其民；处江湖之远，则忧其君。是进亦忧，退亦忧。然则何时而乐耶？其必曰'先天下之忧而忧，后天下之乐而乐'乎！"千百年来，历经不同的历史时代，范仲淹的忧乐观一直为人景仰不是偶然的。因为他在政治上积极进取，具有使命感；在道德观上，忧国忧民，具有爱国主义精神。

范仲淹忧乐观的形成不是偶然的，而是有其自身背景。范仲淹幼年丧父，生活清贫，十岁时靠亲戚资助才得以读书，贫困的家境，坎坷的经历，艰苦的生活状况，磨炼了他的心志。他深刻理解了孟子"生于忧患，死于安乐"的人生哲理。在南都学舍时，他经常对学友言"士当先天下而后个人"。在艰苦的求学生涯中，他已经认识到个人与天下的关系，其"忧""乐"观念已经萌芽。

范仲淹"先忧后乐"的人生哲学既源于儒家，又对其有较大的发展。孔子赞颜回"人不堪其忧，回也不改其乐"，其中就包含着"忧中有乐"的哲理；到了孟子那里，他提出"生于忧患，而死于安乐"的说法，既肯定了"忧中有乐"，又说明了"乐极生忧"的道理。这种忧乐相互制约的哲理，不仅很有见地，而且也很有积极意义。而范仲淹在忧、乐这对矛盾中，抓住了矛盾的主要方面"忧"，提出"先忧后乐"的哲学思想，自成体系。

首先，强调士大夫应当先国之忧。范仲淹在求学时期，就

"慨然有志于天下"(《欧阳永叔集·文惩范公神道碑铭》)。进入仕途后,他以"至诚许国""进则尽忧国忧民之诚,退则处乐天乐道之分"(《谢转礼部侍郎表》),这是强调进亦忧,退亦忧,知进退之分,得去就之理。综观范仲淹一生的仕途,他曾四次做京官,三次遭贬官。范仲淹曾说:"家常饭好吃,常调官好做。"他为国分忧,不做常调官,向来为仕途楷模。

其次,强调士大夫应当先民之忧。忧民是忧国的根本,据叶大发《高邮军兴化县重建范文正公祠堂记》:"昔文正公为士时,已有泽民之志,每谓士当先天下之忧而忧,后天下之乐而乐。"(《范文正公集·褒贤祠祀》)范仲淹曾向神灵发誓:"夫不能利泽生民,非大丈夫平生之志。"(《能改斋漫录》卷十三)他表示要"上诚于君,下诚于民""不以富贵屈其身,不以贫贱屈其志"(《能改斋漫录》卷十三)。范仲淹在《用天下心为心赋》中云:"不以己欲为欲,而以众心为心。""何以致圣功之然哉,从民心而已矣!"范仲淹不是一个口头思想家,而是一个政治实践者,其处处先民之忧,为民着想,造福于民,这可以从其忧民之政绩中充分体现出来。

(二)"先忧后乐"的身体力行

范仲淹一生节俭自律,强调"戒之在得",他之所以如此,是因为他出身贫困,所以才会"忧思深远"。范仲淹正身力行,始终如一,宋仁宗御撰范公碑铭:范公"丧其母时尚贫,终身非宾客食不重肉",且"妻子仅给衣食"。出自皇帝手笔的碑铭是非同一般的赞誉。宋代名士富弼撰《范文正公墓志铭》说:"既显,门中如贫贱时,家人不识富贵之乐。"范仲淹对自己家人的要求是十分严苛的,对他人却"临财好施,意豁如也"(《文正范公神道碑铭》)。《范公言行拾遗录》卷一记载:"公自政府出,归乡焚黄……搜外库,惟有绢三千匹。令掌吏录亲戚及闾里知旧。自大及小,散之皆尽。"范仲淹这种身体力行的"先天下之忧而忧"的精神,如日月行天,足以昭鉴后世。

首先,范仲淹为民兴利除弊。"大通六经之旨"的范仲淹是儒士的典型代表,做官所到之处,都身体力行地造福百姓。天禧五年(1021),范仲淹监泰州西溪盐仓。泰州的海陵、兴化等县,濒临大海,土地肥沃,民众生活富足。后来由于海堤多年失修,潮水泛滥,土壤碱化,好多百姓逃荒异乡。专管盐仓之事的小官范仲淹"越职言事",立即向任江淮发运使的张纶建议修复捍海大堰。范仲淹在为政实践中,可谓时时处处都以"先天下之忧而忧"的诚心为广大黎民百姓的疾苦而呼吁请命,兴利除弊。因而他不仅多次上书,提出了一系列"固邦本""厚民力""以救民之弊"等改革主张,而且躬身力行,积极实践。

范仲淹为官所至,无不采取惠民之政,力争造福于民;或为民请命,减轻百姓负担;或兴修水利,发展农业生产。如明道二年(1033),江淮发生灾害,范仲淹请求朝廷遣使巡行,赈济灾民。他奉命安抚江淮,每到一处,便开仓赈济灾民,严禁淫祀,并奏免庐州、舒州的折役茶,以及江东丁口盐钱。正是从忧民、爱民的仁政思想出发，范仲淹把官吏的廉洁同仁政的推行紧密地联系了起来。基于这种认识，他主张"清心做官"，要"不以己欲为欲，而以众心为心"。他一生言而有信，自奉俭约清廉，"富贵贫贱、毁誉欢戚，无一动其心"。

其次，范仲淹乐善好施，助人为乐。助人为乐是我国传统文化的闪光点，也是做人的美德，需要有一种忘我的奉献精神。范仲淹深谙助人为乐之道，他用自己节省下的俸禄买义田，无私济养了众多宗亲，令人敬佩。

使亲族朋友安乐，使天下百姓安乐，是儒家对仁人君子的要求。而做到这些的关键在于修身，即以德治身。只有具备了内在的修己之功，才会有外在的安人、安民之效。范仲淹认真实践了儒学中关于仁民、爱民而严以律己的政治主张。为长期救济自己的宗族，范仲淹用节省下的俸禄，在故乡苏州"置负郭常稔之田千亩，号曰'义田'，以济养群族之人……择族之长而贤者主其计"（钱公辅：《义田记》）。范仲淹以"博施济众"的精神，一生"乐善好施"，"人有急必济之，不计家用有无"。他用自己的官俸在家乡购置田地1000多亩设立"义田"，以地租赡养同宗族的贫穷者。范仲淹所建造的范氏义庄，对范氏家族中一部分贫苦农民来说，可以助其维持生活，不致逃难外乡。著名的"范氏义庄"，从宋至民国，维持了八九百年，在中外慈善史上皆为罕见。

范仲淹不仅对族人"乐善好施"，而且具有"利泽生民"的宏愿。一次，他购买了文庙一带的地皮，风水先生说那里是块风水宝地，主人家会接连出公卿高官。对于一般人而言，一定会用来建立私宅，让后世子孙兴旺发达。然而，范仲淹却不这样想，他表示，让自己一家子孙尊贵，怎比得上让整个苏州的读书人尊贵！于是，他把这块风水宝地拿出来办了州学，自此，吴中一带文风蔚起。王安石赞誉其为"一世之师"，足为后世楷模。范公可谓当之无愧！

总之，范仲淹一生利国利民利人而不谋个人私利，真正体现了他"先天下之忧而忧，后天下之乐而乐"的崇高人生理念，为中国传统士大夫树立了榜样。这就是范仲淹从北宋迄今一千余年为人们所赞颂的根本原因。

三、苏轼的旷达自适之乐

苏轼（1037—1101），眉州眉山（今四川眉山市）人，北宋文学家、书画家，自号"东坡居士"。他是唐宋八大家之一，与父苏洵、弟苏辙皆以文学著称，世称"三苏"。苏轼是古代风雅之士中最富传奇色彩之人。他在政治上恪守传统礼法，而又有改革弊政的抱负，故在仕途上多经坎坷。他性格豪迈，诗词汪洋恣肆，清新豪健，开创豪放一派。他心胸坦荡，在书法上虽取法古人，却又能自创新意，充满了天真烂漫的趣味。同时，他善绘画，喜作枯木怪石。苏轼自称平生有三样不如他人，那就是喝酒、下棋、唱曲子，但其在诗文、书、画方面却名垂后世。

在个人生活方面，苏轼秉持道家适性潇洒、自由自在的人生观，这让他成了一个无往不乐的人。林语堂在其所著《苏东坡传》的序言中写道："我写《苏东坡传》并没有什么特别理由，只是以此为乐而已。"这说明林语堂是以"以此为乐"的情趣和态度来写苏东坡的，只有以这种态度所写出的苏东坡，才能够像苏东坡，因为"一提到苏东坡，在中国总会引起人亲切敬佩的微笑"。苏东坡是个"无往而不乐"的人，他坎坷一生，几度起落，为什么却总能"无往而不乐"？他自己在《超然台记》那篇文章中做了回答，他告诉人们："超然物外"才能无往而不乐。

苏轼具有独特的个性——旷达、豪放、任性、风流，既桀骜清高又随遇而安，既对人生命运无奈又充满了乐观。无论是在大自然中，还是在平淡无奇的日常生活中，他都以艺术家的眼光发现了许多美，发现了生活的情趣韵味。正因为此，尽管他的命运极为坎坷，充满悲剧色彩，但他却活得无比充实，洒脱逍遥，令人钦羡。

（一）超然物外的人生态度

人们之所以乐少悲多，根本原因就在于拘泥于物欲。苏轼主张人应当"游于物之外"，保持内心的绝对平静。正如其《宝绘堂记》所言："君子可以寓意于物，而不可以留意于物。寓意于物，虽微物足以为乐，虽尤物不足以为病；留意于物，虽微物足以为病，虽尤物不足以为乐。"苏轼强调人不可"留意于物"，这就表明了苏轼对待"物"的态度。他主张对待物的正确态度应当是"超然物外"，既不能成为物的奴隶，也不要"得之则喜，丧之则悲"。

《超然台记》是苏轼的一篇散文，反映了他超然物外的人生态度。他说："凡物皆有可观。苟有可观，皆有可乐，非必怪奇伟丽者也。"在苏轼看来，任何事物都有可观赏的地方，不必非得是怪异、新奇、雄伟、瑰丽的景观。吃酒糟、喝薄酒，都能够使人醉，水果、蔬菜、草木，都可以充饥。以此类推，"吾安往而不乐？"苏轼认为，人们之所以要追求幸福，避开灾祸，是因为幸福可使人欢喜，而灾祸却使人悲伤。他强调"人之所欲无穷"，而"物之可以足吾欲者有尽"，如果美好和丑恶的区别在胸中激荡，选取和舍弃的选择总在眼前交织，那么"可乐者常少，而可悲者常多"。这就叫作求祸而辞福。追求灾祸，躲避幸福，难道是人们的心愿吗？苏轼强调，这是因为"彼游于物之内，而不游于物之外"。人们局限在事物之中，而不能自由驰骋在事物之外，就受到外物的蒙蔽。事物本无大小之别，如果人拘于从它内部来看待它，那么没有一物不是高大的。这往往会令人眼花缭乱。因此，心中充满美好和丑恶的区别，于是"忧乐出焉"，这不令人非常悲哀吗？

这篇文章说明，超然于物外，就可以无往而不乐。《超然台记》用"乐"字贯穿全文，先写如果超然于物外，即使在困苦的环境中，也有可乐的东西；如果不能超然于物外，则乐少悲多。他正面写乐，反面写悲，悲是乐的反面，既写乐的反面，终不离乐字。全文以"乐"字为主线，贯穿始终。苏轼认为，人应当把一切事物都置之度外，无所希冀，无所追求，与世无争，随遇而安，这样就不会有烦恼，就会成为一个知足常乐的人。

苏轼不"留意于物"，故而他不为物所累，不为物所迷惑，并且不贪慕荣华富贵。他三游赤壁，寄情江山风月，释放精神压力。他被流放岭南，不因生活穷困而懊丧，而是从"千山动鳞甲，万谷酣笙钟"的壮美山色中寻找到心灵的抚慰。苏轼能"游于物之外"，因而能齐荣辱、等贵贱，"无往而不自得"。

苏轼所处的宋代，儒释道三教合一，儒家、道家、佛教的思想文化对他的影响都是显而易见的。苏轼接受了儒家正统思想的教育，年轻时奉行"学而优则仕"的信条，有远大的志向，有宏伟的目标，积极进取。然而，踏入仕途之后，政治迫害纷至沓来，理想抱负难以施展。为排解内心的郁闷，苏轼又交游僧道，他兼采儒、释、道三家所长，融合成复杂的内心世界，形成了自己独特的人生观。仕途坦荡，他便积极进取，"兼济天下"；仕途受阻，他便"独善其身"，于佛老思想中寻求精神上的解脱。晚年的苏轼遭遇了更多的不幸，这使他在生活上越来越多地吸收佛、老思想，作为处逆为顺、安以自适的一种手段。他齐生死、一毁誉、轻富贵，随缘自适，超然物外，更加努力追求"物我相忘，身心皆空"的境界。

（二）随缘自适的乐观性格

在曲折的人生道路上，苏轼能够随遇而安与其乐观性格也是密不可分的。林语堂在《苏东坡传》原序中说："苏东坡是一个不可救药的乐天派"，"他一生嬉笑歌唱，自得其乐，悲哀和不幸

降临，他总是微笑接受"。他的随和、大度，使所有人都能够与
他亲密地相处。在"乌台诗案"发生前，全家人都为苏轼担心而
哭泣，可他却笑着说了一个故事安慰他们："在宋真宗时代，皇
帝求贤。有人就推荐了名儒杨朴。杨朴尽管十分不情愿，但不得
已，仍在护卫之下启程前往京师去晋见皇帝。皇帝问道：'听说你
会作诗？'杨朴否认。他只想掩饰自己的才学，不愿做官。皇帝
又问：'朋友们送你来京时，有没有赠送给你几首诗？'杨朴回答
道：'没有，只有拙荆作了一首。'皇帝又问：'可以告诉我吗？'
于是杨朴把临行时妻子做的诗念了出来：'更休落魄贪酒杯，且莫
猖狂爱咏诗。今日捉将官里去，这回断送老头皮。'"苏轼还跟妻
子开玩笑，让妻子也像杨朴妻那样作一首滑稽诗给他送行。家人
听了故事，心里才稍安。

　　苏轼热爱生活，具有爱人之心，他非常珍视亲朋师友之间的情
谊，对人生和美好事物执着追求，至死不渝。他晚年时仍然童心不
老，自谓"精深华妙，不见老人衰惫之气"，这是因为他以心理上
的年轻，抵消了生理上的衰老。苏轼非常乐观，宽容大度，胸怀坦
荡，看淡功名利禄，对一切得失、荣辱都视同儿戏，一笑了之，
所以人们都非常喜爱他。苏轼的性格直接影响到其创作，从其作
品中，人们可感受到一种旷达豪迈之感。苏轼博学百家，善于广
采博引，并不为一家之见所障目，而是取众家之所长，化为己用。
他的开朗性格又帮助他摒弃众学之糟粕，乐观精神在他身上得到
充分表现，使他成为独异于众的乐天派诗人。

苏轼也感叹人生的无常，正如其诗句所言"四十七年真一梦，天涯流落泪横斜"。世事一场大梦，人生几度秋凉。面对悲凉的人生，苏轼没有走向悲观主义，而是主张淡化功名利禄，把进退出处、贵贱贫富，视为不以人的意志为转移的天命，应当任凭大自然的安排，专心追求内心的宁静和平，达到一种达观的人生境界。

面对人生的种种失意，苏轼拿日常生活中的常理来自譬自解，以此自我调适，使心理趋向平衡。其《泗州僧伽塔》诗曰：

> ……
>
> 耕田欲雨刈欲晴，去得顺风来者怨。
>
> 若使人人祷辄遂，造物应须日千变。
>
> 我今身世两悠悠，去无所逐来无恋。
>
> 得行固愿留不恶，每到有求神亦倦。
>
> ……

此诗写出了生活中的一个普通道理：人人都有自己的愿望，如果每个人的愿望都要实现，那么造物主一日中便须千变万化，这当然是完全不可能的。有鉴于此，人们只有随遇而安。这就是苏轼对待挫折、对待逆境的达观态度。

苏轼用随缘自适的处世之道去对待贬谪生活中的一切困难。他认为"口体之欲，何穷之有？每加节俭，亦是惜福延寿之道"（《与李公择书》之十）。在极其困难的境况下，随缘自适的人生哲学总能给苏轼以心灵的抚慰，林语堂的《苏东坡传》中讲到，苏轼曾在雪堂的墙壁上写下四道警告，以便日夜观看：

> 出舆入辇，蹶痿之机。
>
> 洞房清宫，寒热之媒。
>
> 皓齿娥眉，伐性之斧。
>
> 甘脆肥浓，腐肠之药。

对于一般人而言，失去了原本属于自己的种种享受，本来会觉得痛苦，而豁达的苏轼却反而感到幸运。这就是随缘自适给他带来的快乐与满足。

苏轼超然旷达的个性是逐渐形成的，超然旷达是"东坡精神"的精髓。元丰三年（1080），苏轼被贬为黄州团练副使。刚到黄州时，苏轼生活困难、没有薪俸，居无定所。老友马正卿实在看不过去，替他请得城东营防废地数十亩，让他耕种、造屋。苏轼与妻子王氏同甘共苦，在东坡开荒种地，他赞扬这东坡如同山石般坎坷坚硬的道路。他把东坡看作自己个性的象征。辛苦一年后，苏轼在东坡旁筑了一间书斋，将其命名为"东坡雪堂"，从此自号"东坡居士"。

苏轼著名的《定风波·莫听穿林打叶声》就是由此而来的：

> 莫听穿林打叶声，何妨吟啸且徐行。竹杖芒鞋轻胜

马，谁怕？一蓑烟雨任平生。

　料峭春风吹酒醒，微冷，山头斜照却相迎。回首向
来萧瑟处，归去，也无风雨也无晴。

　　这首词作于苏轼贬谪黄州后的第三个春天。那一天，苏轼因
去沙湖相田，途中遇到了大雨，而雨具已被打前站的人拿走。同
行的人都因为无法避雨而狼狈不堪，唯独苏轼毫不在意，好像什
么都没有发生过一样。苏轼就是以"一蓑烟雨任平生"的态度来
对待人生道路上的不幸与灾难的。在苏轼看来，不管是风吹雨打，
还是阳光普照，一旦过去了，便都成了虚无。这也反映了他不随
物悲喜的人生态度：在逆境时不悲观失望，处顺境时也不沾沾自
喜，始终保持内心的平和，只有这样，才能在荒凉的环境中平静
地生活下去。

　　官场中的苏轼似乎总与主流派唱反调，显得颇为不合时宜。
这大概是他非常看重自己的政治理想和社会责任，不肯同流合污
所致。然而，生活中的苏轼却舒心自适，随遇而安，几乎达到了
无可无不可的境界。苏东坡以坦荡的胸怀、达观的态度、随缘自
适的心态去对待人生道路上一个又一个的风浪，给后人留下了一
份丰厚的精神财富。

　　（三）以雅事为乐

　　"人生异趣各有求"，对于苏轼来说，其异趣不是富贵，不是
功名，而是"琴棋书画诗酒茶"等雅事。

首先，苏轼将读书与写作视为至乐之事。在文学艺术的瀚海中遨游，是苏轼平生之快事，正如李之仪所言："明窗净几，笔砚纸墨皆极精良，是人间之至乐。"（《为杨元发跋东坡所书兰皋亭记》）苏轼自己也说："某平生无快意事，惟作文章，意之所到，则笔力曲折无不尽意，自谓世间乐事无逾此者。"（《春渚纪闻》卷六）这些可以作为苏轼审美人生的极好概括。

苏轼的很多诗亦谈到读书的乐趣，读书可以说是他终生不变的生活习惯，是他战胜苦难的精神支柱之一。"公尝言观书之乐，夜常以三鼓为率，虽大醉，归亦必披展，至倦而寝"（《春渚纪闻》卷六）。苏轼晚年贬谪海南，因条件所限，无书可读，偶尔得到柳子厚文，便倍觉珍贵，于是，横看侧看，敲骨吸髓，何止八面，恐怕每个字都要反复玩味，如同荒漠中的饥渴者得到有限的一泓清水，是不舍得一口尽吞的。在黄州时，尽管生活极端艰苦，苏轼仍然每夜读书，甚至痴迷。

《道山清话》有一则苏轼以读书为乐的逸闻：东坡在雪堂，一日读杜牧之《阿房宫赋》凡数遍，每读彻一遍，即再三咨嗟叹息，至夜分犹不寐。有二老兵，皆陕人，给事左右。坐久，甚苦之。一人长叹操西音曰："知他有甚好处？夜久寒甚，不肯睡，连作冤苦声。"其一曰："也有两句好（音吼）。"其人大怒，曰："你又理会得甚底？"对曰："我爱他道：'天下人不敢言而敢怒！'"叔党（苏过）卧而闻之。明日以告，东坡大笑曰："这汉子也有鉴识！"老兵能引赋中文句，道自己心声，确有见识。由此也可知苏轼读书之痴迷。

其《读孟郊诗二首》其一云：

夜读孟郊诗，细字如牛毛。

寒灯照昏花，佳处时一遭。

孤芳擢荒秽，苦语余诗骚。

水清石凿凿，湍激不受篙。

初如食小鱼，所得不偿劳。

又似煮彭蚏，竟日嚼空螯。

……

从诗句中，我们能感受到苏轼阅读孟郊诗时的状态，他时而像一个饥饿者，大快朵颐，时而又像一个美食家，细细品味。"初如食小鱼，所得不偿劳。又似煮彭蚏，竟日持空螯。"这就展现了苏轼读书时的饥渴、贪婪之态。如有美感之时，苏轼会深感愉悦："寒灯照昏花，佳处时一遭。"读到佳处、美处，那种审美之愉悦是难以言表的。

读书对于苏轼而言，绝不是辛苦之事，而是乐事，他经常说："旧书不厌百回读，熟读深思子自知。"读书对于仕宦者，像是天涯倦客忽见清清的溪水一样，虽不能从此彻底摆脱仕宦的尘埃，却可使心灵得到短暂的休憩。

苏东坡无疑是中国文学史上一位泰斗级的人物，他一生创作了大量诗词歌赋，为后世留下了大量脍炙人口的作品。他的散文文风浑厚自然，如行云流水一般顺畅，也如大海一样广博。后世敬仰其创造的文化精神世界，将其喻作"苏海"。苏轼之所以在文学创作上有如此之高的成就，除了天资之外，也应当与其勤奋好学，以读书、创作为乐有着密切的关系。

其次，苏轼以书画等艺术创作为乐。对于多才多艺的苏轼来说，审美的愉悦，其范畴相当广泛，书法、绘画、古董、金彝，无不精通。在书法方面，苏轼擅长行、楷书，与黄庭坚、米芾、蔡襄并称书法"宋四家"。他曾遍学晋、唐、五代名家，得力于王僧虔、李邕、徐浩、颜真卿、杨凝式，而自成一家，自创新意。其书法用笔丰腴跌宕，有天真烂漫之趣。在绘画方面，苏轼擅长画墨竹，师从文同（即文与可），但其画风更加简劲，且具掀舞之势。其作画很有奇想远寄，强调神韵，不拘形似，真诚抒发胸中意趣。苏轼论书画均有卓见，论画影响更为深远。在才俊辈出的宋代，苏轼在诗、文、词、书、画等许多方面均取得了登峰造极的成就，可谓中国历史上少有的文学与艺术天才。

再次，苏轼以闲饮品茗为乐。凝神静气、闲饮品茗是中国人的一大雅事。茶是很多中国人开始一天生活的必需品，虽然柴米油盐酱醋也代表人间烟火，但它们不像茶，常可以入诗，能让人品出许多雅趣和情致。

苏东坡之所以喜欢喝茶，与其生活环境、人生经历是密不可分的。苏东坡出生于四川眉山，而四川的佛道、茶道都非常有名。

苏轼的父亲苏洵喜欢与僧人交游，母亲程氏笃信佛教，佛家思想、饮茶习惯让少年苏轼耳濡目染。苏东坡受佛道高人的影响，一生与"茶道"结下了不解之缘。

苏轼一生嗜茶胜过爱酒，以品茶为乐。品茶能够体现出文人的喜好，苏轼精通品茶的流程与茶器的选择，他把品茶作为增添生活乐趣的方式，并自乐其中，兴致盎然。茶叶、茶器、茶水、茶香、茶末等，都可以给他带来生活趣味。

仕途受挫后，苏轼更以品茶为乐。每到贬谪之所，生活虽然清苦，但他能以饮茶为乐。其诗句中有不少论及品茶之乐的。如他在黄州所作《寄周安孺茶》中称，他一直安于清贫，"由来薄滋味，日饭止脱粟"，而且对茶之优劣也从不讲究："何尝较优劣，但喜破睡速。"其《种茶》一诗也认为，南中所产贡茶虽然名贵，但啜饮之后，还是不及自己在山间所种之茶味道甘美："千团输大官，百饼衔私斗。何如此一啜，有味出吾圃。"他在《试院煎茶》中更是直言："我今贫病常苦饥，分无玉碗捧蛾眉。"也许，在苏轼遭遇人生挫折和不公的时候，就会拿出自己的茶器，泡上一壶好茶，以此来增添生活的乐趣，抑制人生的消极情绪。

尽管文人雅士品茶时，大多很讲究茶器的品质，但对苏轼而言，即使用简陋的茶器品饮，也会感到满足与快乐。他说："且学公家作茗饮，砖炉石铫行相随。不用撑肠拄腹文字五千卷，但愿一瓯常及睡足日高时。"在苏轼看来，幽居闲置之时，饱食安眠之后，如果再啜饮上一杯清茶，更是一种生活的快乐、人生的享受。

正如他的《游惠山并叙》其三所言："吾生眠食耳，一饱万想灭。颇笑玉川子，饥弄三百月。岂如山中人，睡起山花发。一瓯谁与共，门外无来辙。"其《和蒋夔寄茶》亦云："临风饱食甘寝罢，一瓯花乳浮轻圆。"无论生活环境如何，茶器的质量怎样，苏轼都很享受品茶的乐趣。

古往今来，在生死场上镇静自若、笑向刀斧丛的英雄并不少见，但在残酷的政治打击面前仍能谈笑风生、畅怀高歌的文学家却并不多见，苏轼便是极特殊的一个，他可谓"活得精彩"！正如《答孙志康书》所言："祸福苦乐，念念迁逝，无足留胸中者。"苏轼所谓的"一念清净，染污自落。表里翛然，无所附丽"的境界，就是一种无拘无束、自由自在、获得了极大自由的人生境界。

四、宋代士人的人生乐趣

宋元时期，乐心说比较流行。所谓乐心，"乐"是快乐，"心"指审美主体的心灵世界。用今天通俗的表述，就是强调艺术给予心灵的审美愉悦。宋代士大夫"乐心说"的审美内涵，与当时的审美趋势是互为表里的，传统的艺术观念逐渐趋向追求个性和自由，因而使乐心说呈现出某些与传统观念不同的时代特色。

（一）隐士的归隐之乐

隐士情结是中国数千年来绵延不绝的一种独特的人文现象。那些信奉老庄、崇尚精神的绝对自由、自视清高、出淤泥而不染的人，他们自愿归隐田园，身处空谷，怡然自得。隐士情结代表着超然不羁的人生态度。

在文人的笔下，山川一直是清新可人的。陶渊明所描绘的桃花源，恰似人间仙境。韩愈有篇《送李愿归盘谷序》极受苏轼的推崇，其中勾勒出一幅令人神往的归隐图：

> 穷居而野处，升高而望远，坐茂树以终日，濯清泉以自洁。采于山，美可茹；钓于水，鲜可食。起居无时，惟适之安。与其有誉于前，孰若无毁于其后；与其有乐于身，孰若无忧于其心。

尽管文人笔下的归隐生活充满休闲与浪漫气息，但实际上的隐居生活远没有这般逍遥自在，有得必有失，当一个人挣脱了官场的束缚，摆脱了俗务的烦恼后，也同时意味着舍弃了稳定的俸禄，抛弃了优越的生活条件。有鉴于此，古代不少士人归隐于僻静的山野，虽然得到了身心的自由，却又难免被生计问题所困扰，因而隐士的身心自由，往往是以清贫的物质生活为代价的。

宋代的隐士如同闲云野鹤，其随性与自得令人叹服。北宋林逋自幼刻苦好学，通晓经史百家。他性情孤高，对功名利禄没有兴趣。他曾漫游江淮间，因喜欢西湖美景，后隐居杭州西湖，结庐孤山。他经常驾小舟游历西湖周围的寺庙，以诗会友，与高僧交往。每逢客人到来，叫门童子纵鹤放飞，林逋见鹤必棹舟归来。

大中祥符五年（1012），宋真宗闻听林逋名声，赐以粟帛，并诏告府县关怀慰问他。人们大都劝他出仕为官，均被其婉言谢绝，他自称"志之所适，非室家也，非功名富贵也，只觉青山绿水与我情相宜"。林逋终生不仕不娶，只喜欢植梅养鹤，自谓"以梅为妻，以鹤为子"，人称"梅妻鹤子"。林逋天资聪慧，擅长作诗，其诗风格澄澈淡远，多写西湖的优美景色，反映其隐逸生活与闲适情趣。然而，令人遗憾的是，他作诗随就随弃，从不留存。林逋可谓中国历史上自得其乐的隐士典范之一。

元朝陶宗仪的《辍耕录》中记载了宋代隐士吕徽之自食其力的快乐。隐居深山的吕徽之博学多才，能诗善文。问其问题，天文地理，无所不知。但他安贫乐道，不为名声所累，耕种捕鱼，自食其力。有一次，他带着纸币去一富豪家换谷种，当时正下大雪，他站在门口，无人理睬他，他自己走到庭前，听到东阁中有人正在分韵作吟雪之诗，其中有人轮到"藤"字，苦思冥想，不能吟成，吕先生听着不禁失笑。阁中吟诗者便派人出来斥问。吕先生起身并不搭腔，阁内那些人觉得奇怪，便一同出来察看，众人看吕徽之身穿粗布短衣，脚穿草鞋，便有意要寻他的开心，后见其出言不凡，便恳切邀他以"藤""滕"二字赋诗。吕徽之提笔写下：

> 天上九龙施法水，人间二鼠啮枯藤。
>
> 鸶鹅声乱功收蔡，蝴蝶飞来妙过滕。

后来，吕徽之带着谷种撑船而去，众人派人暗中尾随，一直跟到极为僻远的地方，终于找到了其住处。大雪过后，众人前去拜访。只见吕徽之居处仅一间茅房，屋内家徒四壁。奇怪的是，米桶里藏着一个人，原来是吕妻。因为天寒地冻，吕妻坐在桶内避寒。她告诉众人吕先生到溪边捕鱼去了。他们一起来到溪边，向吕先生说明前来答谢之意。很快他就带着鱼和酒归来，大家一起畅饮后尽兴而散。后来有人再前去拜访吕先生，他早已不知去向。吕徽之隐姓埋名，以避名声之累，甘心清贫，是享自食其力之乐的典范。

（二）闲读诗书之乐

古代的文人墨客都有一个相同的爱好，那就是读书。读书的最大功效在于能够帮人暂时逃开现实的境遇，而进入一个全新的世界。读书可以结交朋友，求得心灵的沟通，感情的共鸣；读书可以让人了解外面的世界，给生活注入新鲜的活力，树立更健康的人生态度；读书还能够弥补阅历不足、知识欠缺，等等，不一而足。

南宋末年，浙江有一寒士许棐，酷爱读书与梅花，他在住所四周种了梅花，自号梅屋。屋中悬挂着白乐天、苏东坡的画像，表示自己很崇敬这两位旷达而风流的雅士。尽管他家境贫寒，却醉心于读书也十分爱书。许棐在《梅屋书目》的自序中对自己的爱书有一段自述：我的生活十分困难，平生爱好只有书籍，以前积存了一千余卷，现在数量虽然增加了一倍，却总是不满足。一且得知有新刊印的书籍，一定不遗余力地去买来；但凡别人有新奇的著作，也一定要抄录回来，故而自己的书越来越多，堆满了屋内四周。对此有人说道："太喜爱东西和太喜爱书籍，都一样是贪婪。为贪求书籍要忍受饥饿，不如贪求物质以保温饱；贪求书籍要忍受清苦，不如贪求物质以保安逸。人生不超过百年，何必自苦如此？"许棐回答道："今人我不清楚，但对于古代那些为富不仁者，书中有些简略记载，其结果又是怎样呢？我少年生活贫穷，到成年时却在贫穷中自得其乐，到老年时因为读书而忘记了贫穷。世人不蔑视我的清苦，鬼怪不嘲笑我的清苦，这都是书中知识赐给我的。贪图物质享受的人，即使生活一百余年，又会有什么乐趣可言呢？"

由此可见，许棐是真得读书之趣的人。他在贪书与贪钱二者之间，弃钱而择书；在物质贫乏和精神贫乏之间，他宁可选择物质之贫乏，也要精神之丰富。正因为读书使其具备了丰富的知识与高尚的情趣，人们才不会因其贫穷而轻视他，阴间的鬼神亦不会因其贫穷而讥笑他。这种满足，岂是丰衣足食之乐可以比拟的吗？

众所周知，赵明诚和李清照这对恩爱夫妻也酷爱读书，是以读书为乐的典范。李清照作为宋代女词人，婉约词派代表，有着"千古第一才女"的美称，她不仅诗写得优美，而且记性特别好。每天饭罢，夫妻俩就在书房烹茶娱乐，常以说出某一事在某书卷第几行来斗输赢，胜者先饮。李清照经常成为胜者，但她一赢往往就开怀大笑，而一笑就导致满杯的茶水洒到身上，反而得起身收拾。这种雅趣，也是始于读书的。

南宋著名爱国诗人陆游以读书为乐，他将自己称作书虫，尤其到晚年，一年四季，天天与书为伴。其《夜半复起读书》云："愁极不成寐，起开窗下书。似囚逢纵释，如痒得爬梳。"他不读书时浑身不自在，夜半时分还要起来读书。一读书，便如被囚禁之人得以开释，精神上得到解放。其《冬夜读书》亦云：

> 人生各有好，吾癖正如此。所求衣食足，安稳住乡里。茆屋三四间，充栋贮经史。四傍设几案，坐倦时徙椅。无声九韶奏，有味八珍美，寝饭签帙间，自适以须死。

夜读自有夜读之妙。"八珍""九韶"，自然是人生享受。然而陆游又强调"读书取畅适性灵，不必终卷"，没有丝毫的勉强。这样的读书态度，恰是文人处世的雅兴和聪明之处。他们就是凭借读书来超脱世俗，读书的闲情雅趣是可以驰骋想象、神游古今、超越功利的，它作为人生的另一种寄托，可以获得人格理想的平衡和精神的平衡。

虽然读书是风雅之事，但读书本身不是为了风雅。只有当读书成为一种自身欲望时才能成为乐事。对不爱读书的人来说，读书只是一种苦役。对为功名而读书的人而言，读书也无法使之潇洒怡情。而只有好书、乐书之人，读书才是让人精神自由的乐事。

（三）闲居品茗之乐

在"琴棋书画诗酒茶"七件雅事中，最能体现宋人安贫乐道人生观的就是闲居品茗。对于宋代士大夫来说，宦海浮沉是司空见惯之事。他们在仕途受挫时，或以吏为隐，或退居乡里，却无不喜闲饮清茗，以见其安贫乐道之高志。宋人较之唐人，更喜欢闲饮品茗，茶文化在宋代大盛，恰好符合了他们静赏生命快乐的新人生观。

前述苏轼一生嗜茶胜过爱酒。与苏轼一样，北湖居士吴则礼在隐居盱眙时，也能安于贫困，终日以粗茶淡饭为满足。其《同李汉臣赋陈道人茶匕诗》说，他不喜贡茶玉碗之名贵，更习惯粗陋之茶铛："腐儒惯烧折脚铛，两耳要听苍蝇声。"这是因为粗茶淡饭与自己的丘壑之情、淡泊之志正相契合。其《周介然所惠石铫取水瀹茶》云：

> 吾人老怀丘壑情，洗君石铫盱眙城。
> 要煎淮水作蟹眼，饭饱睡魔聊一醒。
> 僧伽孤塔何亭亭，试唤僧伽真肯应。
> 拟向山阳买白菜，团炉烂煮北湖羹。

这首诗写招待高人喝茶吃饭，充分体现了作者的安贫乐道之志。

宋代士大夫仕途不顺时，大多能够安贫乐道，往往以饮清茶为乐。许景衡遭贬时所作《试茶》诗云："此生贫与病相兼，从仕居闲两不堪。莫怪年来有茶癖，要看滋味在余甘。"茶虽然清苦，但是回味之后，却有余甘在口。仕途坎坷的葛胜仲曾以"箪瓢颜氏乐"勉励后生，他自己亦能身体力行，以饮清茶为乐。

曾几因为其兄曾开不满当朝权奸秦桧和议之事，而俱被免职。他侨居上饶之时，酷嗜茗饮，自号茶山居士。其《王岩起乐斋》云："人言颜子乐，瓢饮映蔬茹。"其《尝建茗二首》其二云："茅宇已初夏，茶瓯方早春。真成汤沃雪，无复渴生尘。有客嘲三韭，其谁送八珍。不如藏去好，孤负一年新。"虽然没有珍馐佳肴，但是初夏闲饮春茶，岂不就是"达人"之"真乐"吗？其《煎茶》诗亦云："贫中有佳设，石鼎事煎烹。顾渚草芽白，惠山泉水清。酌多风可御，董歊雾犹横。饮罢妻孥笑，枯肠百转鸣。"石鼎山泉之设，蔬食瓢浆之肠，品饮之时，自有其乐。

宋代文士在遭贬闲居之后，归隐田园之时，他们饮茶的心境闲适，感到乐趣无穷，如欧阳修《次韵再作》诗云："吾年向老世味薄，所好未衰惟饮茶。""亲烹屡酌不知厌，自谓此乐真无涯。"归隐田园，幽居山林，饱食安眠，啜饮清茗，成为两宋文人快意适性、乐天知命的普遍文化行为和精神享受。

宋代文士们也注重饮茶悟道之功。如郭祥正《招孜祐二长老尝茶二首》其二云："昔人多嗜酒，今我酷怜茶。"他爱茶的原因之一就是茶能够帮助自己品悟禅味："无物滋禅味，来烹北苑茶。"他说自己彻悟禅理，心无所累，只需静坐闲饮而已："晚风吹坐忽生凉，旋碾新茶与客尝。我本无心无所证，沉烟何事结圆光。"这充分体现了郭祥正饮茶时无欲无求的身心自由。

南宋末年，时局动荡，文士隐逸山林、参禅悟道之风更盛，他们不仅在饮茶时思悟禅理、参透人生，享受抛开世累后的大自在、大快乐，而且其涉茶之作中，也充满着茶禅一味的人生智慧。如方岳《黄宰致江西诗双井茶》云："黄侯授我以江西诗禅之宗派，瀹我以双井老仙之雪香。"黄庭坚的诗饶有禅趣，佐以江西出产之双井茶，真是禅茶一味了。正是因为宋代文人在饮茶过程中得到禅悦，才使得禅茶一味之论深入人心，成为中国茶文化的一个重要精神内涵。

毋庸置疑，文人饮茶也是一个升华精神、洗礼灵魂的过程，文人也常在作品中以茶喻德、以茶言志，始终将茶作为个人道德修养的象征。

总之，尽管宋朝文人饮茶时的心态因其人生观的差异而各不相同，但是他们都在品饮过程中静静地享受到了人生的闲适与快乐。清茶使宋代文人的心境更为宁静淡泊，使他们的生活中弥漫着一种参透人生真味后的淡淡的喜悦。

（四）艺术消闲之乐

所谓艺术消闲之乐，就是把艺术当作打发闲暇时光的消遣品。在传统社会，艺术具有道德教化的作用，如果将其作为娱乐消闲品，显然有些不恭。然而，对满足个体的、自由的审美活动来说，在客观上却是很有意义的。至少，它承认了审美的个性差异，承认了个体趣味、爱好的多元多样化。在宋代，上至帝王，下至官

僚士大夫，大多喜欢追求消闲之乐。当时朝廷特设专局以采访各
种伎艺，民间优秀的"说话人"经常被召去皇宫供奉内廷娱乐。
宋高宗当了太上皇后，常在德寿宫以话本消遣，并召"说话人"
说唱。《武林旧事》记载小说"说话人"姓名，其名下注德寿宫者
二人，注御前者五人。有史料记载了宋高宗赵构命宦官"进御"
话本或召集伎艺表演的例子，其间所谓"天颜喜动""以怡天颜"，
就是消闲取乐。

其实，早在宋代以前，就存在统治阶层追求消闲之乐的现象。
有学者说："从中唐开始大批涌现的世俗地主知识分子们（以进士
集团为代表）很善于'生活'。他们虽然标榜儒家教义，实际却沉
浸在自己的各种生活爱好之中：或享乐，或消闲；或沉溺于声色，
或放纵于田园，更多地相互交织配合在一起。"[1]当然，统治阶层的
消闲之乐往往不是赤裸裸的娱乐，常常是掩盖在道貌岸然的政治
道德说教中的。

事实上，宋代的文学艺术无不具有消闲取乐的功能。据明代
郎瑛《七修类稿》卷二十二载："小说起宋仁宗时，盖时太平盛
久，国家闲暇，日欲进一奇怪之事以娱之。"这里，北宋仁宗时的
"进一奇怪之事以娱之"就是消闲取乐。这种现象在北宋士大夫中
也很普遍。

宋代的艺术则毫不遮掩消闲取乐的观点。例如书法艺术，在
士人眼里，学习书法就是一件令人快乐之事。早在唐代，孙过庭

1 　李泽厚：《美的历程》，文物出版社 1981 年版，第 154 页。

就曾经描绘过一幅无比恬静雅致的学书境界。因为学习书法原本是一件快乐之事，不可浮躁急遽。北宋欧阳修认为，书法的主要功能是寓意乐心，他在书法上追求主体情趣，提出了"学书为乐"的观点。这些思想主要表现在欧阳修的"学书为乐""学书消日"等随笔书论中。如其《试笔·学书为乐》言：

> 苏子美尝言：明窗净几，笔砚纸墨皆极精良，亦自是人生一乐。然能得此乐者甚稀，其不为外物移其好者，又特稀也。余晚知此趣，恨字体不工，不能到古人佳处，若以为乐，则自是有余。

欧阳修关于"学书为乐"的论点，还散见于其他随笔中。学书时，不仅能感受到提高书写技能之乐，更能感悟中华文化艺术之美，提升审美情趣，享受美的快乐。

对于"学书为乐"，欧阳修在《试笔·学真草书》中言："有以乐其心，不知物之为累也。然则自古无不累心之物，而有为物所乐之心。"《试笔·作字要熟》亦言："作字要熟，熟则神气完实而有余，于静坐中，自是一乐事。然患少暇，岂其于乐处常不足邪！"欧阳修晚年的这一顿悟，使其书法豁然回到自由自在、随意恬适的生活中，书法变成生活中一种自然的、自在的行为。欧阳修爱好、迷恋书法。自其中年以后，书法已成为他生活中不可或缺的内容，也给他带来了无穷的乐趣。

    应该指出的是，"乐心说"作为宋元时期艺术观念的新思潮，显然是与传统的道德教化说相对立的，但其对立中又有统一。例如绘画，宋代无名氏的《宣和画谱》书首的御制叙言明确地指出："是则画之作也，善足以观时，恶足以戒其后。"这一方面强调绘画可以乐心，另一方面认为绘画能直接达到"成教化，促人伦"的目的。

    总之，从艺术的审美功能而言，"乐心说"与道德教化说是不能完全分离的。"乐心说"虽然包含了广义的娱乐功利目的，但又与道德教化说有着根本区别。它破除了道德教化说的局限性，更加符合艺术审美特性的要求，也符合人们多方面的审美需求。

第八章
晚明彰显自我之乐

所谓"晚明"是指从正德万历年间到明朝灭亡（1505—1644）这一段历史时期。明朝以理学立国，道德理性严重束缚了士人的灵魂。明代中后期，随着商品经济的发展和资本主义经济的萌芽，市民意识的高扬对正统理学下的道德理性产生了强大的冲击。于是，士人心态发生了前所未有的裂变与转型。他们吸纳了市民文化的滋养，接受了市井风尘的洗礼，其生活方式、价值取向、审美情趣、文学艺术的创作方式等方面皆体现出"新""异"的色彩，逐渐从冰清玉洁的"理"天地走向活泼的"情"世界，从庙堂学官走向自然山水，即从道德理性走向感性自我，成为明朝中后期士人生活与心态的一般特征。这也深深影响着这个时期他们对于"乐"的体认。

一、陈白沙倡导自然之真乐

陈白沙即陈献章（1428—1500），明新会（今属广东）人，字公甫，号实斋，因曾在白沙村居住而被人称为"白沙先生"，明代著名思想家，其著作被汇编为《白沙集》。陈白沙建立了明代第一个较为系统的心学体系，他所开创的学派别称为江门学派。他年轻时专心读书，足不出户。为了减少对他的干扰，家人就在墙壁上凿了个洞，饮食衣服，均由此洞递进。陈白沙对苦乐问题多有论述，他从立世之道和物欲观出发，强调自然之乐乃真乐。

（一）追求超然的境界

如何看待名利，是每个人立身处世必然会遇到的问题。一个人不能把名利看得太重，应当学会淡泊名利，切不可自寻烦恼。陈白沙极力主张摆脱名利羁绊，其《和陶归田园》之二言："高人谢名利，良马罢羁鞅，归耕吾岂羞，贪得而妄想。"一个人如果整天患得患失，争名争利，他必然会活得苦累。陈白沙把名利看成身外之物，主张摆脱名利的束缚，过平平淡淡的生活，堂堂正正地做人，绝不做名利的奴隶。

如何看待苦乐，也是每个人立身处世必然会遇到的问题。名利是来自社会的回报，苦乐是人生的自我体验，名利观与苦乐观具有一定的相通性。如果一个人以名利为人生目的，必然就会以有所得为乐，以有所失为苦。陈白沙认为，功利主义的苦乐观是不足取的。人不应当把苦乐同外物相联系，而应当把苦乐同内心的道义相联系。只有得道之乐、自然之乐才是"真乐"。陈白沙在《真乐吟·效康节体》中以诗的形式抒发了自己关于真乐的看法：

> 真乐何从生，生于氤氲间。
>
> 氤氲不在酒，乃在心之玄。
>
> 行如云在天，止如水在渊。
>
> 静者识其端，此生当乾乾。

"氤氲"，指阴阳之气浑融一体。在陈白沙看来，人生真乐的体验，就在于物我一体的浑然间，就是心与理统一的自得之乐、自然之乐。显而易见，陈白沙所谓的真乐应当以得道为基础，同饮酒、嬉戏等外在刺激是根本不相干的。

陈白沙强调，如果人能够摆脱物欲的蒙蔽，内心就可以坚定不移，做到饮贪泉而心不易。他认为，每个人的得失都是自然而然的。人不应厌薄"得"，因为物既在我，与我就不能说毫无相涉；人也不应厌恶"失"，因为"失"也是自然的，与我无关。陈白沙说："君子一心，万理完具，事物虽多，莫非在我，此身一到，精神具随。得，吾得而得之耳；失，吾得而失之耳。厌薄之心，胡自而生哉？"（《论前辈言铢视轩冕尘视金玉》）如此，在得失之间，他就不仅调和了清高与现实之间的冲突，而且也调和了享乐主义与禁欲主义的冲突。虽然他把轩冕金玉看成是微不足道的东西，但也不会有意识地加以厌薄，他所强调的，就是不必把这些外在的东西放在心上。

陈白沙追求的是一种动静自如的超然境界，讲究的是一种求道得道的哲人之乐。其《湖山雅趣赋》云："富贵非乐，湖山为乐；湖山虽乐，孰若自得者之无愧怍哉！"这就明确地否定了功利主义的苦乐观。陈白沙将自然的湖山之乐提升到自得之乐的高度，就把道家的自然主义快乐观与儒家的"寻孔颜之乐处"的说法贯通起来了。儒家与道家都以得道为真乐，道家侧重于天道，儒家侧重于人道，但这种差异在陈白沙的思想体系中完全被化解了。在他的眼里，天道与人道本来就是一回事，儒道合流可以说是陈白沙苦乐观的鲜明特征。

在日常生活中，陈白沙不会因为不得志而烦恼，他能够随时处宜，另辟人生蹊径。他住在"天高皇帝远"的南国边陲小山村，可以远离污浊的官场和喧嚣的闹市，得到心灵的安宁。对于归隐生活，他非常满足，能够从自然中体味到无穷乐趣。其《南归寄乡书七首》诗云："山童呼犬出，狂走信诸孙。乳鸭争嬉水，寒牛不出村。墟烟浮树秒，田水到桑根。邻叟忻相遇，笑谈忘日曛。"这首诗通过描述乡间生活的自然、朴实，体现了田园生活的乐趣，充分说明在乡居归隐生活中，陈白沙获得了精神上的自由。

陈白沙在处理立世、名利、苦乐等问题时，都表现出强烈的自我意识。在其自我意识中，包含着自然、自得等多种意蕴。

（二）追求自然之真乐

陈白沙主张人的生死、得失，亦不外乎自然，认为自然之乐就是真乐。他在《与湛民泽（之九）》的信中说："自然之乐，乃真乐也。"他所谓的"自然"，就是顺其自然，关键在一个"忘"字，不要让"荣""辱""得""失""寿""夭""穷""贱"等身外

的东西干扰人的心境。正如《白沙语要》所言："优游自足，无
外慕，嗒乎若忘。在身忘身，在事忘事，在家忘家，在天下忘天
下。"这就提倡人应当"忘身""忘事""忘家""忘天下"。人只要
顺应万物固有之自然而然，"安能使吾戚戚哉？"不戚戚，自然就
能够快乐了。由此可见，陈白沙的自然之乐主要内涵有三：一是
明确了真乐产生于心理状态，即一心追求哲学的极境；二是解释
了自然之乐只是一个动静自如的超然境界，不牵累于一切身心事
物；三是真乐的取得是从静中养出端倪。

为了更好地理解陈白沙的"真乐"，可再看其《湖山雅趣赋》
的阐述：

> 所过之地，盼高山之漠漠，涉惊波之漫漫；放浪形
> 骸之外，俯仰宇宙之间。当其境与心融，时与意会，悠
> 然而适，泰然而安。物我于是乎两忘，死生焉得而相
> 干？……撤百氏之藩篱，启六经之关键，于焉优游，于
> 焉收敛；灵台洞虚，一尘不染。浮华尽剥，其实乃见；
> 鼓瑟鸣琴，一回一点，气蕴春风之和，心游太古之面。
> 其自得之乐亦无涯也。

这段话道出了陈白沙对自然之乐的体验，他俨然一副庄老魏
晋风范，可以说，白沙之学乃儒家内圣之学的另类境界，即审美
境界。陈白沙的"自得之乐"其实就是道德境界与审美境界的统

一。他所谓的"一回一点",指的是颜回的道德境界与曾点的审美境界的统一。显而易见,陈白沙的真乐论,虽然不主张放纵物欲,陷于官能的享乐主义,但也没有陷于禁欲主义,他主张从清苦的生活中去追求人生的快乐。陈白沙在这两者之间采取了自然主义的道路,让得失、物心皆自然而然,无须刻意,贯彻了其"得亦欣然,失亦可喜"的自然的理想。得失对于人的快乐无足轻重,只有自然之乐才是真正的快乐。陈白沙的"真乐"说充满了自然的味道。

其实,陈白沙的自然之乐境界论,是以其学生伍光宇对"乐"的疑难发问为契机和起点的。《寻乐斋记》一文记载了陈白沙的弟子伍光宇向陈白沙请教"乐"与"非乐"问题一事。据《寻乐斋记》记载,伍云(伍光宇的别名)曾问:"不知其所谓乐,寻常间自觉惟坐为乐耳。每每读书,言愈多而心愈用。用不如不用之为愈也。盖用则劳,劳则不乐。不乐则置之矣。……将其所以乐者,非与?愿先生之教之也。"伍光宇对乐与非乐的理解仅仅停留在世俗社会对此的理解上。伍光宇认为,在世俗生活中,平时静坐不看书、不思考、不劳心费神,就觉得很轻松,故而非常快乐。如果读书学习,既要劳心费力,又要思考问题,就觉得辛苦,当然不快乐。伍光宇对乐与非乐的理解只限于浅层面上,并没有达到理学家对乐的理解高度。在理学家看来,读书不但不是最苦的事,反而是最快乐的事。正如邵雍《观物外篇》所谓"学不至于乐不可以谓之学",即应该超越费心劳神的经验层面,在读书学习中体味到身心的快乐,这种快乐已经不是感性层面的情感之乐,而是超越感性的精神之乐。

对于伍光宇关于乐与非乐的提问,陈白沙并没有直接给予正面的回答,他只是在为伍光宇作的《寻乐论》中间接地引用理学家关于"乐"的论述进行解释。他提出了"孔颜之乐"就是"心之乐"的思想命题。由于陈白沙主张由诚而静,由善而美,所以其心学的至高境界便是一种审美境界,那就是"乐"。他在《寻乐斋记》中说:"仲尼、颜子之乐,此心也;周子、程子,此心也。吾子亦此心也,得其心,乐不远矣。""心之乐"其实就是陈白沙反复强调的"自得之乐"。

就陈白沙的"自然之乐"而言,显而易见是深受道家"真乐"思想影响的,他反复强调"自然之乐"乃"真乐"也。他吸收、改造了庄子的"天乐至乐"思想,提出了"至乐"这种不可言说的境界之乐的说法。"至乐"不是世俗之快乐,是无法言表的,当然"至乐"也就不是指世俗生活的快乐和愉悦,它存在于人的境界之中。

陈白沙的"自然之乐",不仅超越于世俗的、感性的幸福快乐,而且也超越于个体的身心情感之愉悦。然而,陈白沙的"自然之乐"却又深深地倾注于现实的世俗生活之中,比如他对大自然的美的感受,对自然山水的热爱和体会。正所谓"江山鱼鸟,何处非吾乐地?"在陈白沙看来,自然界处处充满着美,处处给人以美的享受。这种美是自然而然的,较之那种以富贵为乐的世俗之乐要崇高、深刻、永恒得多。

陈白沙由心而乐的主要媒介是自然，由自然而自得，因而白沙心学活脱生趣，超然妙味。总体而言，陈白沙将"乐"大体分为三个层次：一是富贵之乐，二是湖山之乐，三是自得之乐。前两个层次是世俗的、经验的，第三个层次则是超验的。陈白沙认为，世俗社会中，有一种人以富贵为乐，他们得志之时便得意扬扬，失志之时就悲悲戚戚。陈白沙强调，"富贵之乐"较之"湖山之乐"还要低一层，因为它还没有摆脱世俗名利富贵的束缚，有违人的自然本性。他指出，世俗之人最基本的人生态度应该是"知足常乐"，一切都顺其自然。

陈白沙的"自然之乐"达到了超越世俗社会和现实人生的境界。在这种境界中，人完全没有生死的束缚、富贵的羁绊、名利的诱惑。正是这种超越生死名利的价值取向，才显示了陈白沙"自然之乐"境界论的精神实质和理论意义。

（三）在世俗生活中感受快乐

除了自然之乐，陈白沙也像中国传统士人一样，在日常生活中拥有自己的雅趣，他喜欢喝酒、吟诗、写字、弹琴、种花、种树等，这让他感受到了世俗生活的欢乐。陈白沙喜欢种花，尤其喜欢种菊花。他崇拜陶渊明，向往陶渊明田园之乐式的生活，通过田园生活寄托自己的欢乐情感。陈白沙的田园之乐，其内容是丰富多样的，其可乐之事也是多姿多彩的，它可以说是陈白沙世俗生活的缩影。陈白沙眼中的这种田园之乐，既有与山水之乐相同之处，也有不同之处。如果说山水之乐纯粹指大自然之美，那么田园之乐既包含了大自然之美，也包含了人类劳动之美和人伦之美。陈白沙认为，在田园之乐中，既有种花、植树、钓鱼等闲情逸致，又有孝敬父母、尊敬兄长、嬉戏儿孙的人伦之乐。这种立足于现实社会的世俗之乐，构成了陈白沙"自然之乐"的感性生活的丰富内涵。

陈白沙还深刻体会到世俗生活中的劳动之乐。他生活在乡村，从事过农业劳动，深深感受过收获劳动成果的喜悦之情。其《和陶归田园》云："今年秋又熟，欢呼负禾往。商量大作社，连村集少长。但忧村酒少，不充侬量广。醉即拍手歌，东西卧林莽。"在乡间生活中，劳动给人们带来了欢乐。秋天丰收之时，召集邻近乡村的男女老少一起举行丰收庆典，陈白沙同大家一起祭祀社神，一起饮酒、唱歌，享受人世间的欢乐。他把这种朴实无华的欢乐倾注到自己的日常生活之中，使自己的生活处处充满欢乐。

总之，尽管陈白沙提出了"自然之乐乃真乐"的思想，认为"真乐"是完全超越世俗社会和现实人生的，但其"真乐"并没有脱离现实生活，而是立足于世俗生活的，正如其《随笔》的诗句所言："一岁十匹衣，一日两杯饭。真乐苟不存，衣食为心患。""真乐"就存在于人们日常的穿衣吃饭的人伦生活中。陈白沙也主张在世俗物质生活和现实人际关系中体味人间"真乐"。

二、王阳明心体境界之乐

王阳明即王守仁（1472—1529），浙江余姚人，因在绍兴会稽山阳明洞侧筑室攻读，创办阳明书院，别号阳明子，世称阳明先生。王阳明精通儒释道三家，开创了堪称儒学新局面的心学，被认为是可直追孔孟的大圣人，他一生事功也是赫赫有名，成为史上极少见的立德、立功、立言的"真三不朽"。其著作有《王文成公全书》。王阳明对快乐问题和音乐问题皆有专门论述，他的自由境界快乐论和音乐教化思想皆与其"心学"密切相关。

（一）提倡"自得"之乐

王阳明一贯主张人应当快活，他在《与黄勉之》的信中，曾明确提出"乐是心之本体"，其特性是"和畅"。从功夫上，他又强调"常快活便是功夫"（《王阳明全集·语录一·传习录上》）。那么，王阳明所谓"快活"的内涵是什么呢？他认为人之本性就是喜欢放松而厌恶束缚，因而想要教人为善，最好的方法应当是诱而导之而不是拘而束之，这样才能"顺导其志意，调理其性情"，从而让人感觉愉悦。

从人生理想与为学目的而言，"乐"也是王阳明的最高追求。总体看来，阳明的求乐倾向并没有脱离传统儒家的范畴，他所言之乐首先是儒家之乐，如他的《为善最乐文》云：

> 君子乐得其道，小人乐得其欲。……若夫君子之为
> 善，则仰不愧，俯不怍，明无人非，幽无鬼责，优优荡
> 荡，心逸日休，宗族称其孝，乡党称其弟。言而人莫
> 不信，行而人莫不悦。所谓"无入而不自得"也，亦
> 何乐如之！（《王阳明全集·外集六·为善最乐文》）

这段话是讲伦理之乐，这种伦理之乐是王阳明所求人生之乐的一种。在他的思想中，"乐乃心之本体"，是人生来就有的特质，君子知乐而乐，而去追求乐，而愚人却不知何为乐，反而求苦闷。这一思想也体现在王阳明的"致良知"理念中，那就是为善便有乐。他认为，满足私欲只是小人之乐，君子的为善之乐是小人的私欲之乐根本无法比拟的。一个人如果平时做事都对得起自己的良心，真正去致良知了，才能在公众之下不怕他人是非，在深夜独处之时也坦荡不虚，这样的心才是最轻松的、最快乐的，这样才能活得自在。

就阳明心学的主导倾向而言，他所谓"求乐"并不在乎他人的反应与评价，而更重视个体内心的自我感受，也就是更强调"自得"。王阳明所谓的"和畅"是从本体而言，而"自得"则是从境界而言，二者共同构成了其"乐"的内涵。

那么，王阳明所谓的"自得"具体指什么呢？大体而言，其"自得"主要有两个层面与境界。其一，对世俗的超越是其"自得"的一个层面与境界。在他看来，欲达仁者境界，则必须排除

内部与外部的干扰，那就是要内去私欲，外忘荣辱，做到无牵挂、无执着，无得失之留恋，以达"无我"之境地。人如果具备了这种对世俗的超越，无论处于任何境遇就都能够安然自在，即"无入而不自得也"。王阳明"自得"的一个层次，就是指免除焦虑忧思而获得的安然顺适的心境，有时这个层次也被阳明称为"洒落"，即"人生达命自洒落"。其二，自我实现的自足感是其"自得"的另一个层面与境界。这种自我实现的自足感，有时被王阳明称为"自慊"或"自安"。在《题梦槎奇游诗卷》一文中，阳明集中描述了这种境界："吾心有不尽焉，是谓自欺其心。心尽而后吾之心始自以为快也。……君子之求以自快其心而已矣。"(《王阳明全集·外集六》)

其实，阳明心学所言的求乐，并不排斥情感等审美因素的存在，其《寻春》诗对此有具体的感受：

十里湖光放小舟，谩寻春事及西畴。

江鸥意到忽飞去，野老情深只自留。

日暮草香含雨气，九峰晴色散溪流。

吾侪是处皆行乐，何必兰亭说旧游。(《王阳明全集·外集一》)

诗中不仅描写了美景，而且还有他对美景恋恋不舍的深情，他还将自己这种"是处皆行乐"的行为比照兰亭旧游的六朝名士之举，由此可见王阳明求乐的情感特征与自我愉悦的精神。

王阳明的自得之乐包含了诸多因素，它既有儒家为善的伦理之乐，又有摆脱世俗的洒落之乐，还有超俗而又不绝俗的超功利审美之乐。而能将这几点统一起来的就是良知自然之乐了。

总体而言，王阳明的心体之乐、自得之乐，完全超越单纯的感性快感，是一种精神愉悦。此乐不是一般情感中的欢喜，而是一种"欣和合畅"的平恬无忧的自由状态。然而，在现实生活中，人的心中要想保持常乐并非易事，人生有太多的不如意，忧苦多于快乐，因而从尊重生命自然原则出发，当忧伤过重影响身体健康之时，王阳明又提倡"须是大哭一番了方乐，不哭便不乐矣。虽哭，此心安处即是乐也，本体未尝有动"（《王阳明全集·语录三·传习录下》）。当哭则哭，当乐则乐，这样的自我才是洒脱、自由的。

（二）随遇而安，心安即乐

就王阳明的个人生活而言，他从青年时代起，曾经多次从单纯的归隐追求逐渐转向真实的归隐生活。实际上，王阳明中晚期谪居龙场使其获得了一段真正的遁世生活。龙场驿地处偏僻闭塞的万山之中，山高路险，荆棘丛生，常有蛇虺走兽出没，蛊毒瘴疠弥漫，生活条件也十分简陋。王阳明初到龙场之时，根本没有房屋可以居住，无奈之下只能自己动手搭建草庵，"结庐而居"。不过，虽然当时的条件异常艰苦，但他能够安于所处，表现了一种乐观、积极的态度。无论是居"阳明小洞天"，建"何陋轩"，还是种地采蕨、讲学论道，王阳明都一再地体味到了"此中有真乐"，他真正践行了传统儒家的德性幸福快乐观，为人们提供了一个活生生的"孔颜之乐"的样本。

王阳明虽居陋室，但"安而乐之"。初到龙场，无屋可居，他就自己动手搭建了一个草庵。不久，王阳明在临时搭建的草庵不远的东坡上发现了一座石洞，石洞使他想起了家乡的阳明洞，他十分喜欢，就将其改名为"阳明小洞天"，立刻搬入居住，并作诗以记：《始得东洞遂改为阳明小洞天三首》，其中有"夷居信何陋，恬淡意方在""我辈日嬉偃，主人自愉乐"等句子。王阳明不仅不介意这种异常艰苦的生活条件，还深刻体会到了一种恬淡之乐。他认为，世事难料，作为个人，不论身处什么样的逆境、面对怎样的艰难困苦，只要能够心安意定，就能安顿自己的生命，甚至获得自己生命所开发出来的愉悦快乐。王阳明强调："此心安处，即是乐也。"可见，这种快乐的根源不是外在的，而是植根于自己的心灵的。

王阳明的这种"孔颜之乐"首先是一种"心安即乐"。这种"心安"，在王阳明看来便是"乐"了。人如果能够心安意定，就没有矛盾，没有冲突，没有愧疚，坦坦荡荡，这种喜怒顺其自然，内心安畅的精神状态，就是"心安即乐"。正因为此，王阳明无论居住在石洞中，还是居住在自己修建的草庵、木屋中，都欣喜满足，"安而乐之"，他甚至专门写下《何陋轩记》，以表示对这种简陋生活的安适之意。

众所皆知，保持乐观的心态，懂得知足，是人生感到快乐的方法。然而，世上又有几人可以做到知足？《传习录》中有个故事，就是王阳明心学对获取幸福的一个简单有效之法。

有一天，弟子薛侃在花园中除草，他因为疲惫而哀叹道："为什么天地之间，善难培养，恶难铲除？"正在赏花的王阳明闻听此言，接口道："你就没培养善，也没有铲除恶。"薛侃感到莫名其妙，王阳明说："你呀，如此看待善恶，因为从形体上着眼，错误就在所难免。"薛侃更是如坠云里雾里。王阳明解释说："天生万物和花园里有花又有草一样。哪里有善恶之别？你想赏花，花就是善的，草就是恶的。可如有一天，你要在门前搞个草坪，草又是善的，草里的花就肯定被你当成恶的了。这种'善恶'都是由你自己的私意产生的。"王阳明还以粪便为例，说："粪便可以让庄稼生长，在老农心中，它就是善的。所以说，天下的万事万物哪有善恶之分？都是人强行加到它上面的。"薛侃觉得老师的这种说法很有道理也很有趣，就请教他这种说法对人们生活的用处。王阳明说："它能让你获得幸福。"他解释说："人为什么会常常感到不幸福？表面上看是因为我们的身体总受到束缚，精神也不能自主。实际上，是因为我们和外物产生了对立。如果我们对外物有了是非好恶之情，就会给外物贴上是非善恶的标签，它们就会反过来干扰我们。也就是说，我们被客观条件所限制，是非善恶全是我们自己搞出来的。"

从这个故事中，我们能够体悟到幸福、快乐与否主要在于个人的心境，因为幸福、快乐与否与个人好恶有着直接关系，假如人们能够去除个人的是非好恶之心，自然就能够少些烦恼，多些快乐。

（三）音乐本于"吾心"

《传习录》载有王阳明与弟子多次有关音乐问题的谈话，这表明他不仅十分重视音乐教育，有自己的一套教育方法，而且对音乐有某些独到的见解。这些见解既是其心学在音乐领域的体现，也是对其心学的又一种阐释。

首先，王阳明提倡音乐本于人心。王阳明的重要思想是"心即理""心外无理"说。因而他认为音乐本于内心，将音乐也看作人心的一种观照。其《传习录下》说："古人为治，先养得人心和平，然后作乐。比如在此歌诗，你的心气和平，听者自然悦怿兴起，只此便是元声之始。"（《王阳明全集·语录三》）这就是说，音乐是更需要靠人的心灵去领悟的，强调人的主观作用。

因为王阳明强调心为乐本，强调心对音乐的领悟，因而在实践中，他十分重视音乐学习中的聆听和感悟。其《传习录》《教约》条中有这样一段话："每学，量童生多寡，分为四班，每日轮一班歌诗，其余皆就席，敛容肃听。每五日，则总四班递歌于本学。每朔望，集各学会歌于书院。"虽然这种一班唱三班听的音乐教育方式是否可取，值得商榷，但听多于唱，"悟"频于"行"的意图却是十分鲜明的。王阳明正是按照"心为乐本"这一理论来指导其音乐教育实践的，这应是一种具有创造性的实践；这样的实践反过来也证明了其"心为乐本"说。

正因为王阳明将人心视为音乐之本，所以他十分注意音乐接受对象的心理状态，对于青少年的教育，他提出了自己的见解，那就是"宜诱之歌诗，以发其志意"，这就是说要诱导儿童吟咏诗歌，以激发他们的志向和意趣，达到"发其志意"之目的。其教育培养的方法为"诱之""导之"，很符合儿童的年龄心理特点，不是生硬强制性的，而是循循善诱的。王阳明主张"教童子""诱之歌诗"的做法应引起今人的重视。他在同一篇文字中说："凡诱之歌诗者，非但发其志意而已，亦所以泄其跳号呼啸于咏歌，宣其幽抑结滞于音节也。"（《传习录中·训蒙大意示教读刘伯颂等》）他这是说，诱导儿童歌诗，不只是激发他们的志向和意趣，也可以使他们在咏歌时跳跃呼号，通过诗的音韵节奏宣泄他们胸中的幽怨、压抑、郁结和不畅。这就指出了音乐的宣泄功能。在程朱理学盛行的年代，王阳明能提出要考虑顺应儿童"乐嬉游而惮拘检"的天性，采取"舒畅之"，使其"趋向鼓舞，中心喜悦"等与"美育"相结合的主张，无疑是一种新的声音，具有积极意义。

其次，王阳明强调复兴古乐与创新的关系。王阳明虽然讲过一些推崇古乐、厌恶郑声的话语，但是他对民歌、时兴的民间戏曲等这些通俗音乐的看法，与传统卫道者们自有差别，显示了其独到见解。

王阳明既重视对古乐的继承，又注重当时出现的"今之戏子"的创新，并认为"古乐"与"今之戏子"的内在精神是统一的，

都是"吾心"之显现。其《传习录下》中有一段文字集中阐述了
这种思想：

> 先生曰："古乐不作久矣！今之戏子，尚与古乐意思
> 相近。"未达，请问。先生曰："《韶》之九成，便是舜
> 的一本戏子；《武》之九变，便是武王的一本戏子。圣人
> 一生实事，俱播在乐中。所以，有德者闻之，便知他尽
> 善尽美，与尽美未尽善处。若后世作乐，只是做些词调，
> 于民俗风化绝无关涉，何以化民善俗？今要民俗反朴还
> 淳，取今之戏子，将妖淫词调俱去了，只取忠臣孝子故
> 事，使愚俗百姓人人易晓，无意中感激他良知起来，却
> 于风化有益。然后古乐渐次可复矣。"（《王阳明全集·语
> 录三》）

对于这段文字，不少学者认为这是王阳明在宣扬复兴古乐，
实际上从其良知说的精神来看，王阳明应当是在强调音乐之继承
与创新的关系。其一，继承古乐是指继承中国古代的艺术精神实
质，促使社会和谐有序。王阳明虽然提倡今之戏子等新兴之乐，
却又反对脱离社会现实风习去照搬古乐形式，这是其不同于复古
主义的根本之处。其二，伴随时代的变迁，传统古乐也在不断地
被创新或改造，被不断地注入某个时代的审美理想、情趣等新鲜
血液。如《韶》之九成，《武》之九变，只有这样，才能使它们更

加世俗化并为人们所熟知。王明阳认为"今之戏子"就是新时代的《韶》《武》。其三，强调要去掉"今之戏子"中那些伤人伦、败风俗的"妖淫词调"。在中国传统社会，历朝历代都反对、禁止"妖淫词调"，但晚明时期的文艺有从雅到俗之发展趋向。毋庸置疑，那些不利于化民善俗、低级趣味的"俗"当然应当反对。王阳明主张，为促使民俗"反朴还淳"，应当大力提倡那些能熏陶人向上的美好东西来取代"妖淫词调"。其四，王阳明认为，那些积极向上、健康活泼的"今之戏子"，不仅有利于"古乐"的逐渐恢复，对于普通百姓也能够"无意中感激他良知起来"，艺术也就更有其生命力了。

总之，因为时代的变革，王阳明不能彻底拒绝"世俗多所喜传"之感染与影响。他处理音乐问题，主张既要推崇古乐，对于民间喜闻乐见的"戏子"等新兴的俗乐，只要去掉其淫词也可以允许其存在。王阳明确实比一般封建卫道者高明。他虽不是音乐美学学者，但他关于音乐问题的诸多见解，无疑仍有其美学意义。

三、泰州学派的自我之乐

泰州学派是中国历史上第一个真正意义上的思想启蒙学派，它发扬了王阳明的"心学"思想，反对束缚人性，引领了明朝后期的思想解放潮流。其创始人王艮长期在小生产者阶层中讲学，从者云集。泰州学派规劝人们安分守己，息事宁人，提倡一种健康的精神状态，对于"乐"的体验是"须见得自家一个真乐"，以区别于其他的乐，能享受到"真乐"之人，就是天下最快乐的人。泰州学派曾深得统治者的青睐，一度成为晚明的显学。

（一）王心斋的学之乐

王心斋即王艮（1438—1541），原名王银，明泰州安丰场（今江苏东台）人。父母指望他将来能出人头地发大财，于是取名王银。38岁时，他拜王阳明为师，老师取八卦之义，改其名为艮，字汝止，号心斋。王阳明去世后，王心斋回乡自立门户讲学，创立泰州学派。王心斋早年经商，有市民意识，其思想具有鲜明的特性，他提倡世俗化的自我之乐。

欲问学问何处来？王心斋的经验就是全靠苦读、乐学。20岁后，他通过贩卖私盐积累了财富，使家庭逐渐富裕起来。他曾经三过齐鲁，进谒孔庙，对"学"有了深刻的认识：才学才学，才来自学；学问学问，学来自问。为便于读书，王心斋在自家屋后筑一斗室，日夜苦读，眼睛熬红了，仍然手不释卷。有一次，王心斋因走路看书掉到河里去了，爬上岸后，自嘲道："好几天没有工夫洗澡，今日下河，一可打打浴，二可清醒一下头脑，乃为乐事。"

王心斋在一生的苦读传道乐学的过程中，积累了丰富的经验，还写下了脍炙人口的《乐学歌》：

人心本自乐，自将私欲缚。

私欲一萌时，良知还自觉；

一觉便消除，人心依旧乐。

乐是乐此学，学是学此乐。

不乐不是学，不学不是乐；

乐便然后学，学便然后乐。

乐是学，学是乐。于乎！

天下之乐何如此学，

天下之学何如此乐。

在这近乎绕口令的《乐学歌》中，王心斋表达了儒家圣人之学的"学"与"乐"的关系。在他看来，"乐"乃"心之本体"，人生本来就应该是快乐的，"学"是道德修养的过程，而"乐"与"学"是合而为一、密不可分的，即"乐是乐此学，学是学此乐"。他认为只有圣人之学才有"无边快乐"，而且学习的过程也应当充满快乐。通过"学"的活动，人明白了事物的本质与人生的真谛，这是难以言状的无边快乐，也就是"真乐"。

王心斋的《乐学歌》把学习过程看得如此快乐，表现出对学习本身的兴趣，不再因为外在功利目的而被逼无奈地被动学习。学习者因学习的内在价值而体味着学习过程中的无限乐趣，读书于他们是一种精神自由的享受。一方面愿意学，另一方面学后会感到精神愉悦。因而王心斋的《乐学歌》中既没有儒家经典中所具有的沉闷，也没有精英文化的矫情，一切都在平和平易中，一切都在自然和谐中。其"乐学"说显示着强烈的平民境界。王心

斋的"乐学""学乐"倡言,后来成为泰州学派代表人物劝导百姓
向学最为重要的说教言辞。

不可否认,泰州学派以"乐学""学乐"号召百姓学儒学,为
了有效地向百姓宣传儒学,势必寻求贴近百姓习惯的方式来宣传
儒学,以避免百姓因感觉不到学儒学的乐趣而产生厌学情绪。

王心斋之子王东崖,曾与人讨论"乐学""学乐"以发明其父
之意。有人问他:"学何以乎?"王东崖回答说:要以快乐的心态
去学。再问什么是快乐的心态?他答道:"乐者,心之本体也。有
不乐焉,非心之初也。"通过二人一系列的问答,王东崖想说明的
道理是:快乐是人心灵的本然状态,以快乐的心情学习,其实也
就是排除不愉快的干扰,恢复心灵本初状态。因而学习就是求心
灵之乐,为求心灵之乐就得学习。王东崖对于"乐学""学乐"的
阐发与其父王心斋《乐学歌》的意味相同。他顺着对方所问,进
一步区别了不同层次之乐:其一,"有所倚而后乐者"。这种乐是
依赖于外物的,便由外在决定,随时可能失去。其二,"无所倚
而自乐者"。这种乐是无所依赖的,便由内在决定,故此乐必然
恒久,外在之起伏变化,皆不能消损此乐。对于"乐以人者"与
"乐以天者"的区分,前者落于经验私欲层面;后者则就超越层面
说,故心体之乐是超越的,具有独立永恒性。

泰州学派认为人心本是快乐的,人生活在世界上总要寻求自
己的乐趣,此乃天性使然。有了这种快乐哲学,便有了明代人快
乐的笑与快乐的生活。

（二）颜山农的保命快乐论

颜山农即颜钧（1504—1596），字子和，号山农，又号耕樵，江西吉安府永新县人。他是明末泰州学派的重要人物，是王心斋的大弟子。泰州学派有其一定之宗旨，然而其学者却各有家风，颜山农无疑是其中最有个性的特立独行者。与心学家一样，他也信奉"乐是心之本体"的观点，这种圣人才有的精神境界也是他理想自我的实现。

以生命为本体，感性生命的存在就具有了优先地位。颜山农将孔子"从心所欲不逾矩"的道德自由境界解释为保命之方。他在《论长生保命》中说明了其观点："是以蓬鲧笃信耽志，遇师授传，敢自得此几，以自乐自强，不贰不息，叨获今日年精力齿，实确乎不拔为定见定守者也，遂发长生保命云。"（《颜钧集》卷二）颜山农笃信孔子"从心所欲不逾矩"的宗旨，又遇名师指点，自强不息，才得以长寿，活到九十多岁，由此而发"长生保命"之论。"从心所欲不逾矩"是一种个人的精神境界，是一种道德自由。在颜山农看来，它不仅是道德境界，更是一种理想的生命状态。

颜山农变"孔颜乐处"为生命的喜悦。理学的发端之一是追问"孔颜乐处"，心学家都信奉"乐是心之本体"的观点，而颜山农则将这种"心之本体"的"乐"改造成驾驭生命过程而体验到的喜悦。

颜山农的人生道路是十分坎坷的，他曾受冤入狱长达三年，并且遭受严刑，疮溃肤烂，但他并没有改变心中之乐，自称"三年缧绁兮，如坐福堂。日怀夜梦兮，朋侣文王"。颜山农在人生的磨难中体验悠长的滋味，常人难以忍受的惨烈遭遇，他却能够坦然面对、如坐福堂。在磨难中支撑他的是什么力量呢？除了儒家信念之外，就是道教"生道合一"的信仰，还有以个体生命的存在为最高价值的养生信念。在强烈的生存意志的作用之下，颜山农在狱中历经磨难却大难不死，这种生命感觉便成了他"御天造命"的体味。因为颜山农所经历的这种"御天造命"是对生命过程的驾驭与超越，所以由此而生的"乐"就不是理学所谓的"无忧"，而是一种体味生命过程的喜悦。

颜山农之乐的关键就在于对生命本体的体味。他的"乐"已不再是为某一类事物而乐，而是一种具有人生意义与永恒价值的精神境界，所以他能够一直保持这种乐观心态。颜山农的"乐"既是由于他心中有着坚定的信念，也是他通过养生达到了一种健康的精神状态。颜山农之乐的最大特点就是，不仅重视个体的生命存在，而且保持着理想境界，其理想境界就是"乐"的生命存在过程。

（三）罗汝芳以"仁"释"乐"

罗汝芳（1515—1588），号近溪，是泰州王门学派的重要人物，他是阳明的四传弟子。罗汝芳是著名哲学家和教育家，他为官时曾因讲学招致弹劾，于是他就辞官专心致志讲学了。其弟子中不乏大戏剧家汤显祖那样的名人。作为"名师"，罗汝芳亦为尊师的典范。他年轻时拜颜钧为师，后来颜钧因事入狱，为营救老师，罗汝芳变卖了自家田产，多方奔走。营救失败后，罗汝芳竟亲自在狱中侍奉老师六年，为此还耽误了参加科举考试。罗汝芳晚年退隐归田。当颜钧来访，功成名就的罗汝芳还是寸步不离地服侍老师，茶水瓜果都要亲自送到老师面前。他的儿孙不想让长辈太劳累，要代劳伺候颜钧。罗汝芳却说："我的老师不是你们所能服侍的。"

颜钧曾有"制欲非体仁"论，他认为，人的天赋道德观念是永远不会泯灭的，每一个人的内心世界都时刻保有着它，人只要发扬这种道德观念就可以了，因而人们的道德修养根本不必从"制欲"入手。罗汝芳闻听其师此说之后，如醍醐灌顶，完全接受了这种"制欲非体仁"论，并逐步形成了自己的理学观点。

罗汝芳指出，"仁"为人的真正根源，是"真种子"，仁即爱，赤子出胎就有爱根，若推崇这个爱根来做人，良知心体便得以保持，学者若按此赤子之心去学去行，易简顺适，其乐无穷。有鉴于此，罗汝芳往往将"仁"与"乐"联系起来，以"仁"释"乐"：

> 所谓乐者，窃意只是个快活而已。岂快活之外复有所谓乐哉？生意活泼，了无滞碍，即是圣贤之所谓乐，却是圣贤之所谓仁。……故赤子初生，孩而弄之则欣笑不休，乳而育之则欢爱无尽。盖人之出世，本由造物

之生机。故人之为生，自有天然之乐趣。故曰："仁
者，人也。"此则明白开示学者以心体之真，亦指引学
者以入道之要。(《明儒学案·近溪语录》)

在罗汝芳看来，"仁"乃天地之大德，此仁道精神充塞弥漫于
天地之间。因"仁"本身乃自然流行之体，所以真乐自见。人之
出生，本由造物之生机，自然有"天然之乐趣"，这种乐趣，是与
生俱来的，正如初生婴儿被逗弄则"欣笑不休"，被母亲哺乳则
"欢爱无尽"，这就是"仁"，就是"乐"，无需刻意向外寻求。罗
汝芳以"仁"释"乐"的微言妙谛，可以说是直指孔颜乐处的关
键所在。

泰州学派主张率性，罗汝芳在武定会讲答门生如何体认"率
性"时，讲过的一段话精辟地阐发了率性之说：

率性者，自然而然、不别加意思是也。又曰"不可
须臾离"。不离须臾者，自朝至暮，无时而非率此性也。
又曰"喜怒哀乐"。喜怒哀乐者，随感而见、无事而非率
此性也。(《近溪子明道录》卷八)

罗汝芳将率性与百姓日用之道串起来讲，指出"率性""不可
须臾离""自然而然"等其实都是一个意思，都是率性修道的不同
说法而已。在《谒庙会讲》中，罗汝芳又继续阐发说："夫世之所

谓乐者，不过是自然而然、从容快活便叫做乐也。今细看天命之性即是天生自然，率性而行即是从容快活也。"（《近溪子明道录》卷八）这其实是又回到了王心斋之"乐"的话题。只要"率性"就能获得"从容快活"，而不应该有半点"苦楚"。

总之，罗汝芳与王心斋一样，将"乐"归于具体生命的感受，一言以蔽之，即将学问生活化，生活乐趣化，其生活态度是追求"平易近情"。当学问与生活融合无间时，鸢飞鱼跃，自自在在，无穷乐趣就由此而生。人生朝作夜息，饥餐渴饮，心无烦虑，虽粗茶淡饭，亦足以度日，推而至于爱亲敬长，成仁取义，也是自然而然，丝毫勉强不得。这种妥帖安适，就是了无滞碍之自然境界。

四、东林党人救世济民之乐

"风声、雨声、读书声，声声入耳；家事、国事、天下事，事事关心。"这副对联是东林党领袖顾宪成写的。明朝末年是一个价值迷失而缺乏理想，普遍存在着信念危机的时代。以顾宪成、高攀龙为代表的东林党人，意欲拯救世风，以救世济民、力拯天下为乐。

东林党是明朝末年以江南士大夫为主的官僚政治集团。公元1604年，顾宪成等人修复宋代杨时讲学的东林书院，与高攀龙等讲学其中。东林讲学之际，正值明末社会矛盾日趋激化之时。面临这种国事日非的形势，东林人士发出了关心国事、改革弊政的呼声，得到了社会的广泛同情与支持，也遭到宦官及其依附势力的激烈反对，并发展演变为明末激烈的党争局面。

（一）顾宪成济世救民之乐

顾宪成（1550—1612），南直隶无锡县（今江苏无锡市）人，字叔时，别号泾阳先生，东林学派的主要领导者，被称为东林先生。

顾宪成小时候家境非常清贫，其父开了个豆腐作坊，但因家庭人口多，时常入不敷出，要靠借贷为生，他家住的房子十分破旧，甚至不蔽风雨。但艰苦的生活环境反而激发了顾宪成奋发读书的决心与进取向上的志向。他六岁就进私塾读书，既聪慧又刻苦，自小就胸怀远大抱负。顾宪成在自己所居陋室的墙壁上题了两句话："读得孔书才是乐，纵居颜巷不为贫。"这说明他以颜回自喻，表达了自己的苦乐观。

面对明朝末年黑暗腐败的社会现实，为了重树信念与理想原则，顾宪成提出了自己对永恒与普遍意义的见解。他说："立极存乎体。体有常，不得不统于同……可以使人入而鼓焉舞焉，欣然欲罢而不能。"（《泾皋藏稿·日新书院记》）他所谓的"立极"，也就是确立终极意义，而建立永恒本体亦即"存乎体"。顾宪成强调终极意义与永恒本体是统一的。在鲜活的日常生活的背后，在人们的心底，无论在什么情况下，都应该有永恒的追求与终极的目标，不能因为生活琐碎而失去人生的意义与价值，人的心灵一直有一个永恒意义的精神家园。

救世与垂范天下是顾宪成的人生目标，正如他所谓"士之号为有志者，未有不亟亟于救世者也"（《泾皋藏稿·赠凤云杨君令峡江序》）。这种意欲救世的愿望就是要使自己的理想化为现实，建立东林书院的目的无疑就是为了实现其政治抱负与社会理想。

如何实现自己的理想呢？这是每个人都应该思考的问题。在顾宪成看来，要实现自己的理想，首先要从自我做起，自己的言行就是个人理想的具体化。要使自己的理想被众人所接受，必须使自己的人格与德性被众人所景仰。顾宪成强调："闻之瞻之，为言望也。夫士者，众之望也，不可不慎所繇焉。"（《泾皋藏稿·斗瞻说赠陈禅飌》）这就是说，要想重建理想原则，就必须使自我成为理想的载体，亦即努力提升自我修养，使自己成为理想人格的代言人，成为人们行为的楷模，成为价值和道德判断的标准。只有这样才能具有感召力，从而更好地培养与造就理想人格。

虽然理想与现实之间的差距很大，但是顾宪成放不下终生所追求的理想，不管是退还是进，是顺境还是逆境，他心中的理想原则始终不渝，"必永矢初心，益敦晚节"。因为他有强烈的使命感："系命安往而不砥柱哉？"（《泾皋藏稿·题中流砥柱图》）这种社会责任感与历史使命感，既是他的理想自我，也是他对自我力量的确信不疑。他强调："天地间至尊者，自，至贵者，自得也。自得云何？是必惬乎心之所真是，举天下非之不顾也；非必惬乎心之所真非，举天下是之不顾也。"（《明故翰林院庶吉士完初唐叔子暨配蒋孺人合葬墓志铭》，《泾皋藏稿》卷十六）在他看来，天地间最尊贵的就是自我，一切要靠自我的努力，不管天下人如何看待与评价，依然要有自己的主张，我行我素。

顾宪成以具有忧国忧民的人生真精神为乐。一个人如果心中有真理，就会表现出一种与众不同的精神面貌。他强调："人身一副真精神，必从忧患中抖擞过来，方能全体透露一切浮心躁气。"（《泾皋藏稿·赠少府荣洲连公擢南民部郎序》）这种"真精神"只有经历忧患的磨砺才能获得。这种忧患显然不是个人遭遇的不幸，个人的利害得失，而是一种忧国忧民的忧患意识，拥有了这种忧患意识就能超越个体自我的感性存在。忧患是对自我志向与坚定理想的考验，只有自我强大才能承受得住忧患的考验，这正如顾宪成所言："凡不为忧患撄志者，必不为安乐肆志；夫不为忧患撄志，则常有以自振也，不为安乐肆志，则常有以自检也。"（《泾皋藏稿·赠少府荣洲连公擢南民部郎序》）只有如此才能够培养出人的"真精神"。

顾宪成这种所谓的"真精神"就是永恒的理想原则，这种"真精神"由于超越个体的感性存在，就可以超越生死而达到永恒。他说："人世共此宇宙，宇宙共此血脉。无今昔，无生死，无去来，无尔我。总之，共此担负，共了此一事耳。"（《泾皋藏稿·虎林书院记》）这种"无我"境界就是"真精神"，是顾宪成的永恒理想与信念。其实，顾宪成所谓的"无我"，恰恰是对"自我"的最好肯定与自我价值的最理想之实现。一个人如果能够坚持自己的理想，实现自我的价值，那么他的内心必定是安乐的。

（二）高攀龙的人格独立之乐

高攀龙（1562—1626），字存之，又字云从，别号景逸，无锡人。东林书院的创始人之一，他与顾宪成一道试图为整个民族寻求新的精神凝聚力。

高攀龙强调精神世界的纯净。他提出"心中无丝发事，此为立本"（《高子遗书·语一百八十二则》）的要求，强调让"一念反躬"的是天理，而不是情与欲；让"猛自反观"到的是生命与精神本身，而不是纷繁的万千世界在心底留下的种种印迹。对此，高攀龙阐释道："原来如此，实无一事也。一念缠绵，斩然遂绝。忽如百斤担子，顿尔落地，又如电光一闪，透体通明。遂与大化融合无际，更无天人内外之隔。"（《明儒学案·东林学案一》）这其实是一种神秘主义的内心体验，斩断尘缘，放下心中的种种念头，通过入静与冥想，去除所有杂念，从而达到一种心态的纯净无染状态，进而体验到一种至纯至美的精神自由。

一个人如果心中有事，自然而然就会执着于具体事物与一己的狭隘私事，根本无法摆脱肉体的欲望，因而也就无法体会到"天人合一"的感受。有鉴于此，高攀龙强调："人心战战兢兢，故坦坦荡荡。何也？以心中无事也，试想临深渊、履薄冰，此时心中还着得一事否？故如临如履，所以形容战战兢兢，必有事焉之象，实则形容坦坦荡荡，澄然无事之象也。"（《明儒学案·东林学案一》）这就是说，如果人心中有事时，必然战战兢兢；心中无事时，即使临深渊，履薄冰，亦能坦坦荡荡，潇洒自如。

　　高攀龙以心灵的自由与人格的独立为乐。他重视精神世界的纯净，这种纯净既不会受到外物的左右，也不会受到内心欲望的驱使，它是一种心灵、精神的自由。这就是他心灵自由的本体论基础，而要保持心灵的自由，就必须超越一己私欲对名利的追求。高攀龙强调："吾辈若透却名利关，人安能轩轾我？纵毁我、誉我、万方我，只消不见不闻，便都了却。"（《高子遗书·答史玉池书》）这就高扬一种任他人毁誉而不闻的自由人格，这种自由人格并不是肆意放纵自己，而是因为心中有着明晰而永恒的理想追求。不求名利的确是一种心灵自由，但这并不意味着不重个人名节。在高攀龙看来，名节与官场、世俗的虚名是完全不同的，虚名总是背后隐藏着功利追求，而名节却是追求人性的高洁，一个人的名节总是与其心灵的高贵与精神的自由密不可分。

　　然而，在物欲横流的晚明社会，一个追求心灵自由与人格独立的人是不会有什么安逸与顺境的。尽管明末政治腐败，社会黑暗，让仁人志士深感失望，可高攀龙面对逆境却并不为之所动，认为"人生处顺境，好过却险；处逆境，难过却稳"（《高子遗书·答吴安老书》）。只有在困境中才能砥砺人的意志，而顺境往往会消磨人的意志。人在逆境中应保持始终不渝的理想追求，正如他所强调："食无求饱，居无求安，不作居食想。彼以富，吾以仁；彼以爵，吾以义；不作富贵想。不怨天，不尤人，不作怨尤想。用则行，舍则藏，不作用舍想。"（《高子遗书·洗心说》）不求富贵，不怨命运，进退自如，舍藏无意，这种独立人格正是儒家的传统，也是古代知识分子的优秀品质之一。当然，不可否认，高攀龙的思想深处也包含着道家避世退隐、纵情山水，佛教清心寡欲、求超凡脱俗的意愿。

高攀龙也以追求真理为乐。因为创造生命永恒意义和创造自我价值是他的理想，在这种高远理想的指引下，他当然不能忍受平庸的生活，所以积极投身于东林党人对朝廷阉党的斗争中。人格往往是在"知其不可而为之"的时候更显得伟大，在政治斗争的风险中才更能领略生命的价值与意义。为了追求理想，创造生命的永恒价值，就必然要与现实的黑暗进行斗争，"与其得罪千古，无宁得罪一时"（《高子遗书·答王无咎》）。正因为高攀龙有远大的理想与抱负，纷纭复杂的政治斗争与可能面临的灾难与迫害统统不著于心，所以面对死亡他才能够泰然处之。

天启六年（1626）二月，魏忠贤指使其党羽诬告高攀龙等七人贪污，企图将东林党人一网打尽。闻知消息后，高攀龙自知难以幸免。三月十六日一早，他衣冠整齐地去拜谒了先贤杨龟山祠，回家后与弟弟高士鹤及两位门生谈笑自如。当他们谈兴正浓时，有人前来告知阉党要抓他的确切消息，顿时高家满门惊慌失措，高攀龙却镇静地对家人表示，"吾视死如归耳"，他叮嘱儿孙"无贻祖羞"。当天晚上，高攀龙与家人说笑无异于平日。深夜，高攀龙悄然起床至书斋，写下《别友柬》，并提笔向明熹宗奏最后一疏。书毕，他换上朝服，自沉于后花园池中，以表示自己绝不会受辱于阉党。高攀龙为追求真理而视死如归的大义凛然的德性境界，应是其平日追求心灵自由与人格独立的必然结果。

重视道德修养，修身为了救世，是东林学派的一大特点。东
林党是一批"有志"于"救世"者，其大多数能够坚持气节，主
要是由其人生观和道德修养决定的。东林党人那种不图个人享受、
不谋私利，主张"实念实事"，汲汲于"救世"的人生观是积极向
上的，他们以济世救民、力拯天下为乐，更是积极有为的，值得
肯定的。

五、人文思潮下的世俗之乐

"儒道互补"的古代士大夫人格结构模式，在魏晋和晚明这两
个中国历史上罕见的个性解放时代，发出了独特的异响，在理论
和实践上获得了进一步的发展。在晚明人文思潮的影响下，士大
夫们纷纷追求世俗之乐。

（一）率性而行的快活

"主情反理"是晚明人文思潮所高举的顺天从性之旗帜，认为
情欲就是礼义、自然。在现实的人格形象中，最能典型地体现晚
明人文思潮之顺天理想的，当属著名的诗人、画家，"江南第一风
流才子"唐伯虎了。他佯狂诗酒，佻达自恣，不在意功名利禄，
每天与好友们诗酒作乐。在一次会试中被诬下狱后，唐伯虎就更
加放浪不羁，形成了坚定明确的不侍奉君王，一切皆为满足自己
的感性要求的生命意识，正如其《把酒对月歌》所谓"我也不登

天子船，我也不上长安眠"。他的一生都在诚实地追求现实的感官快乐，正如他自己所描述的那样："日与祝希哲、文征仲诗酒相狎。踏雪野寺，联句高山，纵游平康妓家；或坐临街小楼，写画易酒。醉则岸帻浩歌，三江烟树，百二山河，尽拾桃花坞中矣。"（《伯虎唐先生汇集·序》）唐伯虎靠卖文卖画维持生活，以保障自己的意志、感性和情趣的任性自由。他身上充分体现了知识分子的隐逸风流。唐伯虎所要求的是凡人的幸福，他还抓紧兑现这种幸福，如其《一世歌》称"人生七十古来少，前除幼年后除老。中间光阴不多时，又有炎霜与烦恼"，因而"花前月下得高歌，急须满把金樽倒"。这就鲜明地提倡人要"率性而行"。晚明人文思潮的顺天人格理想，从根本上而言，就是快乐论代替了克己论，感性突破了理性。

李贽首揭晚明社会思潮的大旗，要为人性、人欲在伦理道德领域争取一席之地，他主张"士贵为己，务自适"。在他看来，人要做什么事情，大可不必顾忌别人的说法与愿望。李贽认为当时现实生活中的普遍趋向，"如好货，如好色，如勤学，如进取，如多积金宝，如多买田宅为子孙谋，博求风水为儿孙福荫，凡世间一切治生产业等事，皆其所共好而共识，共知而共言者"。（《焚书·答邓明府》）他认为人们孜孜以求的这一切根本无须别人教导，自然而然就会去做，这也是无可厚非的。

晚明人文思想家主张人们应当率性而行，快活一生。袁宏道等一批文人直接倡导享乐主义的思想，他们认为既然趋利避害、追求享乐是人之本性，那么追求享乐生活便是非常正当的事情。他们推崇"积财以防老，积快活以防死"的处世哲学。袁宏道就明确提出，只有"率性而行，是谓真人"（《袁宏道集笺校》卷四）。他还坦白地宣称，人生有五种真正的快乐，真人不可不知。其鼓吹的人生"五大快活"为：

> 岁月如花，乐何可言？然真乐有五，不可不知：目极世间之色，耳极世间之声，身极世间之安，口极世间之谭（谈），一快活也。堂前列鼎，堂后度曲，宾客满席、男女交舄，烛气熏天，珠翠委地，皓魄入帷，花影流衣，二快活也。箧中藏万卷书，书皆珍异。宅畔置一馆，馆中约真正同心友十余人，人中立一识见极高，如司马迁、罗贯中、关汉卿者为主，分曹部署，各成一书，远文唐宋酸儒之陋，近完一代未竟之篇，三快活也。千金买一舟，舟中置鼓吹一部，姬妾数人，游闲数人，泛家浮宅，不知老之将至，四快活也。然人生受用至此，不及十年，家资田地荡尽矣。然后一身狼狈，朝不谋夕。托钵歌妓之院，分餐孤老之盘，往来乡亲，恬不知耻，五快活也。

在袁宏道看来，人生有五大快乐，除了吃、喝、玩、乐外，还有携妓游玩。他不仅要玩乐，而且还要玩乐得昏天黑地，他认为，五乐之中有其一，便可生而无愧，死可不朽。不可否认，袁宏道这种快乐观，直陈己见，率真可爱，当然也包含蔑视礼教的因素。但这并不能改变其快活观的消极性，其中除了声色歌舞、醉酒妇人等名士风流外，最颓废的莫过于他竟然把一身狼狈，朝不谋夕，托体歌妓之院，分餐野老之盘，恬不知耻的境界也算作一乐。

诸如此类，袁宏道之弟袁小修有一首诗宣称："人生贵适意，胡乃自局促。欢娱极欢娱，声色穷情欲。"（《珂雪斋集·咏怀四首其一》）类似的思想在陶望龄等人的诗作中也多有表现。在这种观念指导下，晚明时期，纵情声色，出入酒馆妓院，沉迷于歌舞宴乐之中的文人并非少见。例如，袁宏道、董其昌等都不以谈房事为耻，而且津津乐道。

任何时代，赤裸裸的纵欲、享乐主义成为一种思潮，一种文化表征，都是不会有长久生命力的。晚明时期，袁宏道等人的思想虽然具有张扬生命、呼唤自我、回归个体觉醒的成分，但毋庸置疑，他们把对情感欲望的无限追求视为人生最自然的要求，视为人生目的，这显然是对人性的扭曲。这种纵情纵欲的快乐原则，即使冲破束缚自己的罗网，也不能进入一个全新的境界，只能是肉体上的"适世"，精神上的无着落，使自己成为随意游荡的浪人。

（二）高雅的文化娱乐

人之情志必然要有所寄托，而后才能快乐。明代人的兴趣爱好十分广泛，大多偏重于文学艺术和文化娱乐活动，诸如诗文、

戏曲、书法、绘画、山水、园林、珍玩、古董，等等。晚明时期，
人们兴趣爱好的一个显著特点是，一旦对某种玩意儿产生兴趣，
便乐此不疲，难以改易，形成"癖好"。癖好也就成为晚明人快乐
的源泉。人有兴趣爱好，则情有所寄，志有所向，神有所托，于
是就能感受到生活的快活。与此反之，人如果无所事事，百无聊
赖，纵有锦衣玉食也会感到烦闷，毫无情趣。对此，袁宏道有自
己的独到见解，他在写给李子髯的信中说：

> 人情必有所寄，然后能乐。故有以弈为寄，有以色为
> 寄，有以技为寄，有以文为寄。古之达人，高人一层，
> 只是他情有所寄，不肯浮泛虚度光景。每见无寄之人，
> 终日忙忙，如有所失，无事而忧，对景不乐，即自家亦
> 不知是何缘故……可怜！可怜！（《袁宏道集笺校·致李
> 子髯》）

袁宏道的这段话就是说，兴趣爱好能够使人将神智安寄在所
爱好的对象上，神智有所寄而后身心得以放松，从而感受到生活
本身的愉悦。在袁宏道看来，兴趣之乐为真乐，"人有真乐，虽至
苦不能使之不乐"（《袁宏道集笺校》卷五）。他所谓的"真乐"，
指发自人的天性之快乐。由于追求本真的快乐，人多能笑得自然
开怀，笑得毫无顾忌。人大凡在事业与艺术上能有成就者，除了
其天分和勤奋外，兴趣是一个不可或缺的因素。

　　总之，由于生活方式与生活情趣的变化，从明代中后期开始，不少士大夫不再执着于儒家立德、立言、立功的"三不朽"传统价值观。到晚明时期，士人的人生价值观、人生态度和快乐幸福观念都发生了较大的变迁，他们大多希望摆脱礼教的束缚，追求率真的人性，这在促进士人个体自我觉醒的同时，使他们过于偏激也就难以避免了。

第九章

清代对快乐的认识

　　清朝是中国最后一个封建王朝，大清帝国曾经达到了有史以来的鼎盛阶段，即"康乾盛世"，但此后逐渐由盛转衰，直至灭亡。明末清初和清朝末年的社会大动荡时期，知识分子有着形形色色的表现与变化。伴随清代封建社会的衰败和社会的动荡，国家外忧内患，知识分子背负了沉重的压力，他们难以再像以往士人那样追求山水之乐、田园之乐、精神之乐等，根本没有闲情逸致来游山玩水了。生活在这个时期的知识分子往往将改革现实社会、济世救民、建功立业作为人生的目标，因而此时期对乐伦理的阐述较之宋明时期明显比较薄弱。当然，清代也有一些文人重视生活情趣，提倡享受日常生活中的快乐。

一、李渔的生活乐趣

　　李渔（1611—1680），初名仙侣，后改名渔，字谪凡，号笠翁，浙江金华兰溪夏李村人，明末清初文学家、戏剧家、美学家。

他自幼聪颖，素有才子之誉，世称"李十郎"，他曾在自己家里设立戏班，并到各地演出，从而积累了丰富的戏曲创作和演出方面的经验，构建了较为完善的戏剧理论体系，被后世誉为"中国戏剧理论始祖"，是休闲文化的倡导者。

李渔自誉为"识字农"，他在伊山头的"先人墟墓边""新开一草堂"，构筑了自己的乐园伊山别业（即伊园）。伊园是李渔展示其园林技艺的最初杰作，园内经他独具匠心的设计和安排，构筑有廊、轩、桥、亭等诸景，自誉可与杭州西湖相比，"只少楼台载歌舞，风光原不甚相殊"。

在李渔的著作中，有一个重要部分专门研究生活的乐趣。其《闲情偶寄》一书的后六部主要谈娱乐养生之道和美化生活之法，内容十分丰富，语言简单易懂，文风幽默风趣，表现了作者无限的生活情趣。1935 年，林语堂英文版《吾国与吾民》给该书以极高的评价，认为该书是"中国人生活艺术的指南"。

（一）不同人群的行乐之趣

李渔讲究颐养之道，他的颐养，首先就是教人如何行乐而已。在李渔看来，不仅社会各个阶层、各个群体都有不同的"行乐"方法，而且在日常生活中，人们的"行乐"方式也是多种多样的。他还将"行乐"的具体方式大体作了划分，如贵人行乐之法、富人行乐之法、贫贱行乐之法、家庭行乐之法、道途行乐之法、春季行乐之法、夏季行乐之法、秋季行乐之法、冬季行乐之法，以及"随时即景就事"行乐之法，包括睡、坐、行、立、饮、谈、沐浴、听琴观棋、看花听鸟、蓄养禽鱼、浇灌竹木，等等。诸如此类的条目无疑就是一部"行乐大全"。为啥要行乐？李渔对此也进行了说明，他认为，人之短短一生，"有无数忧愁困苦、疾病颠连、名缰利锁、惊风骇浪，阻人燕游，使徒有百岁之虚名，并无一岁二岁享生人应有之福之实际乎"。

如何行乐？就人群而言，世间众生大致可分为贵人、富人和穷人三类，贵人指居于高位的官宦贵戚，富人指家财富饶的大商巨贾，穷人则指既无权又无钱的普通人。在李渔看来，这三种人各有其行乐之法，贵人有贵人的乐，富人有富人的乐，穷人有穷人的乐。不论是贵人、富人、穷人，其衣食住行的日常生活都是有乐可行的。

贵人如何行乐？拥有至高无上地位的人，比如帝王、公卿将相以及群辅百僚，他们"百务萦心……视朝听政、放衙理事"，几乎没有太多的闲暇时间。李渔告诉贵人，你既然有幸成为达官贵人，就应该心无杂念，行分内之事，应当"摈弃一切悉视为苦，而专以此事为乐"。这就是说，从政为官者应该把自己的办公场所视为行乐之地，把常要处理的事务视为行乐之事，这样的话，即使一天之内不得半刻闲暇，那也会无时无刻不在行乐。"以天下群生之乐为乐，何快如之？"这种以天下苍生之乐为乐的心境是最难得的，如果有了这种行乐之念，则无时不乐，无事不乐，时时刻刻都生活在兴趣盎然之中。李渔教导大家的，其实就是热爱自己的职业，并且各得其所。

富人如何行乐？拥有钱财的富人行乐最容易也最难，易在他们容易以钱财为行乐资本，难在他们不肯分散一些钱财以救济他人。李渔首先很理解富人的不容易，钱财一多就要考虑资金流转问题，需要煞费苦心，劳神费力；钱财一多就必须善于防备别人偷窃，如果不防备，钱财就会被盗贼所窃取，而且可能把性命送掉；钱财一多就必然招来妒忌。那么富人乐在何处？李渔觉得，富人的取乐方法也应同显贵的人一样，不必在经营财务之外再去寻求快乐的境界，其乐境就在让租减息、疏财仗义、急公家之急中。聆听贫苦百姓的赞颂，就相当于两部乐队演奏的音乐；接受官府的褒奖，就是百年王公贵族的极大荣宠。没有什么比这更荣耀、更快乐的了。至于日常生活所需和奢侈消费，于别人为难，于富人则是唾手可得之，何乐不有？

穷人如何行乐？穷人一无资财，二无权势，想要行乐唯有内心豁达、知足。穷人行乐之方，没有其他的巧妙神秘之处，亦只有"退一步"法。所谓"退一步"就是要有随遇而安、乐天知命的生活态度，面对无奈的现实时，保持一种乐观、淡定的人生态度，在人事可为的范围之内尽量使生活有所改观。

李渔及时行乐的践行态度与其他放浪形骸之人相比要平实得多，他的及时行乐是要达到一种养身养心的结果，而非一味地追求物质感官的满足。有鉴于此，其及时行乐方法是告诫各阶层、各群体的人们如何调整心态，利用有限条件来寻找乐趣，去除烦恼。正因为此，所以他要求行乐首先要改变心态，珍惜并享受自己所拥有的一切。

李渔提倡知足知义，以心为乐。《闲情偶寄·颐养部·行乐第一》强调："心以为乐，则是境皆乐；心以为苦，则无境不苦。"这就说明了个人苦乐观的主观性。其后，在老子"知足常乐""退一步"的基础上，李渔提出了"知义常乐"说，希望贵人、富人、穷人等处于各种境况之下的人们都能获得这样的生活态度。李渔还教人"以不如己者视己，则日见可乐"，如果人能这样想，那么苦海就能变成乐园。

（二）不同时节的行乐之趣

人有富贵贫贱之别，养生方法各异，一年有春夏秋冬四季，养生的侧重点也各不相同。李渔认为，春季是人一年之中心情最为顺畅的时节，也是最适合行乐的时候："春之为令，即天地交欢之候，阴阳肆乐之时也。"（《闲情偶寄·颐养部·行乐第一·春季行乐之法》）唯一要注意的是，在赏花听鸟、游山玩水、尽情欢乐之时，要稍稍有所节制，不可以随心所欲。

夏季酷热，暑溽难当，是人应该尽力养藏、养精蓄锐的时节。谨慎地度过夏季，等秋季来临时再追求人生之乐，未必晚也。

秋季凉爽宜人，在经过酷暑的洗礼之后，人应该庆幸自身的留存，庆祝重生之喜。在肉体上，随着气候的清凉，人也开始感觉舒展闲适，夏季不曾做的事情尽可秋季来做，赏花观叶、登山涉水、会晤亲朋，等等，无一不可。然秋季行乐与春季行乐一样，要留有一线余地，以待冬季。

　　冬季天寒地冻，人人不堪其冷，若只为寒冷所苦，这一季便索然无趣了。此时最宜使用的还是"退一步"法："冬天行乐，必须设身处地，幻为路上行人，备受风雪之苦，然后回想在家，则无论寒燠晦明，皆有胜人百倍之乐矣。"（《闲情偶寄·颐养部·行乐第一·冬季行乐之法》）回想曾经历过的人生逆境，珍惜眼前的平安幸福，心境自然欢欣明快，不会因为冬天的寒冷而怨天尤人了。

　　李渔将养生与行乐密切地结合了起来，他认为坐立行走适宜得当，不仅能达到不同的养生效果，也充满着乐趣。例如，行走要尽量使用双足，不要过分依赖其他交通工具，行走的过程本身就是修身养性的好方法，双足出行完全由自己决定，无论阴晴雨雪，有伴无伴，且不说一路的风景、人物，单是走走停停的随心随性就有无穷乐趣。

　　除了坐立行走的行乐养生方法之外，还有诸多其他的行乐养生之途。例如，在家即享受父母子女的亲情之乐，在外即享受旅途之乐："过一地，即览一地之人情，经一方，则睹一方之胜概，而且食所未食，尝所欲尝，蓄所余者而归遗细君，似得五侯之鲭，以果一家之腹，是人生最乐之事也。"（《闲情偶寄·颐养部·行乐第一·道途行乐之法》）身为文人，读诗写赋是人生一大乐事，听琴观棋也是人生一大乐事，其余闲暇时光观花听鸟、蓄养禽鱼、浇灌竹木，乃至沐浴斋戒，都可以调养身心，行乐养生。

　　总之，将人的一切活动都纳入行乐养生的范畴之内，行立坐卧都带有养生之趣，李渔可谓无时、无事、无处不可以行乐养生，让人时时处处都能体味到人生的趣味。自古至今，中国人就保持着亲切、和蔼、活泼、愉快的性格，大多数人保持着自己的情趣与玩耍的技巧，感受着自己的趣味人生。这应当是自然而然的，因为情趣来自传统。

二、金圣叹的"快哉"人生

金圣叹（1608—1661），苏州吴县人，生活于明末清初那个政治动荡、异端思想迭起的时代。他为人狂放不羁，能文善诗，以读书著述为乐。金圣叹一生的主要精力在于诗文、小说、戏曲的评点，《不亦快哉三十三则》就出现在他对《西厢记》的评点之中。

明清之际的学者多有自述其快乐者，其中最幽默者当属金圣叹。金圣叹原名金采，字若采。他天资聪慧，很小就补为博士弟子员，但不久即因为岁试之文怪诞不经而被黜革。后来顶金人瑞名，才考中了一个秀才。清朝鼎革以后，改名喟，字圣叹。这个名字出自《论语·先进》中"四子侍坐"故事，这个故事在本书第二章的"孔子精神境界之乐"一节中讲过。

（一）"不亦快哉"歌

《西厢记》之《拷艳》一节，讲的是莺莺私会张生之事被相国夫人发现之后，拷问红娘的故事。金圣叹十分欣赏红娘的机智泼辣，快人快语，于是一口气写下三十三条人生"不亦快哉"。其所谓的"快哉"全是平凡人家触手可及的美好惬意。

　　其一：夏七月，赤日停天，亦无风，亦无云；前后庭赫然如洪炉，无一鸟敢来飞。汗出遍身，纵横成渠。置饭于前，不可得吃。呼簟欲卧地上，则地湿如膏，苍蝇又来缘颈附鼻，驱之不去。正莫可如何，忽然大黑车轴，疾澍澎湃之声，如数百万金鼓，檐溜浩于瀑布，身汗顿收，地燥如扫，苍蝇尽去，饭便得吃。不亦快哉！

　　其二：十年别友，抵暮忽至。开门一揖毕，不及问其船来陆来，并不及命其坐床坐榻，便自疾趋入内，卑辞叩内子："君岂有斗酒如东坡妇乎？"内子欣然拔金簪相付。计之可作三日供也。不亦快哉！

　　其三：空斋独坐，正思夜来床头鼠耗可恼，不知其戛戛者是损我何器，嗤嗤者是裂我何书。心中回惑，其理莫措，忽见一狻猫，注目摇尾，以有所瞡。敛声屏息，少复待之，则疾趋如风，唧然一声而此物竟去矣，不亦快哉！

　　其四：于书斋前，拔去垂丝海棠紫荆等树，多种芭蕉一二十本。不亦快哉！

　　其五：春夜与诸豪士快饮，至半醉，住本难住，进则难进。旁一解意童子，忽送大纸炮可十余枚，便自起身出席，取火放之。硫磺之香，自鼻入脑，通身怡然。不亦快哉！

其六：街行见两措大执争一理，既皆目裂颈赤，如不共戴天，而又高拱手，低曲腰，满口仍用"者也之乎"等字。其语刺刺，势将连年不休。忽有壮夫掉臂行来，振威从中一喝而解。不亦快哉！

其七：子弟背诵书烂熟，如瓶中泻水。不亦快哉！

其八：饭后无事，入市闲行，见有小物，戏复买之，买亦已成矣，所差者甚少，而市儿苦争，必不相饶，便掏袖下一件，其轻重与前直相上下者，掷而与之。市儿忽改笑容，拱手连称不敢。不亦快哉！

其九：饭后无事，翻倒敝箧，则见新旧逋欠文契不下数十百通，其人或存或亡，总之无有还理。背人取火拉杂烧净，仰看高天，萧然无云。不亦快哉！

其十：夏月科头赤足，自持凉伞遮日，看壮夫唱吴歌，踏桔槔，水一时溅涌而上，譬如翻银滚雪。不亦快哉！

其十一：朝眠初觉，似闻家人叹息之声，言某人夜来已死，急呼而讯之，正是一城中第一绝有心计人。不亦快哉！

其十二：夏月早起，看人于松棚下，锯大竹作筒用。不亦快哉！

其十三：重阴匝月，如醉如病，朝眠不起。忽闻众

鸟毕作弄晴之声，急引手搴帷，推窗视之，日光晶荧，
林木如洗。不亦快哉！

其十四：夜来似闻某人素心，明日试往看之。入其
门，窥其闺，见所谓某人，方据案面南看一文书。顾客
入来，默然一揖，便拉袖命坐曰："君既来，可亦试看此
书。"相与欢笑，日影尽去。既已自饥，徐问客曰："君
也饥耶？"不亦快哉！

其十五：本不欲造屋，偶得闲钱，试造一屋。自此
日为始，需木、需石、需瓦、需砖、需灰、需钉，无晨
无夕，不来聒于两耳。乃至罗雀掘鼠，无非为屋校计，
而又都不得屋住。既已安之如命矣。忽然一日屋竟落成，
刷墙扫地，糊窗挂画。一切匠作出门毕去，同人乃来分
榻列坐。不亦快哉！

其十六：冬夜饮酒，转复寒甚，推窗试看，雪大如
手，已积三四寸矣。不亦快哉！

其十七：夏日于朱红盘中，自拔快刀，切绿沉西瓜。
不亦快哉！

其十八：久欲为比丘，苦不得公然食肉。若许为比
丘，又得公然吃肉，则夏月以热汤快刀，净割头发。不
亦快哉！

其十九：存得三四癞疮于私处，时呼热汤关门澡之。
不亦快哉！

其二十：箧中无意忽检得故人手迹。不亦快哉！

其二十一：寒士来借银，谓不可启齿，于是唯唯亦说他事。我窥其苦意，拉向无人处，问所需多少。急趋入内，如数给与，然而问其必当速归料理是事耶，为尚得少留共饮酒耶。不亦快哉！

其二十二：坐小船，遇利风，苦不得张帆，一快其心。忽逢舻舸，疾行如风。试伸挽钩，聊复挽之，不意挽之便着。因取缆绳向其尾，口中高吟老杜"青惜峰峦过，黄知桔柚来"之句，极大笑乐。不亦快哉！

其二十三：久欲觅别居与友人共住，而苦无善地。忽一人传来云有屋不多，可十余间，而门临大河，嘉树葱然。便与此人共吃饭毕，试走看之，都未知屋如何。入门先见空地一片，大可六七亩许，异日瓜菜不足复虑。不亦快哉！

其二十四：久客得归，望见郭门，两岸童妇，皆作故乡之声。不亦快哉！

其二十五：佳磁既损，必无完理。反复多看，徒乱人意。因宣付厨人作杂器充用，永不更令到眼。不亦快哉！

其二十六：身非圣人，安能无过。夜来不觉私作一事，早起怦怦，实不自安。忽然想到佛家有布萨之法，不自覆藏，便成忏悔，因明对生熟众客，快然自陈其失。不亦快哉！

　　其二十七：看人作擘窠大书，不亦快哉！

　　其二十八：推纸窗放蜂出去，不亦快哉！

　　其二十九：做县官，每日打鼓退堂时，不亦快哉！

　　其三十：看人风筝断，不亦快哉！

　　其三十一：看野烧，不亦快哉！

　　其三十二：还债毕，不亦快哉！

　　其三十三：读《虬髯客传》，不亦快哉！

　　凡此种种，共计三十三则。由此可见，在金圣叹的快乐哲学中，其实，快乐、幸福是十分简单的。他丝毫没有对显赫权位的向往，也没有对万贯家财的注目，既没有难填的欲壑，也没有纸醉金迷的生活。金圣叹的快乐观所呈现的，只有对朋友、对子弟的关爱，只有对生活琐事的喜爱，只是在平凡生活中的自得其乐。

（二）读书为天下第一之乐

　　金圣叹认为"天下之乐，第一莫若读书"。"欣赏"是对人的求知、归宿和自我实现的心理需求的审美满足。在欣赏中，人们也在寻找精神的家园。在欣赏活动中，欣赏者和被欣赏的对象之间能够得到沟通，从而产生一种理解与被理解的愉悦。读书就可以让人从欣赏活动中获得审美愉悦。

　　金圣叹生活于明末清初的动荡和战乱的时代，终其一生，贫困与诽谤都与他如影随形，挥之不去，他最后因"哭庙案"被杀。现实世界的严峻冷酷，"胸中之一副别才""眉下之一双别眼"的高超鉴赏力，在这两者的作用下，金圣叹能够深谙艺术的个中滋味。他在欣赏别人文学作品的过程中，就常用"奇""妙""好看煞人""快活"等字眼来表达自己的审美愉悦。

金圣叹在欣赏文学作品时，对以往的文学作品进行了评价，他提出了"六才子书"的说法。《庄子》一书，思想精妙、风格奇幻，被金圣叹视为"六才子书"之一。金圣叹在《〈三国志演义序〉》云："余尝集才子书者六。其目曰《庄》也，《骚》也，马之《史记》也，杜之律诗也，《水浒》也，《西厢》也，谬加评订，海内君子皆许余，以为知言。"[1]金圣叹极富创意地提出了奠定其出色文评家地位的"庄、骚、史、律、水浒、西厢"为"六才子书"的独到见解。

除此之外，金圣叹还进一步提出了以《三国演义》为冠压"六才子书"的"天下第一才子书"的主张。在《原序》及《读三国志法》中，金圣叹修正了此前他对"天下六才子书"的评价，同时高度赞誉《三国演义》的文学价值，推崇其为"天下第一才子书"。金圣叹对《三国演义》赞叹不已，他称道其写实性"堪与史册相表里"，肯定其所述三国鼎立之局为"古今争天下之一大奇局"，叹喟其所揭示的"天运之变化有所莫测"之道理，感慨其"古今人才之众，未有盛于三国者也"，颂扬其作者为"古今为小说之一大奇手"。金圣叹称赞《三国演义》开篇、结局既出乎意

---

1 朱一玄、刘毓忱编:《三国演义资料汇编》,百花文艺出版社 1983 年版,第 291 页。

料又合乎天然，称赞其诸多人事变化无方、绝不雷同等诸多妙处。
他还将《史记》《列国志》《西游记》《水浒传》等名著与《三国
演义》做横向比较，最终得出《三国演义》为"天下第一才子书"
的结论。

金圣叹认为，欣赏优秀的文学作品所获得的情感愉悦，高
于因世俗功利欲望的心理需求得到满足而产生的快乐。如前所
述，在《拷艳》前批中，金圣叹说起曾和别人"赌约说快事"共
三十三种，基本上属于世俗的心理需求得到满足后产生的快乐，
但他认为这些世俗之乐都比不上读《拷艳》中"红娘口中作如许
快文"。金圣叹甚至说："人若胸膈有疾，只需朗吟《拷艳》十过，
便当开豁清利，永无宿物。"（《贯华堂第六才子书〈西厢记〉》卷
七《拷艳》夹批）由此可见读书给金圣叹所带来的极大愉悦。

（三）做个有趣的人

在明末清初那个政治动荡的历史时期，金圣叹深感人生只是
大梦一场，全然虚幻，短暂易逝，充满烦恼失意，一切都不可恃，
因而十分向往闲适平和的田园生活。金圣叹为人孤高，率性而为，
是一位淡泊名利、狂放不羁、幽默诙谐、追求自由与快乐的有趣的
人。有趣的人，或许境遇并不好，但特立独行，不改本色。

年轻时，金圣叹参加乡试，考题为"西子来矣"，其实是要求
考生评论西施出使吴国的史实。当其他考生还在苦思冥想时，金
圣叹却大笔一挥就答道："开东城也，西子不来；开南城也，西子
不来；开北城也，西子不来；开西城也，则西子来矣；吾乃喜见

此美人矣。"当时的主考官阅卷后也十分幽默，在卷上批道："秀才去矣！秀才去矣！"于是金圣叹名落孙山。

还有一个故事也非常有名。金圣叹参加岁试（明代生员每年必须参加的考试）时，作文考题为"如此则动心否"，他在文末写道："空山穷谷之中，黄金万两。露白葭苍之外，有美一人。试问夫子动心否乎？曰：动动动……"金圣叹竟然一连写了39个"动"字。他如此游戏功名，调笑圣人夫子，令人大跌眼镜。正因为这篇怪诞的文章，他被黜革了功名。

最终，金圣叹因为"哭庙案"而被下狱杀头。"哭庙案"是清初江南三大案之一。1660年，任维初担任吴县（今江苏省苏州市吴中区）县令，他为官暴虐，引致民怨沸腾，吴县书生百余人冲入文庙大声哭泣，鸣钟伐鼓，闹到了官府，跟随而至者达千人之多。但当时的上级官员袒护任维初，称诸生目无朝廷、聚众闹事，下令逮捕。金圣叹作为主犯之一被抓。有人说他是"哭庙活动"的组织者，也有人说他是"哭庙文"的起草人。金圣叹究竟在"哭庙案"中起到了什么作用，已经无从可考。被审讯时，金圣叹口呼"先帝（顺治）"，审判者抓住这句话不放，认为康熙皇帝刚刚即位，金圣叹高呼先帝分明是想着法儿诅咒当今皇上。这就坐实了他的罪名，金圣叹被判斩首。

金圣叹一生诙谐，临死前仍一如既往。行刑日，凄凉肃穆、胸藏秀气、笔走龙蛇、蔑视权贵的一代文学评论家金圣叹就要走到生命的终点了。眼看行刑时刻将到，他的两个儿子梨儿、莲子望着即将永诀的慈父，泪如泉涌。金圣叹却从容不迫，泰然自若地说："哭有何用？来，我出个对联你们来对。"于是吟出了上联"莲子心中苦"。"莲"与"怜"同音，意思是看到儿子悲切恸哭的样子深感可怜。儿子哭跪在地哪有心思对对联？金圣叹稍思索说："起来吧，别哭了，我替你们对下联。"接着念出了下联"梨儿腹内酸"。"梨"与"离"同音，意即自己即将离别儿子，心中感到酸楚难忍。表面看来此对联只是对"莲子"和"梨儿"的写实描述，暗中却蕴含了一位父亲对孩子的深情。"莲子心中苦，梨儿腹内酸"，就是金圣叹临终前留下的一副流传千古的对联。这副生死诀别对，一语双关，对仗严谨，撼人心魄。

　　尽管金圣叹匆匆结束了其短暂的一生，但其个性之辛辣狂傲，思想之复杂多变，让后人从来没有停止过对他为人、行事的好奇之心。其实，生活中处处都充满了快乐，关键是我们要自己去探寻、去体验平凡生活中的乐趣。用平和的心态，用自己的宽容豁达来欣赏这个尘世间，寻找生活中点点滴滴的快乐，不亦快哉？

三、王夫之献身理想之乐

　　王夫之（1619—1692），明清之际衡阳（今属湖南）人，字而农，号薑斋，中年别号卖薑翁、壶子、一壶道人等。晚年隐居湘西蒸左的石船山，自署船山老农、船山遗老、船山病叟等，被学者称为"船山先生"。

王夫之少"负奇才",称"神童"。十二岁能咏诗作对,通晓文辞,以文会友,崭露头角。他出生之时,王家文士很多,其父王朝聘弟兄三人,父亲两中副榜,后入国子监攻读;二叔和三叔都是郡文学,三家子弟也多承习诗书。王夫之弟兄三人,他与长兄王介之、次兄王参之从青年时期就有文誉,人称"三凤"。

王夫之作为传统士人,处于明清之际的历史风云中,曾经积极组织抗清斗争。失败之后,鉴于明王朝失败和明末历史教训,有感于理想沉沦、信仰迷失、理学失范的极端危害,王夫之开始了重建本体论的哲学努力,力图为民族也为自己建立永恒的理想。王夫之对忧乐的思考也体现了其思想和理念。

(一)身心率循乎义

死亡虽然是天命注定的自然规律,而如何生却可以由自己做主。王夫之认为,生命一旦作为人而获得个体的存在,就有了自我意识与意志,人应当自觉地走一条有意义与价值的人生道路。尽管生命的死亡是个人无法左右和避免的,但"生"却可以经过设计而实现最高价值。这就是所谓"生而人,死而天,人尽人道而天还天德"(《张子正蒙注·乾称篇》)。生命的价值在于自己,生命的夭寿在于自然,人尽生命过程而创造价值,与自然运行生成万物一样多合乎天德。有鉴于此,一个人没必要忧虑死亡,尽人道而努力创造生命的价值,就是对自然规律的一种遵从。

当面对死亡或走向死亡之时,我们还没死,仍是生的方式,绝不能因为贪生怕死而违反了生存的理想与做人的原则。贪生怕死固然违反理想原则，但"不惜死以枉生"的态度，轻易地舍弃生命则是对生的否定，也是不可取的。王夫之强调对待生死的泰然："须穷时索与他穷，须困时索与他困，乃至须死时亦索与他死，方得培壅此羞恶之心，与气配而成其浩然。"（《读四书大全说·孟子·梁惠王下篇》）人一旦将穷困、生死都置之度外，就会拥有一种刚正宏大的精神，浩然正气油然而生，这样才能做到像人一样生存，才能具有自觉的自我意识，从而达到理想人生的最高境界。

内心要有永恒的原则，终身要有不变的理想，灵魂要驻守在永恒的理想家园，这才是人生最大的幸福。王夫之强调："行道而有得于心之谓'德'，唯行道之所得者为'不孤'。"（《读四书大全说·论语·里仁篇》）这就是说，人在献身于理想的奋斗过程中，也会不断提高和丰富自我的精神境界，既不惧怕在人世间的孤立，也不会因暂时的不被理解而感到孤独。无论经历多少艰难困苦，在追求理想的过程中，人的精神世界都充满获得理想与真理的愉悦。王夫之提倡："外利内养，身心率循乎义。"在他看来，终身持守着理想原则，向外创造价值，向内成就德性，达到人生的最高境界，就会感受到人生的无比快乐。

王夫之对人生、自我的价值，对自我成就理想人格，都充满了执着与乐观精神，别人很难看出他是一位遭遇乱世与丧国之痛、常常陷入困境之中的志士。他始终坚守自己的理想，从不会被利禄所诱，也不受权势所压，即使历尽千辛万苦，也矢志不渝。王夫之在抗击清兵失败之后，隐居石船山从事著述。

他晚年身体不好，再加上生活贫困，写作时往往连纸笔都要靠朋友周济。他七十一岁时，清廷官员前来拜访，想赠送些吃穿用品给他。当时，虽然王夫之有病在身，很需要一些日常生活用品，但他认为自己是明朝遗臣，所以拒不接见清廷官员，更不接受礼物，他还写了一副对联：

> 清风有意难留我，
>
> 明月无心自照人。

"清"指清廷，"明"指明朝，王夫之借这副对子表现了自己的晚节。他的高风亮节将光耀千古。

（二）以身任天下

王夫之强调人的能动性与道德自觉，论述了"立志"的重要性。他说："裁之于天下，正之于己，虽乱而不与俱流；立之于己，施之于天下……若其权不自我，势不可回，身可辱，生可捐，国可亡，而志不可夺。"（《续春秋左氏传博议·吴征百牢》）在此，王夫之充分估计了"正之于己""立之于己"所能产生的道德威力：即便到了"权不自我""势不可回"之时，它还可以使人不至于动摇自己的志气，丧失人格。

王夫之的"立志"主张，最终集中表现在其"以身任天下"的人生观上。他认定人有主观能动性，人能有所作为，改造自然和社会，"匹夫之志"应当表现在"以身任天下"的事业上。由此出发，王夫之阐发了自己的生死观、成败观："生之与死，成之与败，皆理势之必有，相为圆转而不可测者也。既以身任天下，则死之与败，非意外之凶危；生之与成，抑固然之筹画。"（《读通鉴论·五代上》）显而易见，王夫之把"生"与"义"，"珍生"与"载义"统一了起来。他还强调"珍生"与"载义"是不可分割的："生以载义，生可贵；义以立生，生可舍。名以成实，名不可辱；实以主名，名不可沽。"（《尚书引义·大诰》）王夫之所谓的"生以载义"，就是把生命看成实现道德原则的前提和基础；而"义以立生"，则是把维护道德原则作为生命的重要价值。正因为"生以载义""义以立生"，人生因行义而可贵，也可为义舍去生命，这将义的重要性提到生死的高度。

有鉴于此，生命是"可贵"的，但当"生"与"义"二者不能兼顾时，均应勇于"舍生"即自我牺牲。王夫之的这种人生观，继承了儒家"以身殉道""舍生取义"的优良传统，而且更加突出了生命的价值和人格的尊严，具有鲜明的时代特色。

王夫之主张生与义的统一，认为人既要"珍生"，又要"贵义"，轻视生命、生活是不行的，但人的生命、生活如果不遵循道德准则，也没有价值。他强调志节对人生的意义，强调志节是人区别于动物的标志，一个人应当懂得生死成败相因相转的道理，抱定一个"以身任天下"的高尚目标，矢志不渝地为之奋斗。

（三）德与得相通的幸福观

我国古圣先贤虽然较少直接探讨幸福的问题，但关于德与福关系的思考却是不绝如缕的。明清之际是诸种矛盾交织、发生天翻地覆巨变的时代。一方面，专制集权高度膨胀，礼教纲常愈趋严苛；另一方面，统治阶级极端腐败，政教失控，危机四伏，正统礼教的腐朽黑暗面暴露得更加充分。生于这个历史时期的王夫之，抓住时代跳动的脉搏，对已往的以义利关系为表现的幸福观念进行大胆、辩证地梳理，构建了其独具特色、极富价值的"德""得"相通，义利均衡的幸福观。

首先，从人性的高度看，王夫之认识到义与利为幸福的两个要素。人既有其自然属性，又有其社会属性，人既生活在世俗利益世界中，有"利"的需要，同时又生活在价值意义世界里，也有"义"的需要。幸福就是主体对"利"的需要与"义"的需要二者的追求，及其追求实现时产生的精神上的愉悦与满足，因而义与利就是幸福的基本要素。

其次，从理欲关系的高度看，王夫之充分论述了幸福的评价标准就是"义""利"相通的伦理精神原则。自古以来，尽管我国传统思想家对于幸福快乐有着各种各样的认识，但其中蕴含着共同承认的伦理精神原则，那就是"德""得"相通。尤其是坚持道义主义快乐论的儒家更是如此，孔孟儒家虽然认为在必要时要"杀身成仁，舍生取义"，但在根本上还是承认"德""得"的相通性。儒学注重伦理道德，崇仁尚义，儒家强调人如果没有理性和美德就不会有幸福、快乐，他们认为"幸福就在于善行"，他们提倡的是一种以行践道的追求幸福的方法。不仅儒学如此，佛、道两家也不例外，因为佛教的基本观点即因果报应，道家则一贯主张天道祸淫福善。儒、道、佛三教彼此推波助澜，使"德""得"相通的思想成为我国传统伦理精神的逻辑起点与原则要求。

王夫之在继承前人思想的基础上，认识到"义"与"利"对于人生幸福的不同价值。他认为："立人之道曰义，生人之用曰利，出义入利，人道不立；出利入害，人用不生。智者知此者也，智如禹而亦知此者也。"（《尚书引义》卷二）由此可见，义与利均是人生幸福不可缺少的要素。在此基础上，对于义与利的互补性与替代性，王夫之也进行了充分论述，他主张求利应符合义的要求，提倡"以理导欲"，必要时对利要有所超越，因为如果一味谋利，则"无物不可有，无事不可图，无人不可徵"（《尚书引义》卷五），这样的后果是极其严重的。王夫之还充分认识到幸福的获得还应是个体正义与社会正义的统一：一方面，他认为"无理则欲滥"，实际上是强调个体正义；另一方面，他又主张"人欲即天理"，实际是讲"天理"应符合人欲的合理需要，否则就不是"天理"，这实际上是强调社会正义。由此可见，王夫之是认同"义""利"相通的伦理精神原则的，并将其作为幸福的评价标准。

（四）真善美相统一之"乐"

王夫之的"乐"范畴将人性的自由境界与真善美统一起来，他所谓的"乐"，可以从以下两个层面去理解。

"乐"的第一层含义是主体的道德意愿。即"苟非其本心之乐为，强之而不能以终日。故学者在先定其情，而教者导之以顺"。乐于为善，自愿从事合乎道德的事情而不勉强自己，这样的善行才是真诚的，这样的善才是永恒的，这样的修养过程才能持之以恒。这种自觉与自愿的统一才会有道德的自由快乐境界。

"乐"的第二层含义是情感的愉悦。这种情感愉悦又可以从三个层面体验：

一是真，"心纯乎道，乐以忘忧"。这是全身心体味道之时所体验到的愉悦。这种境界本身就是道的境界。王夫之强调"道本人物之同得而得我心之悦者"。儒家的"道"并非具体的伦理规范，而是一种境界。如孔子言"朝闻道，夕死可矣！"王夫之所理解的"道"亦如此，是指一种真善美统一的自由境界。有鉴于此，"求"应该是一种精神愉悦的过程，必须乐于求道，并且得得道而乐，苦难的感受与道相悖。心情的愉悦是与理性的坚定联系在一起的，"富贵厚吾生，贫贱玉吾成，何怨乎！"

二是善，即因道德情感的满足而产生的愉悦。王夫之在《读四书大全说·孟子·离娄上篇》云：

> 唯能以事亲，从兄为乐，而不复有苦难勉强之意，则心和而广，气和而顺，即未尝为乐，而可以为乐之道洋溢有余；乃以之为乐，则不知足蹈手舞之咸中于律者，斯以情益和乐，而歌咏俯仰，乃觉性情之充足，非徒侈志意以取悦于外物也。此乐孝弟者所以为乐之实也。

这段话论述了伦理亲情的情感满足之快乐。伦理亲情的愉悦，自我个性全面发展的成就感，与前述求道的情感体验结合在一起，就是王夫之所能体验到的最高限度的情感愉悦。

三是美，即艺术与审美的愉悦。王夫之在《礼记章句·乐记篇》中较为全面地阐述了对广义的"乐"，即古代诗、乐、舞不分的浑然一体的综合艺术的基本看法，强调了"乐"最根本的艺术审美精神就是"和"，即和谐美。

王夫之从天地之气或阴阳二气的生化运动的角度，论证了"乐"的本质就是"和"。他认为，作为世界本原的太和之气处在一种氤氲变化的状态，它普遍地表现为万事万物的相互依存与和谐变化。音乐的本质就是这种太和之气氤氲变化、和谐运动的深刻体现，即"化之交感，乐之机也""中和之体具，而礼乐由是以兴"。显而易见，王夫之认为"乐"的本原乃太和之气氤氲化生的和谐运动，"乐"的本质是一种"和""和谐"。

王夫之还从人的主观心理或人的本性角度，多层面地寻求音乐的本原。在他看来，"乐"是人的本真的内在心性和谐地得以外化的产物。"太和之气凝之于人则发见于情，而乐由是以兴""乐之为体，本人心之正而无邪者利导而节宣之""心和而后乐以作"，等等。王夫之有关音乐起源的这些言论，所表述的无非就是一个意思："乐"出自本真的天机或中和的本心，是和乐之人心的外化。在他看来，"乐"就是"和乐之本心"借助于"长言咏叹舞蹈"而得到了表现。

综上，"和"或"和谐"是乐的本质。王夫之认为，只有在人与物之间保持一种亲善而非异己的审美关系的前提下，才会有"乐"的产生。在他看来，"物我交绥"的态度，才是艺术家的内在"欢忻豫悦之忱"；而"咏歌舞蹈""管弦干羽"只是对"物我交绥之意"的宣泄与传达。显而易见，王夫之所理解的"乐"，就是人与自然之间的一种亲和、友好关系，其要旨就是"和"，"和"是"乐"的本质，也是整个艺术，包括诗、乐、舞的基本精神。

总之，王夫之的哲学思想，是 17 世纪中国特殊历史条件下的时代精神的精华。他不仅是学术伟人，而且其人格也垂范后世。即使在困境与黑暗中，他内心的理性之光也不曾熄灭，他依然执着奋进，从不怨天尤人。即使在磨难与失败中，他精神的境界也不曾降低，而是更趋向上，他依然乐观豁达，从不虚无懈怠，从来没有丧失自己的精神家园。毋庸置疑，王夫之的人格与自我修养，对于在磨难中奋起的跋涉者具有启迪与鼓舞的作用。

四、颜元建功立业的幸福观

颜元（1635—1704），字易直，又字浑然，号习斋，博野（今河北安国市东北）人，是明末清初杰出的教育家，一生培养了众多的学生。高足李塨（1650—1733），字刚主，号恕谷，河北蠡县人。颜、李二人不仅有师承关系，而且他们反对释老，批判宋明理学，在倡导经世实学方面的基本观点相一致。后人称之为

"颜李学派"。

颜元处于清王朝的统治已经巩固时期。当时，宋明理学，特别是占统治地位的程朱理学，形成了一个"人人禅子，家家虚文"的所谓"文墨世界"。在这种社会背景下，颜元反其道而行之，大力提倡"实学、实用"的"经世之学"，高扬其"建功立业"的幸福观。

（一）主张"以义为利"

在义利关系问题上，颜元的基本主张就是"以义为利"。他强调义、利并重，既反对重义轻利者的虚妄，也反对见利忘义之徒的贪鄙。颜元与一般读书人的差别之处，就在于他不仅具有较深刻的思想，而且极其注重实践。在义利关系上也是这样，他不仅对义、利有着较为正确的认识，而且在现实生活中还始终践履着自己的准则。这主要体现在三方面，一是取利上严守一个"义"字，正如李塨给颜元所致悼词中所谓的"非其所有，一不取"；二是理财上"要贵善施"；三是当利益与事业发生冲突时，要舍利益而重事业。

颜元不仅洁身自好，能够正确处理义利关系，而且他还经常教育自己的学生及后代也要时时处处坚守"义"。有一个雪夜，天气寒冷，他与自己的养孙要烤火取暖，别人家的柴草近而自家的柴草远，其孙本想就近取些柴草来烧，但转念一想，这不是自家的柴草不能取，取了就是不义，于是他就到远处取了自家的柴草来烧。颜元褒扬了其行为，说这有三好：一是暗夜不欺，二是义利明，三是举念能断。颜元还以此为教，鼓励学生和孩子们都这样做。

　　"要贵善施，不为守钱虏"是颜元的一大理财主张。在日常生活中，他虽然反对人们矫饰节俭、廉洁，沽名钓誉，但对那些确实有经济困难而需要资助的人，颜元能做到解囊相助。例如，他南游中州时，经过淇县，拜访王余岩，其师五公山人王余佑之弟，"老病，留金于其孙世臣，为养资"（《王余佑文献资料汇编·颜李师承记·五公山人传》）。当颜元发现对方年老体衰又生病时，就给他孙子留下了钱财，用来为他养老。颜元的师友亲朋有难，凡能相助者，他都会竭心尽力给予帮助。

　　难能可贵的是，当谋个人利益与干事业发生矛盾时，颜元能够为事业而放弃个人利益。颜元最初设馆授徒，其目的是为了谋取生计，可当有人高价聘其为馆师时，他却拒绝不就。颜元还赋有一诗，以表自己的心志："千年绝业往追寻，才把工夫认较真，吾好且须从学习，光阴莫卖与他人。"这首小诗，把颜元中年以后为事业而弃利益的远大抱负表现得淋漓尽致。

（二）倡导"利济苍生"的人生观

　　颜元作为功利主义的代表人物，奉行功利主义的道德观，他将"义""利"统一起来，提倡"利济苍生"的人生观。他提倡"谋利计功"，其着眼点首先在于谋天下人之利，计天下人之功，为天下人建功立业。这就是颜元所谓"斡旋乾坤，利济苍生"的事业。王昆绳曾经在《颜先生年谱序》中称，先生"慨然任天下之重，而以弘济苍生为心"。这话恰如其分地反映了颜元的人生观。颜元对于人生持积极向上的态度，他认为："人则独得天地之全，为万物之秀也。得全于天地，斯异于万物而独贵。惟秀于万物，斯役使万物而独灵。"（《习斋记余》卷六）这实际上是要求人充分发挥自己的主观能动性，自强不息，积极进取，努力建立一番功业。

颜元非常重视人类的社会义务和道德责任。他以对天下贡献之大小作为衡量人生道德价值的尺度。《习斋记余》卷六"人论"中有这样一段话：

> 生人之义虽同，生人之方各异……万有之不齐……而人之自为，则不以是拘焉。有为一人之人，有为十人之人……有为天下之人；有为一时之人，有为百年之人，有为千年之人，有为万年之人，有为同天地不朽之人。

这段话中，提到了"自为""有为"概念。在"自为"的竞争之下，颜元的新世界是不平等的，这正是市民阶级的观点。而"有为"社会是颜元的理想世界，由此就派生出其功利论。颜元提倡做"同天地不朽之人"，这种人须具有一种"千万人中不见有己，千万人中不忘有己"的品德。所谓"不见有己"，强调的是一种客观的忘我精神；所谓"不忘有己"，则强调的是一种自觉的道德责任感。正是从这种人生观以及功利主义道德原则出发，颜元主张"立功""立业"，以"富天下"和"强天下"。

颜元认为圣人应当是敢于"转世"的"弘毅之士"。他主张圣人要有敢于"转世"的勇气，正如《习斋先生言行录·言卜》云："凡读圣人书，便要为转世之人，不要为世转之人，如韶龄入学受书，即不得随世浮沉矣。"所谓"转世之人"是指敢于冲破一切阻力去实现自己理想的人；反之，"世转之人"则指随波逐流之人。他也主张圣人要有一种气概，那就是"勇往直前，以我易天下，不以天下易我，宏也；举国非之而不摇，天下非之而不摇，毅也"（《习斋先生言行录·杜生第十五》）。"转世之人"即扭转乾坤之人，即"我易天下"；反之，"世转之人"即随世沉浮之人，即"天下易我"。可见，颜元所颂扬的"转世之人""宏毅之士"，就是站在时代潮流前列的敢于创新的革新家。他强调"转世"精神，强调"举国非之而不摇"乃至"天下非之而不摇"，呈现出强烈的时代特色。这就充分反映了颜元以天下为己任的社会责任感。

颜元提倡"主动"精神，主要表现在"践履""习行"上。他把求学问知识和提高道德修养的方法总结为不断实学、实习、实行。他强调知识的获得必须"亲手下一番"工夫，否认有什么生而知之的"圣人"。因而颜元十分强调"习"字，他指出：

一时学行，受一时之福；一日习行，受一日之福；一人体之，赐福一人；一家体之，赐福一家；一国、天下皆然。小之却一身之疾，大之措民物之安，为其动生阳和，不积痰郁气，安内扦外也。（《习斋先生言行录·习过之第十九》）

在颜元看来,"习行"不仅是知识的源泉,而且是"健身""养性",造福人类的唯一途径。颜元把"习行"儒家礼乐视为快乐幸福,这种乐观念对促进儒家德化,以及人们践行儒家社会责任无疑具有积极的推动作用。

五、魏源的君子乐道

魏源(1794—1857),原名远达,字默深,湖南邵阳人。魏源之字"默深",有默而深思之意,这个名字的来历与他的性格有关系。他从小就与别的小孩不一样,很少嬉笑打闹,也不爱多言,总是单独一人静悄悄地坐在一边。别人对此不解,其祖父却看出了他的不平凡,给他取字为"默深",而且叮嘱家人:"这孩子品性不凡,必须好好哺育他成人。"魏源从小刻苦攻读,果然不负祖父之望,成为一个著名的人物。魏源与龚自珍同为当时"通经致用"的代表人物,世称"龚魏"。他著作宏富,传世著作多达四十七种。在幸福快乐论上,魏源主张君子乐道。

(一)君子乐道,提倡"众福"

魏源强调"众利""众福"的重要性,认为这是维护"君子之利""君子之福"的前提和基础。他认定"祸与福同根",他所谓的"根",就是众人的利益能否得到保护,如果连国家民族的安危、民众的利益都无法保障,那么君子的"利"与"福"就会缺乏根基。《默觚·学篇七》云:"众所福,君子不福,不福其祸中之福也；众所利，君子不利，不利其害中之利也。消与长聚门，祸与福同根。岂惟世事物理有然哉？"魏源这种对祸福的分析是深刻的，体现了辩证法意识。所谓"消与长聚门"，即"祸"与"福"不是固定不变的，二者在一定条件下可以互相转化。表面看来，众人之"福""利"，似乎同君子之"福""利"是矛盾冲突的，然而实际上，只要"众所福""众所利"，也就免除了君子的"祸"与"害"，因而君子也得到了"祸中之福""害中之利"。魏源的这些论断，实际上强调了清朝抵御外侮的前提，那就是国内政治革新与众人"得福"。这种见解是相当深刻的。

有鉴于此，魏源要求统治者和一切士人都"以义为利"，即以民族大义为重，把全民族的利益放在首位。魏源在提倡君主应当"利民利国"的同时，还特别阐发了民族大义与个人利益的一致性，强调了加强道德修养与提倡个性解放的一致性，极力提倡"见利思义""见利思害"和"朝闻道，夕死可矣"（《默觚·学篇十四》）的精神。

魏源还进一步将其祸福观与义利观联系起来。《默觚·治篇十六》云：

> 见利思义与见利思害，讵二事哉？无故之利，害之所伏也；君子恶无故之利，况为不善以求之乎？不希福，斯无祸；不患得，斯无失；不求荣，斯无辱；不干誉，斯无毁。暴实之木根必伤，掘藏之家必有殃。非其利者

勿有也，非其功者勿居也，非其名者勿受也。窃人之有
者害，居人之功者败，无实而享显名者殆。

这段言论是建立在魏源的是非与利害、义与利相统一的基础
之上的。"见利思义"，即如果"利"是适宜的、合理的，则得之
无愧。"见利思害"就在于这"利"是不适宜"之利"，就成为
"害之所伏"。魏源反对那些"窃人之有""居人之功"、沽名钓誉
等不道德的行为，他认为这样做都不会有好结果。这显然是在警
告那些只图谋私利，不顾民族安危的道德败坏的官僚士大夫们。

（二）祸福之天命与人为

对于祸福之天命与人为的关系，魏源有自己的独到见解。他
一方面认为"福利荣乐，天主之"，另一方面又强调"祸害苦辱，
人取之"（《默觚·治篇十六》），二者之间的矛盾是显而易见的。
不过，总体而言，魏源强调的是后者，即人为的作用。《默觚·学
篇八》云：

诚知足，天不能贫；诚无求，天不能贱；诚外形骸，
天不能病；诚身任天下万世，天不能绝……人定胜天，
既可转富贵寿为贫贱夭，则贫贱夭亦可转为富贵寿。

在魏源看来，"富贵寿""贫贱夭"之间不是一成不变的，而
是可以相互转化的，关键就在于人为的作用。当然，由于历史的

局限，在这个问题上，魏源还不可能觉察到社会条件在实现这种转化中所起的重要作用。

魏源强调君子乐道和"灵魂自悟"。《默觚·学篇十》云："君子以道为乐，则但见欲之苦焉；小人以欲为乐，则但见道之苦焉。欲求孔颜之所乐，先求孔颜之所苦。"在他看来，君子把道义当作快乐，只要见到贪欲就以为是苦；反之，小人把贪欲当作快乐，只要见到道义就以为是苦。他强调，要想获得孔颜之乐，必须先经历孔颜之苦。魏源认为，每一个人通过学习和修养都可以达到思想上的"灵魂自悟"之境界，成为大知大觉的人，从而也就能够做到"人能与造化相通，则可自造自化"（《默觚·学篇二》）。显而易见，这种说法有夸大个人精神力量的倾向，但毋庸置疑，在当时的历史条件下，魏源强调"造化自我"，不为命运所拘，自然具有鼓舞人们投身挽救民族危亡之努力的积极作用。

总之，作为启蒙思想家的魏源，是近代中国"睁眼看世界"的首批知识分子的优秀代表。他主张变法革新，思想解放，强调人的主观能动性，认定"才智自雄，自造自化"，认为不管是祸福、智愚的转化，学业、德业的进退，都取决于自身的努力程度。他想象"人定胜天"，歌颂"匹夫之志"，反对宿命论。这些思想在当时具有重要的启蒙作用。

第十章

近代新学家之乐论

中国近代社会是一个半封建半殖民地的过渡的社会形态，是中国历史上又一个大动荡、大变革的时期。伴随着社会的动荡与变革，人们的思想观念也随之发生了巨大的变迁。严复、康有为、梁启超等近代新学家从西方接受了"幸福论""快乐论"，并结合传统儒家的苦乐观对其进行了发挥。于是，在中国又出现了一种新的苦乐观。这种苦乐观与传统儒家的苦乐观既存在分歧，又有契合之处，体现了其鲜明的时代特色。

一、"求乐免苦"论

康有为（1858—1927），原名祖诒，字广厦，号长素，又号更生，广东南海人，人称南海先生。其著作丰厚，主要有《大同书》《新学伪经考》《论语注》等。

康有为既是戊戌维新运动的首要人物，也是近代思想史上的先驱。他在民族危亡时毅然担当起思想上启蒙和政治上变革的大任。他不仅为中国近代社会的政治变革做出过不懈的努力，而且对近代中国新伦理的构建也做出了贡献。他吸取西方思想，对传统儒学进行了近代化的改造，宣称平等、博爱的人道主义伦理学说，提出"求乐免苦"的幸福原则。

（一）人皆欲"免苦趋乐"

在理欲关系上，康有为不赞同程朱理学所提倡的"存天理，去人欲"之说法，他对西方快乐主义伦理观的某些观点也提出了不同意见。总体而言，康有为的理欲观继承了先秦儒家的学说，但也有较大的改变，他认为人皆欲"免苦趋乐"，提倡"以礼节欲"。康有为指出，人的物质生活欲望是出于人的自然"天性"："人生而有欲，天之性哉！"只有满足人的各种欲望，才能畅其天性，使人感到快乐。

康有为列举了人类诸多的欲望，指出人类"免苦趋乐"的欲望，是推动社会向前发展的原动力。他认为，人们为了满足自己的各种欲望，不断地同大自然作斗争，才使得自身生存的各种物质生活条件和精神生活条件不断改善。只有满足人们的基本生存需要，以及生理的、精神的各种欲望之后，社会才能有序，政治统治才能稳固，人类社会才能不断进步。

康有为充分肯定人类具有"免苦趋乐"的欲望。与此同时，他还进一步指出人们"求乐"的欲望大体可分为两种：其一是"有形之乐"，即人们为了满足自身生理需求的物质欲望；其二是"灵魂之乐"，即人们自身不必与现实世界发生任何关系而使

自己的精神得到满足的欲望。康有为重视的是"灵魂之乐",那
么,"灵魂之乐"如何满足呢?他的途径为"专养神魄,以去轮回
而游无极,至于不生、不灭、不增、不减"。[1]换言之,人们要完
全摆脱世俗的物质世界,舍弃一切物质欲望,依靠自己主观精神
的"练神养魄",摆脱自己的形体,成为纯粹的灵魂,进入神仙的
境界。如此,就是所谓的"灵魂之乐"。康有为认为,"身有生死,
魂无变易"。"有形之乐"只是凡俗之乐,而"灵魂之乐"才是高
尚之乐。

康有为虽然重视"灵魂之乐",但他并没有轻视"有形之乐",
而是对"人世间有形之乐"给予了一定的关注,他肯定了人们物
质生活欲望的合理性。然而,他反对没有任何节制的纵欲,主张
"以礼节欲"。他强调:"人生而有欲,天之性哉!欲无可尽,则当
节之。"[2]作为生活在社会中的个人,不能纵欲过度,否则便是违背
了礼。因为人们生活在群体当中,只有恰当处理个人与他人、个
人与群体的关系,促使人际关系和谐、社会和谐,才能"免苦趋
乐"。与此相反,假如一味放纵个人的欲望,只顾满足自己的欲
求,那就必然会损害他人的利益与群体的利益,就会造成人与人
之间的纷争、社会秩序的不稳定,最终个人的欲望也无法满足。
有鉴于此,康有为提倡"以礼节欲"的道德原则,只有这样,才
能达到人们"免苦趋乐"的目的。

---

1 康有为:《大同书》,北京古籍出版社1959年版,第300页。

2 同上,第41页。

在康有为那里，"礼"就是人们言行的道德规范。通过礼的调节，社会成员之间的关系得以维系，人们"各得其分，各得其乐，而不相侵""相与共其乐"。大体而言，康有为的"礼"对传统儒家的"礼"既有继承，也有创新发展，既有相同之处，但也有区别。康有为的"礼"体现了资产阶级合理利己主义的伦理观念。他试图在资本主义生产关系的基础上建立起一种人与人之间的新型关系，就是既要满足个人的各种欲望和要求，又不侵犯他人满足欲望的正当权益和自由，不妨害群体的利益和正常的社会秩序，使每个人的"名分"地位各得所宜，人人"各得其乐"。

（二）"依人为道"的去苦求乐

康有为认为，人类社会之进步与倒退，创教立法之是非善恶，治乱分野之基本标准，就是能否适应人们"去苦求乐"的要求。这正如他所言："一切政教，无非力求乐利生人之事。故化之进与退，治之文与野，所以别异皆在苦乐而已。"[1]

不仅如此，康有为指出，人类的各种欲望和求乐免苦的要求，是一切社会伦理道德、制度得以产生的重要依据。在他看来，伦理道德"皆以为人谋免苦求乐之具而已矣""父子、夫妇、兄弟之相亲、相爱、相收、相恤者""人之所乐也"。为满足人情的这种要求，"圣人"乃"因人情之所乐，顺人事之自然，乃为家法以纲纪之，曰：父慈、子孝、兄友、弟敬、夫义、妇顺""其术不过为

1　康有为：《大同书》，北京古籍出版社1959年版，第293页。

人增益其乐而已"，为"保全人家室财产之乐""为之立国土、部落、君臣、政治之法"，[1] 以免除无人保护之苦。

康有为否定了传统的道德人性论，直接得出了人之情欲合理的主张，认为人的欲望只能"因而行之"。他在《大同书》中多方面论证了人生去苦求乐的正义性和合理性，充分肯定了发展物质文明的重要性，要求改善人们的苦难生活，期盼在人世间建筑起"大同世界"的美满天堂。对此他指出："普天之下，有生之徒，皆以求乐免苦而已，无他道矣。其有迂其途，假其道，曲折以赴，行苦而不厌者，亦以求乐而已。"[2] 既然求乐免苦是人的特性，那么对人性"因而行之"的高度实现，就是康有为在其理想社会"大同"之世中所设定的使人去苦得乐的目标。

人从出生开始，就能感知外界的各种刺激，感觉舒畅便会愉悦快乐，从而欣然接受，感觉痛苦便会身心抑郁。在康有为看来，人们之所以建立家法族规用以规范父子、夫妇、兄弟之间的人伦关系，正是为了"求乐免苦"。因为人是一种社会动物，不能离群独处，而父子、夫妇、兄弟之间的人伦关系不仅可以使彼此在患难时互相救助，还可以使人享受家庭亲人之间团聚的欢乐。

人们立国家、部落、政治之法，也是为了"求乐免苦"，因为人人都有"结党而争胜，从强而自保"的愿望，并以此为乐。还有那些忠臣、孝子、义夫、猛将等备受苦难折磨之人，也只是为

---

1 康有为:《大同书》，北京古籍出版社 1959 年版，第 5—6 页。

2 同上，第 6—7 页。

了"求乐免苦",尽管他们之所乐,在于荣誉与尊严。有鉴于此,康有为认为,每个人从本性上说都是"求乐免苦"的,而人生的唯一目标就是去苦求乐。

康有为的苦乐观是"依人为道"的。所谓"依人为道",就是一切皆以人为中心,以去苦求乐的人之本性为中心。在此基础之上,人类的理想社会就应该是一个真正顺应人去苦求乐的自然本性的理想境界,而人的自然本性就是对幸福和快乐的追求,"因人情之所乐,顺人事之自然",一切政策和社会活动的目的都应以此为准绳。

事实上,康有为所提出的"依人为道",是一种融合中西人道思想的中国近代人道主义精神。面对现实社会的各种苦难,康有为高扬人道主义的博爱精神与儒家积极入世的实践精神,更多的是去思考如何帮助人们去苦求乐。对此,康有为寄希望于通过对社会的改造去拯救劳苦大众,以去苦求乐,达到幸福的大同世界。

(三)以"大乐"为旨归

虽然康有为认为一切顺乎人情则为乐,悖逆人情则为苦,以人的"乐"为归宿,但他又强调顺乎人情的求乐也必须体现仁爱精神:"人者仁也,人以仁爱为生,故义从之出而人行之顺,故为义之本顺之体也。"可见,康有为的幸福观在重世俗之乐的同时,也重高尚之乐,始终没有推卸人应当承担的社会责任,而是将人的"求乐"与"求仁"结合起来,既强调合理利己又讲群己和谐。

康有为在肯定世俗之乐的基础上，又对乐进行升华与超越，这种超越性的乐就是"大乐"，它具体表现为：拯救众生的不忍之欲。倘若人人都能自觉追求这种"大乐"，必然能化解国家、民族、人际之争，并最终走向幸福的大同世界。

以"大乐"为旨归，康有为又对"求乐"进行了具体的层次区分。一方面，"求乐"可以分为世俗之乐与高尚之乐。世俗之乐是以求得个人享乐为最终目的；高尚之乐则是在拯救众生中所实现的"大乐"，是人们所应当追求的人生理想。康有为认为，人们在求"乐"时，应既重世俗之乐又重高尚之乐，如若仅追求"大乐"而忽视世俗之乐，"大乐"就会失去生存的根基；如若一味去追求世俗之乐，忽视对"大乐"的追求，就不能求得真正的幸福。

另一方面，"求乐"可以分为物质之乐和精神之乐。所谓"物质之乐"，指人类一切的感官享乐，所谓"精神之乐"，指人类的"灵魂之乐"。康有为认为，人世间除了"有形之乐"以外，还有无形的"灵魂之乐"。"有形之乐"是世俗之乐，是短暂的，而"灵魂之乐"则是"浩大深长"的，是人类终极的快乐，即幸福。

康有为既然肯定了人们追求物质利益的合理性，鼓励人们"求乐免苦"，但又何以提倡人们追求"灵魂之乐"呢？这与其政治活动密切相关。当时维新派的变法活动遇到了许多困难和阻力，政治上十分孤立。在这种情况下，他们需要有一种与顽固势力相抗争、激励自己为变法维新而献身的精神力量。因之康有为找到了所谓的"灵魂之乐"，来激励自己和所有的维新改革者。

总之，康有为"大同"思想中最合理的内容，是平等观念、民主思想、博爱主义及其满足论的幸福观。康有为既重视现实之乐，以强调"人世间有形之乐"为主，但在现实的"求乐免苦"无法实现之时，他又主张精神之乐，倡导以"灵魂之乐"来安慰、激励人们。康有为的乐观念不仅具有鲜明的平民意识，而且具有现实适应性。

二、"合理利己主义"之乐

严复（1854—1921），原名宗光，字又陵，后改名复，近代福建侯官（今闽侯）人。近代资产阶级启蒙思想家，著名的翻译家、教育家，传播社会学的先驱者。其译著《天演论》宣传"物竞天择""适者生存"之生物进化论，以唤起国人救亡图存的意识，影响极大，其中也对苦乐问题进行了阐述，蕴涵着其苦乐观。

（一）人道皆"背苦趋乐"

善恶与苦乐的关系是善恶标准中的一个重要内容。禁欲主义通常以苦为善，道家认为善与乐是统一的，佛教则以苦为善。早期儒家在这个问题上处理得比较辩证，但宋明理学则在某种程度上出现了禁欲主义倾向。深通西学的严复，是从人生的根本目的之角度来看待这个问题的。他把"背苦趋乐"看成人的本性，以苦乐为善恶的标准。《天演论》之按语对此有说明："人道所为，皆背苦而趋乐。必有所乐，始名为善，彰彰明矣。故曰善恶以苦乐之广狭分也。"[1] 在严复看来，善恶不再先验于人的本性，而不过是自然进化的结果。无论世道如何变迁，终当背苦趋乐。基于此，生民之欲成为新的自然权利，衡量善恶的标准不再是德性的完满，而是能否满足"去苦求乐"的自然欲望。正是由此，严复赋予"人道"以新的伦理含义："人道所为，皆背苦而趋乐。"也就是说，"人道"不再是弃恶扬善的道德教化，而是背苦趋乐的人欲满足。严复将人性中的苦乐欲求区分为各种不同的类型，诸如逐利之乐、牺牲之乐等。在传统的道德话语中，这些欲求昭示着不同的道德类型。但这种差别在严复那里显然已经失去意义。在他对人道话语的重构中，追求快乐成为至善。

最初触动严复反省人道观念的是世道人心之卑下。1905 年，孙中山在英国拜会严复时，已听闻他对中国民品之劣、民智之卑的感慨。基于此种现实观察，严复在次年出版的《政治学讲义·自序》中，调整了人道苦乐观：

> 虽然，尚有说焉，夫背苦而向乐者，人情之大常也，好善而恶恶者，人性所同具也。顾境之至也，苦乐未尝不并居；功之呈也，善恶未尝不同域；方其言乐，而苦已随之；方其为善，而恶已形之焉。[2]

1　严复：《天演论》"导言十八·新反"，《严复集》（第五册），中华书局 1986 年版，第 1359 页。

2　严复：《政治学讲义·自序》（1906），《严复集》（第五册），第 1242 页。

严复已经意识到，在现实实践中，善恶苦乐相随并举，因而进步之途颇为艰险。尽管如此，他还依然寄希望于渐进调适之变法，并没有完全陷入悲观。

其实，将"背苦趋乐"看作人之本性，以苦乐为善恶的标准，是西方快乐主义道德观的一种观点。它反映了资产阶级利己主义的道德观念。严复接受了西方这种快乐论思想，不过对于如何解释"苦""乐"问题，他有着区别于西方学者的独到见解，区别于赫胥黎的极端利己主义的观点，严复提倡的是"合理利己主义"。

（二）提倡屈己为群之乐

严复对先秦墨家的某些思想观点非常感兴趣。他在自己译著的按语中，曾明确表示赞赏墨家以"自苦为极""摩顶放踵以利天下"的道德观点。严复之所以赞赏墨家的观点，是因为墨家的"兼爱"道德观念与近代西方资产阶级的"博爱"观有某种相通之处。严复虽然注重以苦乐与功利作为评价行为善恶的道德标准，但他还认为不能片面地强调个人的苦乐与功利，必须同时考虑到国家、民族的苦乐与功利。这显然受到了墨家"兼爱"思想的影响。

在西方资产阶级思想家关于利己主义的诸多伦理学流派当中，严复最为赞赏"合理的利己主义"的道德学说，提倡"群己并重，舍己为群"，兼顾社会群体与个人的利益。严复反对毫无意义地为群体、他人的利益而牺牲个人利益的行为，也反对为个人利益而不顾他人、群体利益的极端利己行为。因而严复所注重的"合理利己主义"之伦理道德观念，与极端自私的利己主义道德观有着根本的区别。"自私""利己"是以不损人、不害群为原则的。"爱他""利群"又以不损己为前提。只要人人都能如此，就可以做到既"爱他""利群"，又"自私""利己"。这种道德观念对于新兴资产阶级要求个性解放，维护个人的正当权益产生了积极作用。

严复反对西方极端利己主义者的"屈己为群无可乐"之观点，认为那些"摩顶放踵以利天下"的人，虽"苦者吾身"，而天下"乐者众也"。如慈母对于子女，勤劳顾恤，若亡其身，虽"母苦而子乐也"，但"母且即苦以为乐"。因此，在非极盛之世，"必彼苦而后此乐，抑己苦而后人乐"，只有到了极盛之世，才能人人极乐。有鉴于此，严复一方面肯定了"人道以苦乐为究竟"，另一方面又主张"摩顶放踵以利天下"，这说明他力图把西方资产阶级的苦乐观同墨家的"兼爱"观结合起来。这也说明，近代新兴资产阶级发展民族资本主义与保卫民族独立生存的作为，都被严复视为利乐天下的高尚行为。

严复强调屈己为群是快乐之事。赫胥黎著作中有这样两句话："实践'自我约束'和断绝欲念并不是幸福，尽管它或许比幸福好得多。"[1]严复在《天演论》按语中把上述观点概括为："屈己为群为无可乐，而其效之美，不止可乐。"但是紧接着他就批评这个观点"于理荒矣"。言外之意，为集体牺牲自己应当是一件快乐的事。

---

1 [英]赫胥黎著，翻译组译：《进化论与伦理学》，科学出版社1971年版，第30–31页。

三、趣味人生与心魂之乐

梁启超（1873—1929），字卓如，号任公，别号沧江，又号饮冰室主人，广东新会人。他十七岁时师从康有为，从此走上救国之路。二十一岁时赴北京参加会试，为官后随康有为发动"公车上书"，世称"康梁"。其学识渊博，著述宏富，其著作编为《饮冰室合集》。

梁启超是中国近代杰出的资产阶级政治家、学者、教育家。他一生最精彩的活动当属与康有为共同领导的戊戌维新运动。他在实际的政治活动中，际会风云，虽说有成功、顺利，但迭遭失败、历经坎坷亦是事实。但梁启超从不颓唐，总是兴味盎然地去从事其事业。他这种乐观的人生态度，当然与其快乐观密切相关。

（一）主张趣味人生

人生活在世界上有什么意义？怎样的生活才是理想的生活？对此人生根本问题，梁启超创造性地发扬了中国传统的自得、乐生意识，他认为："天天快活，无一点烦闷气象。这是一件最重要的事。"他所赞美的其实就是孔子那种"乐以忘忧"的生活。

在日常生活中，梁启超重视精神安乐、安稳的生活。反之，若终日生活在苦恼、忧惧、烦闷里，那生活便只有可悲，更无可乐。

梁启超很看重"趣味"对人生的作用，认为"趣味是生活的原动力"。既然趣味在人类生活中占据重要的地位，那么趣味就不是指活着，而是指活得有意义。

如何才能获得趣味人生呢？梁启超认为应该力求"主一无适"。所谓"无适"，可以理解为"无往而不适"。意思是所到之处没有不顺其心意的。梁启超说："惟无适之义，则似平实而最切于用。欲求无适，必先有所主，而所主者必须为足乎己而无待于外者，否则非主也，而役从也。"换言之，在你的心灵深处必须辟出一个花园，那里草木郁郁葱葱，百花争艳，让你感到快乐和满足。有这个园地，谓之人生有"主"，人生也就有了依傍和目标。这当然就是"主一无适"的人生了。简言之，一个人所"主"者，必得有一种精神的超越。

梁启超认为一个人悲观、颓丧，惶惶不可终日的原因在于心中无"主"，也就是没有自己的精神追求，心灵深处没有"自己的园地"。[1]有些人明明无所事事，却叫喊活得累，就是因为他们不能把握自己的命运。梁启超曾为朋友拟了十六字的座右铭："必有事焉，知止乃定，莫非命也，乐天不忧。"有自己的精神天空与人生追求，每天都很充实，乐天知命而又奋斗不息。

梁启超自己的人生就是趣味人生。他的一生是通达乐观、进取充实的一生，他自称信仰的是"趣味主义"，即人活得要有意思。怎样活才有意思？1922年，正是梁启超知天命之年，他发表了《学问之趣味》的演讲。梁启超通过切身感受，讲如何产生"学问之兴趣"。他对学生们说："我一年到头不肯歇息，问我忙什

1　周树山：《乱世和末世的自我救赎——梁启超的人生哲学》，《书屋》2012年第5期。

么？忙的是我的趣味。"接着，梁启超对"趣味"做了界定："凡趣味的性质，总要以趣味始以趣味终。"他认为，能"以趣味始以趣味终"的，只有学问、艺术、游戏、工作这四项。还是1922年，梁启超在直隶教育联合会做《趣味教育与教育趣味》的演讲。他说："假如有人问我，你信仰的什么主义？我便答道：我信仰的是趣味主义。……我每天除了睡觉外，没有一分钟一秒钟不是积极的活动，然而我绝不觉得疲倦，而且很少生病。因为我每天的活动有趣得很，精神上的快乐，补得过物质上的消耗而有余。"[1]梁启超提出"生活情趣化"。在物质生活之外的文化生活的世界，他拼命读书、拼命问学、拼命著述，活得有趣、活得快乐。

究竟什么是趣味呢？普通人应如何过"趣味"的人生呢？梁启超将学问当作趣味，认为"学问的本质能够以趣味始，以趣味终，最合于我的趣味主义条件"。当然，不是所有人都是学问的人生，也可以是劳作的人生、游戏的人生（不是游戏人生，譬如收藏、旅游、做票友，亦可谓之游戏，它足可使一个人活得兴味盎然）、艺术的人生，所以，普通人要想活出意思来，尽可以找到自己的趣味。

从"主一无适"的人生到趣味人生，梁启超的人生哲学贯穿了一种积极进取的乐观精神，对于某些身处迷惘苦闷中的人们应是一剂有益的良药。

---

1 《梁任公学术讲演集》第一辑，商务印书馆1926年版，第147页。

趣味是乐于某事、某物的心理感受,趣味之乐是行动的动力。梁启超以教育趣味为例,对趣味人生所追求的快乐之性质曾经界定为:

> 第一,要继续的快乐。若每日捱许多时候的苦才得一会的乐,便不算继续;
>
> 第二,要彻底的快乐。若现在快乐伏下将来苦痛的根子,便不算彻底;
>
> 第三,要圆满的快乐。若拿别人的苦痛来换自己的快乐,便不算圆满。[1]

这段话指明了真正使生活有价值的、完满的快乐应具备的两大特点:其一,趣味之乐是即劳作即趣味的,而不是把日常应做的事搁置一边而另寻消遣的短时之乐。以工作、事业本身为乐,生活才不是苦役而是持续的享受。其二,趣味之乐是不会产生任何负面效应、有损于他人快乐的。如果为了个人快乐而导致别人痛苦,则是自私的、卑下的快乐,迟早会因为受到谴责而丧失其乐,招致痛苦。

快乐、幸福是人类共同的追求,但怎样才能生活得愉快、幸福?梁启超的答案是,趣味使生活愉悦、幸福。趣味是欣赏、爱

1　梁启超:《教育家的自家田地》,《梁启超全集》第七册,北京出版社 1999 年版,第 4011—4012 页。

好，是情绪的美妙的感动，是"好之乐之"的自由愉悦，是一种心灵享受。趣味能使人对生活产生快乐幸福的评价，生平靠趣味作生活源泉的梁启超就觉得"人生是可赞美的，可讴歌的，有趣的"。趣味的精神享受性对成就人生幸福有着特殊的贡献。

趣味的反面，就是干瘪、萧索。没有趣味，就没有欣赏、愉悦、生机活力，人只是没有意义地活着。在梁启超看来，生活不至于乐，生活不至于趣味，则不可谓之生活。

既然趣味对于人生有如此重要的意义，是生活的动力与价值所在，那么，如何建构趣味人生呢？梁启超指出的修养趣味之路径是：以情感陶冶为基础，进而提升精神境界，最终达成趣味人生境界。

梁启超非常强调"心"的作用，如果说趣味是一种境界，那它正是由心造成的。正如其《自由书》所言："境者心造也。一切物境皆虚幻，惟心所造之境为真实。"有鉴于此，快乐与否就在于心，"乐之忧之惊之喜之，全在人心"。梁启超赞赏那些豪杰之士，"无大惊，无大喜，无大苦无大乐，无大忧无大惧"。作为人生境界而言，这种"无大惊，无大喜，无大苦无大乐，无大忧无大惧"，正是古圣先贤所推崇的"与天地精神相往来"的"至乐"境界。

梁启超的"趣味人生"观是具有积极意义的。从其个人的生活实践而言，这种"趣味主义"人生观正是他的生活动力之一。这种人生观使他能正确地对待成功与失败，不以物喜，不以己悲，永远保持蓬勃的朝气和可贵的战斗精神。众所周知，梁启超一生遭遇了许多失败，甚至危及生命，但他不悲观、不灰心，总是兴味无穷、不屈不挠地去从事其事业。为了更加全面地表达其人生观，他说他平生最爱用的有两个词：一是"责任心"，二是"趣味"。"趣味"是对生活持一种品赏、玩味的态度。用来对待工作则为"乐业"，即工作首先要有"责任心"，力求把工作做好。

（二）以众生之苦乐为苦乐

梁启超是一个典型的乐观主义者，其乐观主要体现在他对人类进化和未来抱有莫大的希望上。他主张要不惜牺牲当前利益而为未来的事业奋斗。按照常人的观念，他们这种"好为自苦"的做法，似乎是"大愚"。然而梁启超在《说希望》中认为："苦乐本无定位，彼未来之所得，固足偿现在之失而有余，则常人所见为失而苦之者，必固见为得而有以自乐。"人们的价值观不同，决定了人们对"苦""乐"的追求也不同。一切有远大眼光和宽广胸怀的有识之士，都能为未来的前途和利益而艰苦奋斗，且把这种"自苦"当作"自乐"。

梁启超认为，人生行乐当牺牲小乐以取大乐，忍小苦以求长乐，去卑下之乐以求高尚之乐。人类有精神生活，"故于普通快乐之外，当有所谓特别高尚之快乐者""心智不同的人所觉之苦乐亦不同。心智卑俗之人可能狂小乐而致大苦，耽卑乐而弃高乐，而心智高尚之人则能乐常人之苦"。[1]赴刀山火海、任事救世，乃豪

1　梁启超：《乐利主义泰斗边沁之学说》，《梁启超全集》第二册，第1046页。

杰志士之乐也。这样的求乐，虽然身处苦境，但因是为满足发于心之所欲的不凡追求而奋斗，故依然是自乐心魂的活动。

梁启超的乐观主义人生观，既是在长期艰苦的境遇中磨炼出来的，也是受西方功利主义幸福观影响的结果。梁启超以西方乐利主义伦理思想为武器，曾撰文批驳了传统的"人道以苦为目的"之说教。在苦乐观上，梁启超既反对那种"有酒今日醉"的腐朽庸俗的人生观，也反对那种"以苦为目的"的苦行主义。他认为应正确处理"现在"与"未来"、"私益"与"公益"的关系，做一个有远见卓识的人。

梁启超在介绍西方学者的善恶论后，也引出自己利他主义的理论：

> 盖因人人求自乐，则不得不生出感情的爱他心，……寝假而以同国同类之苦乐为苦乐，其最高者乃至以一切有情众生之苦乐为苦乐……若是乎则感情的爱他心，其能使私益直接于公益者一也。[1]

在梁启超看来，为求得幸福，应私益和公益相结合，即在自利的同时，爱他利他心更重要。因为只有增进公益的同时，才能达到乐大于苦，获得最大的幸福。梁启超对于群体发展的重视，成为其幸福观的基础，在这点上，其思想与康有为的博爱说、严

---

1 梁启超：《乐利主义泰斗边沁之学说》，《梁启超全集》第二册，第1051页。

复的合群观是相近的。

梁启超的伦理观念是以强调"利群""益群"为标准的，强调以"利群"为乐。人不能离开群体而独立生存。因而重要的是培养人们"固吾群""养吾群""进吾群"的道德观念。梁启超强调"利己必先利群"。

总之，梁启超借用并改造了西方近代的功利主义伦理学说，使其与中国传统伦理思想的某些内容结合起来，论证个人利益与他人利益、社会公利的关系。他主张为公、利群、利他、爱他，认为狭隘的利己主义最终不能利己，也不能利群，而只能损己害群。只有"爱他的利己"，才能在为公、利群、利他的同时也"利己"。

（三）魂之乐为真乐

梁启超除了受西方近代功利主义伦理思想影响之外，还受佛学宗教伦理学说的熏陶。根据佛教伦理学说，他认为"我之一身"具有两种生命、两个我，即"肉体之我"与"灵魂之我"，而两者之中"灵魂之我"才是"真我"，而"肉体之我"不过是"躯壳"而已。这正如梁启超所言："以己之心灵对于己之躯壳，则心理为我，而躯壳为物。"（《饮冰室合集·德育鉴·存养》）他强调过分看重"躯壳"是愚蠢的。肉体是要消失的，而精神是永存的。因而梁启超非常重视精神、心灵的快乐，认为这才是真正的快乐；而肉体躯壳之快乐则是虚假的、暂时的快乐。即"富贵利禄不过是供吾耳目口体短期之快乐，耳目口体，物而非我，吾何自苦而

乐彼物？"（《饮冰室合集·德育鉴·存养》）

梁启超由轻视"肉体之我"进而轻视"肉体之乐"。他强调："真苦真乐必不存于躯壳，而存于心魂。躯苦而魂乐真乐也；躯乐而魂苦真苦也。"（《饮冰室合集·德育鉴·存养》）由此，梁启超劝告人们不要追求物质享受，强调"真苦真乐必不在唯物的，而在唯心的"（《饮冰室合集·余之生死观》）。

梁启超重精神而轻肉体，重灵魂而轻躯壳，重视精神的净化和灵魂的修炼，反对人们追求物质享受。1904 年，梁启超发表过《余之死生观》一文，其基本内容是：作为个人的形体来说，死不能免，但精神是不死的；而作为国家、民族、社会的群体来说，精神则是世代相传的。梁启超这种死生观之目的在于激励人们为祖国、为民族、为社会作贡献，以至于不惜献出自己的生命。在梁启超看来，为群体的利益奉献，为子孙后代造福，虽苦亦乐。

梁启超强调"精神不死"，谋"大我之幸福为乐"。这就激励人们不惜牺牲自己的生命，去"为吾之事业之幸福"而奋斗。梁启超认定，人"以善业之不死者遗传诸方来"，就能"使大我食其幸福"；相反，若"以恶业之不死者遗传诸方来"，就会"使大我受其苦痛"。因此，他明确反对那种"欲谋个人之快乐"的小我主义者，强调人们应当懂得"小我之乐必与大我之乐相缘"的道理，不能计量"小我之乐"，而应为"大我之幸福"着想。

总之，虽然梁启超劝告人们忍受暂时的"躯苦"，以追求永恒的"魂乐",这就违背了他所赞同的功利主义"避苦求乐"的根本原则,在伦理观上显得自相矛盾。但梁启超这种苦乐观与人生观有其重要的社会意义,有益于振奋人们"舍其身以为众生之牺牲"的大无畏献身精神,鼓励人们投身于救国救民的运动中去。

主要参考文献

[1] 何善蒙. 先秦诸子导读 [M]. 北京：商务印书馆，2015.

[2] 朱伯崑. 先秦伦理学概论 [M]. 北京：北京大学出版社，1984.

[3] 崔雪茹. 先秦儒家幸福观研究 [M]. 长春：吉林人民出版社，2011.

[4] 张方玉. 追寻君子的幸福——当代视域中的先秦儒家幸福观研究 [M]. 长春：吉林人民出版社，2013.

[5] 陈洪. 醒醉人生——魏晋士风散论 [M]. 北京：东方出版社，1996.

[6] 李煌明. 宋明理学中的"孔颜之乐"问题 [M]. 昆明：云南人民出版社，2006.

[7] 李煌明. 理学智慧与人生之乐："孔颜之乐"论的历史考察 [M]. 北京：人民出版社，2010.

[8] 谭丕模. 宋元明清思想史纲 [M]. 上海：上海书店出版社，2010.

[9] 唐凯麟、张怀承. 六经责我开生面——王船山伦理思想研

究 [M]. 长沙：湖南出版社，1992.

[10] 左东岭. 王学与中晚明士人心态 [M]. 北京：商务印书馆，2014.

[11] 陈宝良. 明代社会生活史 [M]. 北京：中国社会科学出版社，2004.

[12] 戚其章. 晚清社会思潮演进史 [M]. 北京：中华书局，2012.

[13] 徐顺教、季甄馥主编. 中国近代伦理思想研究 [M]. 上海：华东师范大学出版社，1993.

[14] 张岂之、陈国庆. 近代伦理思想的变迁 [M]. 北京：中华书局，1999.

[15] 丁伟志、陈崧. 中国近代文化思潮（上下卷）[M]. 北京：社会科学文献出版社，2011.

[16] 康有为. 大同书 [M]. 北京：北京古籍出版社，1959.

[17] 梁启超. 梁启超全集 [M]. 北京：北京出版社，1999.

[18] 钱新祖. 中国思想史讲义 [M]. 上海：东方出版中心，2016.

[19] 罗国杰主编. 中国伦理思想史（上下卷）[M]. 北京：中国人民大学出版社，2008.

[20] 沈善洪、王凤贤. 中国伦理思想史（上中下）[M]. 北京：人民出版社，2005.

[21] 紫竹. 中国传统人生哲学纵横谈 [M]. 济南：齐鲁书社，

1992.

[22] 许苏民 . 中华民族文化心理素质简论 [M]. 昆明：云南人民出版社，1987.

[23] 洪修平主编 . 儒佛道思想家与中国思想文化 [M]. 南京：江苏人民出版社，2015.

[24] 李泽厚 . 实用理性与乐感文化 [M]. 北京：生活 · 读书 · 新知三联书店，2008.

[25] 皮加胜 . 敲开幸福之门 [M]. 武汉：湖北人民出版社，2003.

[26] 王刚 . 中国传统幸福观的历史嬗变及其现代价值研究 [M]. 哈尔滨：东北林业大学出版社，2011.

[27] 王刚 . 中国传统人生价值观的嬗变及当代价值 [M]. 北京：科学出版社，2020.